Über dieses Buch

›Das rosarote Mädchenbuch‹ richtet sich gezielt an junge Mädchen und Frauen zwischen 13 und 20 Jahren, aber es ist gewiß kein konventionelles Mädchenbuch. Auf unterhaltsame und spannende Weise vermittelt es das, was einem Mädchen in dieser Altersgruppe kaum zugänglich, jedoch für sein Selbstverständnis als Frau und seine Lebensplanung notwendig ist.

Die Autorin verarbeitet eine Fülle aktueller Informationen über die Situation der Frauen in Vergangenheit und Gegenwart – über die Entstehung des Patriarchats, über den Mythos vom schwachen Geschlecht, über die Frauenbewegung, über die Arbeitswelt sowie über Liebe, Sexualität und Ehe.

Diese Fragen werden ernsthaft, aber doch amüsant dargestellt und durch nützliche Tips für Berufswahl und Lebensgestaltung ergänzt, so daß trockenes Wissen lebendig und vor allem für den persönlichen Gebrauch nützlich wird.

Die Autorin

Hedi Wyss, geboren 1940 in Bern, war Lehrerin und dann Redakteurin einer Frauenzeitschrift. Sie sammelte Erfahrungen als Verkäuferin, Hilfspflegerin in einer Nervenheilanstalt, Werbetexterin und nicht zuletzt als berufstätige Mutter. Jetzt arbeitet sie als freie Journalistin.

Hedi Wyss

Das rosarote Mädchenbuch

Ermutigung zu einem neuen Bewußtsein

Fischer
Taschenbuch
Verlag

Fischer Taschenbuch Verlag
1.–17. Tausend: Juli 1976
18.–27. Tausend: Mai 1977
28.–37. Tausend: März 1978
38.–47. Tausend: April 1979
48.–57. Tausend: April 1980
Ungekürzte, aktualisierte Ausgabe
Umschlagentwurf: Jan Buchholz/Reni Hinsch
Fischer Taschenbuch Verlag GmbH, Frankfurt am Main
Lizenzausgabe mit freundlicher Genehmigung
des Hallwag Verlags, Bern und Stuttgart

Satz: Otto Gutfreund & Sohn, Darmstadt
Druck und Bindung: Clausen & Bosse, Leck
Printed in Germany
580-ISBN-3-596-21763-6

Inhalt

Dieses Buch ist meinem Sohn gewidmet, der gerade gehen lernte, als die ersten Kapitel skizziert wurden. Er hat mich zwar dauernd bei der Arbeit gestört, aber er hat mich auch immer wieder auf heilsame Weise daran erinnert, daß alle Theorie grau ist und Programme nicht genügen, um die Probleme zu lösen, die im lebendigen Alltag immer wieder entstehen. Daß ich mich zeitweise auf recht unangenehme Weise zwischen Kind und Schreibmaschine blockiert fühlte, hat mich nur in der Hoffnung bestärkt, daß dieses Buch doch vielleicht ein bißchen dazu beitragen könnte, den Mädchen von heute, die die Frauen von morgen sind, das Leben gerade an diesem Punkt zu erleichtern. Es gibt noch keinen brauchbaren Lösungsvorschlag für dieses zentrale Problem. Aber Lösungen müssen gefunden werden. Die wahre Befreiung der Frau beginnt damit, daß sie nicht mehr gezwungen ist, zwischen zwei Dingen, die untrennbar zu einem menschlichen Leben gehören, zu wählen oder eines um des andern willen zu vernachlässigen: zwischen der Selbstverwirklichung in der Arbeit und der Beziehung zu den Menschen, die ihr am nächsten stehen. Ich widme dieses Buch der Tochter, die ich (noch) nicht habe, und vor allem dem jungen Mädchen, das ich einmal war. Ich wünschte, ein anderer hätte es geschrieben und dieses junge Mädchen hätte es damals schon lesen können.

Leich
Schluß
Bevo

Mit Pistolen und Tomaten

»Das Leben in dieser Gesellschaft ist ein einziger Stumpfsinn, kein Aspekt der Gesellschaft vermag die Frau zu interessieren, daher bleibt den aufgeklärten, verantwortungsbewußten und sensationsgierigen Frauen nichts anderes übrig, als die Regierung zu stürzen, das Geldsystem abzuschaffen, die umfassende Automation einzuführen und das männliche Geschlecht zu vernichten.
Heute ist es technisch möglich, sich ohne Hilfe der Männer zu reproduzieren und ausschließlich Frauen zu produzieren. Wir müssen sofort damit beginnen. Der Mann ist eine biologische Katastrophe: das (männliche) Y-Gen ist ein unvollständiges (weibliches) X-Gen, d. h. es hat eine unvollständige Chromosomenstruktur. Mit andern Worten, der Mann ist eine unvollständige Frau, eine wandelnde Fehlgeburt...«
Das sind die ersten Sätze aus dem »Manifest zur Vernichtung der Männer«. Valerie Solanas, seine Verfasserin, schoß im Sommer 1968 auf ihren Freund, den Popkünstler Andy Warhol. Wollte sie so mit der »Vernichtung der Männer« einen Anfang machen? Sie hatte schlecht gezielt. Andy Warhol wurde nur verletzt. Sie selbst kam ins Gefängnis und machte Schlagzeilen. Viele lachten über sie, andere sagten, sie sei verrückt, niemand nahm sie ernst. Das sei die Tat einer hysterischen, überspannten Künstlerin, so fand man – vielleicht zu Recht.
Aber auch die Tat eines Menschen, der aus dem Gleichgewicht geraten ist, kann für eine ganze Gesellschaft von Bedeutung sein. Auch die Mörder der Kennedys oder Martin Luther Kings waren keine ausgeglichenen, gewöhnlichen Menschen. Aber ihre Taten sind Zeichen dafür, wie es um ihr Land, um ihre Gesellschaft wirklich stand.
Im Herbst 1968 bewarfen auf einem Kongreß des SDS (Sozialistischer Deutscher Studentenbund) die Studentinnen ihre männlichen Kollegen mit Tomaten. In Amerika begannen zur selben Zeit Frauen Karate und Nahkampftechniken zu lernen und gaben an, daß sie sich für den Kampf gegen die Männer rüsteten. In vielen Städten Europas sah man plötzlich junge Frauen Transparente durch die Straßen tragen und in Sprechchören die Befreiung der Frau fordern. Die Holländerinnen machten abends die Straßen unsicher. Sie pfiffen hinter den Männern her. Sie kniffen sie im Vorbeigehen ins Hinterteil und verfolgten und entführten sie. Sie wollten damit zeigen, wie es wäre, wenn sich Frauen Männern gegenüber so verhalten würden, wie sich viele Männer den Frauen gegenüber verhalten. In England stürmten Journalistinnen Herrenclubs. In der Schweiz rissen junge Frauen bei einer Jubiläumsfeier des Frauenstimmrechtsvereins das Mikrofon an sich. Nach 75 Jahren ergebenen Wartens aufs Frauenwahlrecht verkündete die junge Generation nun den Beginn des aktiven Kampfes.

» Die Frau ist weder politisch, noch geistig, noch ökonomisch ein sichtbarer Faktor von irgendwelcher Tragweite.«

C. G. Jung

Plötzlich sprach alles von »Frauenbefreiung«. In den Buchhandlungen wurden eigene Abteilungen für die Flut von Büchern eingerichtet, die zu diesem Thema erschienen, eine Flut, die bis jetzt anhält.

1971 antwortete Simone de Beauvoir in einem Interview auf die Frage »Sind Sie für Gewalt bei der Befreiung der Frauen?«: »So wie die Situation heute ist, ja. Bis zu einem gewissen Punkt. Da sich die Männer den Frauen gegenüber der Gewalt bedienen – in ihrer Sprache wie auch in ihren Gesten, mit ihren Vergewaltigungen, Beleidigungen und Ohrfeigen –, darum sollten auch die Frauen sich mit Gewalt verteidigen. Ich finde es darum sehr richtig, daß Frauen Karate oder andere Kampfmittel lernen.«

Simone de Beauvoir gehört zu den ganz seltenen Menschen, die ein im echten Sinne freies und selbständiges Leben führen. Ihr Freund, der Philosoph Jean-Paul Sartre, hat ihr bestimmt kaum Anlaß dazu gegeben, Haß oder Erbitterung gegen Männer aufzuspeichern. Und doch spricht die Autorin des wichtigsten Buches über die Frau und ihre Stellung in unserer Kultur (»Das andere Geschlecht«) wie eine radikale Kämpferin. Wie kommt sie dazu? Längst haben doch die meisten Länder (kürzlich sogar die Schweiz) den Frauen die gleichen politischen Rechte wie den Männern verliehen. Es ist heute fast unmöglich, ernsthaft für die Benachteiligung von Frauen vor dem Gesetz oder bei der Arbeit einzutreten. »Emanzipation« ist modern geworden. Mit dem Bild der »freien, selbständigen Frau« macht man heute schon Reklame für Lippenstifte. Was sollen denn da Schüsse und Tomaten? Was wollen denn diese weiblichen Wesen, die nach Gewalt und Rache schreien, jetzt noch?

Dinge und Geschehnisse, die einem unverständlich bleiben, kann man mit einem Achselzucken abtun. Oder man kann sie, wenn sie unbequem sind, als lächerlich, unsinnig, bedeutungslos hinstellen. Aber man geht damit fast immer an der Wirklichkeit vorbei. Jedes Ereignis hat seine Hintergründe und seine Ursachen, die ihm einen Sinn geben und ein neues Licht auf Altvertrautes werfen.

Vielleicht ist Valerie Solanas wirklich eine hysterische, exzentrische Frau, die nicht recht wußte, was sie eigentlich tat, als sie auf ihren Freund Andy Warhol schoß. Ihr Manifest ist voll von extremen Behauptungen und wütenden Anschuldigungen. Aber ist es nicht so: Wenn jemand, dem man etwas sehr Wichtiges klarmachen muß, nicht zuhören will, dann kann man nicht einfach ruhig weiterreden. Man muß ihn irgendwie aufrütteln, ihn schockieren, damit er endlich zuhört. Die dollen Minnas haben das mit Humor wohl am elegantesten gemacht. Bei Valerie Solanas hat's geknallt, und auch wenn man den Kopf schütteln möchte, muß man zugeben: Sie war nicht zu überhören. Aber was ist es eigentlich, was Frauen wie Simone de Beauvoir und Valerie Solanas, die deutschen Studentinnen und die holländischen dollen Minnas zu sagen haben? Das Pro-

blem, das sie alle beschäftigt, ist so alt wie die Welt. Aber vielleicht hat man sich, gerade weil es so alt ist, so sehr daran gewöhnt und kann es deshalb so schwer charakterisieren. Simone de Beauvoir spricht von der »Befreiung der Frauen«. Aber wer sind »die Frauen«? Der Hollywoodstar, der von der Leinwand herunterlächelt? Die Mutter von zehn Kindern in Indien, die weder lesen noch schreiben kann und nicht weiß, wo sie das Essen für den nächsten Tag hernehmen soll? Die Königin Elisabeth? Die Fremdarbeiterin in der Schuhfabrik? Die Frau, die abends in der Großstadt an einer Straßenecke steht und sich für Geld den Männern hingibt? Jede von ihnen hat doch ein ganz anderes Schicksal.

Die Tradition
oder Was du ererbt von deinen Vätern...

Die Beziehungen zwischen den Menschen unterliegen in jeder Gesellschaft bestimmten Gesetzen – geschriebenen oder ungeschriebenen. Den geschriebenen kann man mit Polizei und Gericht Nachdruck verschaffen. Die ungeschriebenen Gesetze kennen wir als Sitten und Traditionen. Daß Kinder sie beachten lernen, dafür sorgen die Eltern durch die Erziehung. Daß der Erwachsene sie später einhält, dafür bürgt die Öffentlichkeit, die sein Verhalten beobachtet und bewertet.

Die Beziehungen zwischen den Menschen, die sich in Sitten und Gesetzen spiegeln, richten sich in verschiedenen Kulturen nach verschiedenen Prinzipien. Je nachdem, was man im menschlichen Leben als besonders wichtig ansieht.

Sie können vor allem aus Zuneigung und Liebe bestehen. Dann wird all das im Leben der Menschen eine große Rolle spielen, was gegenseitiges Verstehen fördert: Liebe, Zärtlichkeit, gemeinsame Feste, Musik und Sprache. Oder die Gesetze und Sitten, denen sich der Mensch fügen muß, können so beschaffen sein, daß sie jedem ein Höchstmaß an Freiheit gewähren, d. h. jeder kann tun, was ihm gefällt, solange er damit dem andern Menschen nicht schadet. (Diese Idee der größtmöglichen Freiheit für jeden liegt dem modernen demokratischen Staat zugrunde.)

Auch wenn man sehr viel von Liebe und Freiheit redet – in Wirklichkeit ist die Gesellschaft, in der Liebe und Freiheit das Leben bestimmen, noch ein Traum. In der Welt, in der wir leben, ist seit Menschengedenken ein anderes Grundprinzip wirksam. Menschliche Beziehungen werden vor allem davon bestimmt, daß einer reich und der andere arm ist, daß einer befiehlt und der andere gehorcht.

Im Altertum und im Mittelalter war das noch klarer als heute, jeder bekannte sich zu diesem Prinzip. Es gab Herren und Sklaven, Freie und Leibeigene, Könige und Untertanen, und es galt als selbstverständlich, daß das Wohl der Gebieter über das der Untergebenen ging, daß man als Untertan »treu«, bis in den Tod ergeben, gehorsam sein mußte.

Heute setzen zwar Gesetze und Verfassungen dem, der die Macht hat, Grenzen. Aber immer noch ist die Tradition wirksam. Der Chef ordnet an, und die Sekretärin führt aus – wer zahlt, befiehlt... Der Geldbeutel ersetzt nun die Krone.

Wir alle wurden für diese Welt erzogen. Gehorchen, so finden viele Menschen, ist das, was Kinder vor allem lernen müssen. »Nur wer gehorchen lernt, kann später auch befehlen.« Das Sprichwort zeigt, daß man an andere Möglichkeiten, miteinander auszukommen, kaum denkt.

Auch die Beziehung zwischen Mann und Frau ist seit eh und je nicht von Verständigung, Liebe und Zuneigung bestimmt, sondern ebenfalls von Befehl und

Gehorsam. Fast in allen Kulturen war die Ehe nicht ein Verhältnis zwischen Liebenden, sondern zwischen Gebieter und Untergebener, zwischen Herr und Magd.

»Je mehr du deine Frau prügelst, desto besser wird sie für dich kochen.«

Russisches Sprichwort

In ihrem Buch »Das unnütze Geschlecht« berichtet Oriana Fallaci von einer Weltreise, die sie zu den Frauen der verschiedensten Länder und Kontinente führte. In einem Eisenbahnabteil in Hongkong begegnet sie einer kleinen, alten Chinesin, die so verkrüppelte Füße hat, daß sie kaum stehen kann und immer in Gefahr ist, das Gleichgewicht zu verlieren. Im alten China schnürte man den kleinen Mädchen die Füße ein, damit sie klein blieben. Die Fußknochen wurden gebrochen, und unter großen Schmerzen wurden die Füße für ihre eigentliche Aufgabe, das Gehen, fast unbrauchbar gemacht. Aber je kleiner die Füße eines Mädchens waren, desto eher fand sich ein Mann, der sie heiratete und zu sich ins Haus nahm. Um als Frau begehrenswert zu sein, mußten die vornehmen Chinesinnen auf eines der wichtigsten Rechte des Menschen – frei und aufrecht zu gehen, wohin man gehen möchte – verzichten. Haustieren fesselt man in vielen Ländern die Beine, damit sie nicht weglaufen können. Eine gute Frau war im alten China so etwas wie ein Haustier, das garantiert nicht weglief.
Das Buch der Fallaci macht deutlich, daß Frauen in vielen Ländern der Erde und vor allem in vielen alten Kulturen tatsächlich als eine Art Haustier betrachtet wurden und werden. Das heißt nicht unbedingt, daß man sie schlecht behandelt – auch mit Hunden geht man mitunter liebevoll um. Aber wenn man in einem Menschen eine Art Haustier sieht, nimmt man ihm auch bei fürsorglichster Behandlung die Möglichkeit, frei über sein Schicksal zu bestimmen. In Indien mußten sich die Witwen bei der Totenzeremonie des Gatten »freiwillig« auf dem Scheiterhaufen mitverbrennen lassen, auch wenn sie noch blutjung waren oder wenn sie ihn gar nicht gemocht hatten. Seit 1927 sind in Indien Witwenverbrennungen verboten. Aber noch heute werfen sich Frauen ins Feuer, meist nicht aus Trauer, sondern aus Angst vor der Zukunft. Oriana Fallaci berichtet von den Heimen, in die sich heute noch ganz junge, 15-, 17jährige Witwen zurückziehen. Für sie gibt es für den Rest des Lebens nur noch Trauer und Resignation. Auch wenn ein Gesetz von 1956 bestimmt, daß sie sich wieder verheiraten können (was vorher verboten war), so will sie doch niemand mehr haben.
So wirken die alten ungeschriebenen Gesetze, die in den Köpfen der Menschen lange lebendig bleiben, immer noch. In China hat die Revolution die meisten dieser grausamen Sitten, unter denen die Frauen zu leiden hatten, hinweggefegt. Mit dem Fußeinbinden sind auch andere schreckliche Gepflogenheiten verschwunden – etwa die, daß Witwen von ihrer Familie dazu gezwungen werden konnten, freiwillig zu verhungern, wenn man sie nicht wieder verheiraten

konnte und sie ihrer Familie zur Last fielen.
Eine Frau mehr oder weniger, ein Mädchen mehr oder weniger. In China wie in andern Ländern hatte man lieber weniger Mädchen.
Weibliche Wesen, die man verheiraten mußte, wurden zur Last, wenn sie in größerer Zahl vorhanden waren. In China wie in Japan war der Mord an neugeborenen Mädchen üblich. Wenn zuviel von einer Ware angeboten wird, wird die Nachfrage zu klein, der Preis sinkt. Frauen waren Handelsware. Sie wurden auf dem Heiratsmarkt angeboten, und der ursprüngliche Besitzer, der Vater, war meist froh, wenn er sie los war. In ganz Asien, im ganzen Orient hatten Heirat und Ehe kaum etwas mit Liebe zu tun. Heiraten wurden vermittelt, arrangiert, organisiert. Wer am allerseltensten um seine Meinung gefragt wurde, war die Braut.
In Indien wurden die Kinder verheiratet, wenn sie noch ganz klein waren. In vielen mohammedanischen Ländern und in China sahen die Frauen den Gatten erst bei der Hochzeit. Liebe war etwas, das sehr viele Frauen nie im Leben kennenlernten, etwas, das es vielleicht einmal, oft nur außerhalb der Ehe, gab und das sich höchstens eine große Dame ungestraft leisten durfte. Die Ehe, wie wir sie verstehen, eine amtliche Besiegelung des freien Entschlusses zweier Menschen, zusammenzuleben, weil sie sich lieben, scheint in der Geschichte der Völker etwas Ausgefallenes zu sein. Die Heirat ist ein Vertrag, der fast überall ganz anderen Zwecken dient.

»Die Völker des Ostens sind vernünftiger und gerechter, indem sie die Frauen als Eigentum des Mannes erklären. Die Natur hat sie auch in der Tat zu unseren Sklavinnen bestimmt. Auf eine, die uns Gutes gewährt, kommen hundert, die uns zu Torheiten verleiten.«

Napoleon I.

Der wichtigste Zweck war der, den Fortbestand der Familie zu sichern. Ein ebenso wichtiger der, den Reichtum zu mehren. Mit Heiraten vergrößerte man in europäischen Fürstenhäusern wie in chinesischen Familien den Besitz, man schuf vorteilhafte gesellschaftliche und politische Beziehungen, man besiegelte Verträge. Die Frau war bei den Reichen das kostbare Pfand, mit dem man handelte. Bei den Armen war sie eine Arbeitskraft, die man für sein Haus erwerben konnte und die einem dann ein Leben lang gehörte. In vielen Kulturen standen die Frauen sozial und rechtlich auf der gleichen Stufe wie die Sklaven oder Leibeigenen. Frauen wurden und werden wie Sklaven gekauft und verkauft. Nicht nur bei den Wilden, sondern auch in Europa: Noch 1815 verkaufte ein gewisser Henry Cook in Surrey, England, seine Frau für einen Schilling an einen gewissen John Earl. Die Verkaufsurkunde ist noch vorhanden.
Aber auch ohne Verkaufsurkunde war die Heiratsvermittlung im alten China

wie im Europa des 19. Jahrhunderts, in Schwarzafrika wie bei den Bauern im Emmental ein Handel um Vermögen und Namen, um Ansehen und Titel und um die Ware Frau. Sie mußte ihrem Verwendungszweck entsprechend beschaffen sein: kräftig und gesund, wenn sie arbeiten mußte, schön und stattlich, wenn man sie als Aushängeschild und Luxusobjekt brauchte. Naiv, folgsam und unselbständig wünschte man sie fast immer, damit sie ihrem Gebieter möglichst wenig Schwierigkeiten machte. Wichtig war, daß sie garantiert nur ihrem Gatten gehörte. Sie mußte deshalb vielerorts vor der Ehe unberührt bleiben und in der Ehe ihm vollkommen treu sein. Nur so konnte man ja sicher sein, daß alle ihre Kinder auch die Kinder ihres Mannes waren.
Sklaven und Haustiere, die nicht weglaufen sollen, kostbare Gegenstände, die man nicht verlieren möchte, das alles schließt man zur Vorsicht am besten ein. So machte man es auch mit dem Besitztum Frau. Im Orient versteckte man die Frauen im Harem, im Abendland sperrte man sie ins Haus und teilte ihnen auch gleich alle Arbeit, die man im Haus verrichten konnte, als »typisch weiblich« zu. So hatten die Frauen keine Zeit und keine Gelegenheit, wegzugehen. Der Ehering, den in vielen Ländern nur die Frauen tragen, ist – symbolisch – das Glied einer Kette, mit der man die Ehefrauen anbindet. Erinnert er nicht an das Halsband, das der Besitzer seinem Hund anlegt, oder an die Ohrmarke, die das Rind trägt, damit man weiß, wem es gehört? Im Orient mußten die Ehefrauen Ringe tragen, die aus verschiedenen Ringen zusammengesetzt waren und auseinanderfielen, wenn man sie vom Finger zog. Da man die Frauen für zu ungeschickt hielt, ihn selbst wieder zusammenzusetzen, sollte der Ehering als Prüfzeichen dafür dienen, ob die Frau ihren Mann in seiner Abwesenheit betrogen und dazu den Ring abgestreift hatte oder nicht. Die Ritter im Mittelalter machten es einfacher: Sie legten ihren Frauen Keuschheitsgürtel um, wenn sie in den Krieg zogen, und schlossen sie mit einem Schlüssel ab.
So wie man den Chinesinnen die Füße verkrüppelte, damit sie als »echte Frauen« nicht mehr fest auf den Füßen stehen und also auch nicht sicheren Schrittes in die Welt hinausziehen konnten, so sorgte man fast überall dafür, daß der Geist der Frauen verkümmerte, damit sie sich gar nicht erst allein in die Welt hinauswagten, in der man schlau und wissend sein mußte. Man lehrte sie entweder nur häusliche Kunst oder Dinge, die mehr dem Zeitvertreib dienten, oder man lehrte sie überhaupt nichts. Es gab und gibt in der Welt noch immer viel mehr Frauen als Männer, die nicht lesen und schreiben können, und auch in unseren Breiten viel mehr Mädchen als Knaben, die keine Ausbildung erhalten, die sie fit macht für den Kampf im Berufsleben.
Man schloß die Frauen nicht nur ein, man schloß sie auch aus. Bei den strenggläubigen Juden dürfen Frauen nicht am Gottesdienst teilnehmen. Sie bleiben als Beobachterinnen hinter einem Vorhang verborgen. In der katholischen Kirche können sie nicht zum Priester geweiht werden. Im alten Griechenland waren sie vom öffentlichen Leben, von der Politik und den Olympischen Spielen ausgeschlossen. Zu Großmutters Zeiten galt das »unschuldige« – lies: unwissende – Mädchen als Ideal. Es durfte sich nicht allein »in Gefahr« begeben, und das be-

deutete, daß es fast nichts von dem tun durfte, was ein normaler junger Mensch gerne tut.
Einschließen und ausschließen ist oft dasselbe. Eines zieht das andere nach sich. Frauen wurden vom Leben aus- und ins Haus eingeschlossen, und weil man das eine tat, fiel das andere leichter. Man machte sie untüchtig für die Welt draußen, und sie waren noch dankbar dafür, daß sie zu Hause in Sicherheit bleiben durften. Nur war diese Sicherheit nicht wirklich sicher. Es hing ganz vom Manne ab, wie lange er seiner Frau diese Sicherheit gewähren wollte.
Man kann verschiedene Gründe dafür angeben, warum man etwas oder jemanden einschließt. Entweder sagt man, das Eingeschlossene sei sehr kostbar und schön – etwa edle Steine – und man möchte es nicht verlieren; oder man sagt, man müsse die Welt vor ihm schützen, es sei gefährlich oder es könnte allenfalls etwas Dummes anstellen. Hunde legt man an die Kette, wenn sie bissig sind, Ziegen bindet man an, damit sie Nachbars Salat nicht fressen. Wenn man Menschen vom öffentlichen Leben ausschließt, wenn man ihnen gewisse Orte verbietet, dann tut man auch das aus verschiedenen Gründen. Entweder man behauptet – wie etwa in den Ländern, in denen Schwarze nicht dieselben Rechte haben wie Weiße –, diese Menschen seien minderwertig und schlecht und nicht würdig, die gleichen Rechte wie die andern zu besitzen, oder man kann sagen, der Ausgeschlossene sei viel zu gut für den rauhen Alltag – etwa so, wie wenn man einen Pianisten davor bewahren will, seine zarten Hände zum Boxen zu brauchen. Wenn man Frauen ein- oder ausschloß, hat man zur Rechtfertigung alle diese Gründe angegeben, nur einen aufs Mal oder gleich alle miteinander, je nachdem wie es grad am besten paßte.
»Gelobt seist Du, Herr unser Gott, König der Welt, der Du mich nicht als Weib geschaffen hast«, beten die Juden in ihrem Gottesdienst. Dieser Satz folgt auf ein paar andere Danksagungen, z. B. auf die, daß Gott den Beter nicht als Tier oder als Stein erschaffen habe. Die Frau gehört bei den Juden also eher in diese Kategorie. In der Tat hatte sie es immer schwer, ein richtiger Mensch zu werden und zu sein.
Aber was hat die hysterische Valerie Solanas mit all dem zu tun? Und Simone de Beauvoir? Sie leben ja beide als freie Frauen in freien Ländern.
Geschriebene Gesetze kann man verändern. Bei den ungeschriebenen ist das schon schwerer. Und am schwersten ist es da, wo diese ungeschriebenen Gesetze die Beziehungen zu den Menschen, die uns am nächsten sind, unser tägliches Leben bestimmen. Wenn sich hier etwas ändert, ändert sich oft alles in der Gesellschaft. Und solche großen Änderungen tun oft weh.
Wie schwer fällt es einem Menschen, eine liebe Gewohnheit aufzugeben, auch wenn er weiß, daß dies besser für ihn wäre. Leute, die bestimmte Speisen meiden, die Diät halten sollten, essen mit einem Seufzer weiter das, was ihnen schadet, weil sie nicht anders können. Auch bei uns gibt es – als Gewohnheit, als kaum wahrnehmbares ungeschriebenes Gesetz – noch vieles, was zum Besten von Mann und Frau überwunden werden müßte. Darauf wollten Frauen – eine Solanas ungeschickt, eine Simone de Beauvoir überlegter – hinweisen.

Patriarchat

Die Herrschaft des Vaters

»Der Ehemann ist das Haupt der Gemeinschaft«, steht im Schweizerischen Zivilgesetzbuch. Das schweizerische Familienrecht ist – wie das Familienrecht der meisten Staaten – vom patriarchalischen Gesellschaftssystem geprägt. Das patriarchalische System ist uralt und in der ganzen Welt von jeher verbreitet. Zwar hat es in den verschiedenen Ländern, Kulturen und Zeiten die unterschiedlichsten Formen angenommen, doch das Grundschema ist immer dasselbe.

In der patriarchalischen Gesellschaft gehören Besitz und Befehlsgewalt dem ältesten männlichen Mitglied einer Sippe oder Familie. Besitz, Rechte und Pflichten, oft auch Beruf oder Amt gehen, wenn er stirbt, an den nächstälteren Mann in der Verwandtschaft, fast immer an den ältesten männlichen Nachkommen über. Der »Patriarch« ist Herr über die Gemeinschaft. Das kann ein Königreich sein oder eine Handwerkerfamilie, eine religiöse Gemeinschaft oder eine Nomadensippe.

In dem zitierten Satz aus dem schweizerischen ZGB ist mit »Gemeinschaft« die Familie gemeint. »Familie« kommt vom lateinischen *familia* und war ursprünglich die Bezeichnung für all das, was an »lebendem Gut« einem *pater familias* gehörte: Frauen, Kinder, Sklaven und Vieh. Frauen und Mädchen haben im Patriarchat weniger Rechte als der Mann. Sie können Besitz weder erwerben noch erben. Zuweilen sind sie selbst nichts anderes als Besitz. Die Frau wird, was ihre Rechte und Pflichten anbelangt, niemals »erwachsen«, der Mann hat alle Verantwortung für sie zu tragen. Der Vater übergibt sie bei der Heirat ihrem Mann, und sie geht aus dem Besitz der einen Familie in den der andern über.

Wichtige Kennzeichen des Patriarchats sind auch Vielweiberei und Prostitution. Das Recht, mit einer Frau zu schlafen, von ihr Kinder zu haben, ihre Arbeitskraft zu gebrauchen, kann mit Geld oder im Tauschhandel gegen andere wertvolle Dinge erworben werden. Man kann mehrere Frauen heiraten, wenn man reich genug ist, man kann Frauen wie anderen Besitz vererben. Bei den Juden zum Beispiel ging die Witwe an den Bruder des Verstorbenen über, damit sie durch ihn der Sippe noch Kinder schenken konnte. Man kann Frauen tauschen und ausleihen, damit sie einem Freund oder Bekannten ein Kind schenken, oder einfach, damit ein Gast nicht nur mit Essen und Trinken, sondern zuvorkommenderweise auch mit Sex bewirtet werden kann.

»Ich kann eine Frau lieben, ohne Gegenliebe zu finden, denn der Wein, den ich trinke, liebt mich auch nicht, und doch genieße ich ihn.«
Aristippos

Meistens aber gilt im Patriarchat der Grundsatz, daß die Frau ihrem Eheherrn unbedingt treu zu sein hat. Sie muß »rein« in die Ehe treten, darf also keinem Mann »gehört« haben. Ein Mann will nicht riskieren, daß er, ohne es zu wissen, etwa fremde Kinder ernährt oder ihnen sogar seinen Besitz vererbt. Wenn der Gatte aber ein armer Mann, ein Leibeigener oder der Untertan eines Fürsten ist, kann es geschehen, daß er diesem seine Frau, sein Besitztum, abtreten oder wenigstens das »Beste« davon ausleihen muß. Das *ius primae noctis*, das Recht auf die Hochzeitsnacht mit der Braut, gehörte oft dem Herrn des jungen Ehemannes.

Wenn die Frau zum Besitz gehörte wie das Haus und das Vieh, dann sollte man ihr auch ansehen, wie reich ihr Besitzer war. Sie mußte eine »Zierde« des Hauses sein, möglichst schön, damit andere Männer den Ehemann um sie beneideten. Je schöner sie war und je besser ihre Herkunft, je mehr »Tugenden« sie hatte, desto mehr hatte es gekostet (an Geld, an Geschenken, sogar an Heldentaten wie in vielen Märchen und Sagen), sie zu bekommen. Wenn man sie besaß, staffierte man sie seinem Vermögen entsprechend aus, damit sie ihrem Besitzer Ehre und Ansehen verschaffte.

Über ihr Leben konnten Frauen nicht selbst bestimmen. Viele mußten ohne Rücksicht auf ihre Gefühle mit einem ungeliebten Mann zusammensein. Eigenen Besitz konnten sie nur in Ausnahmefällen haben. Und auch dann mußte ihn meist ein Mann – der Vater, der Bruder, der Gatte – für sie verwalten. Ihre Unselbständigkeit konnte unter Umständen als Vorteil für die Frau erscheinen. Sie wurde manchmal wie ein Kind verwöhnt oder wie ein kostbares Spielzeug behandelt. Der Schutz des Mannes bot ein Leben lang eine gewisse Sicherheit.

Allerdings wurde diese Sicherheit von den meisten Frauen mit schwerer Arbeit erkauft. Zudem war sie nur selten wirklich von Bestand. Denn gerade dort, wo die Frau am unselbständigsten war, wo sie eingeschlossen leben mußte und nie lernte, für sich selbst zu sorgen, war es für den Mann am leichtesten, sie wieder loszuwerden. In gewissen Ländern des Islam, zum Beispiel, genügte ein Wort des Ehemannes, um die Ehe zu scheiden. Im alten Japan gab es sieben Scheidungsgründe, alles Verfehlungen der Ehefrau, die den Mann berechtigten, sie fortzuschicken – von Schwatzhaftigkeit und Eifersucht bis zu Kinderlosigkeit und Ehebruch. Über Verfehlungen des Ehemannes gibt es keine ähnliche Liste: Er war über alle Kritik erhaben, seine Frau war ja für ihn da, nicht er für sie. Wie in Japan, konnte sich die Frau vielerorts nicht von ihm, nur er sich von ihr scheiden lassen.

Das patriarchalische System in seinen verschiedensten Ausprägungen, da, wo die Frau in Samt und Seide gekleidet und auf Händen getragen wird, und da, wo man sie als Sklavin mißbraucht und mißhandelt – hat es ihr immer verwehrt, ein ganzer, erwachsener Mensch zu werden, der die Freiheit, die Verantwortung und die Liebe kennt.

In der modernen, zivilisierten Welt gibt es – wie wir gesehen haben – sogar noch in den Gesetzbüchern Überbleibsel patriarchalischen Denkens. Fast überall trägt die Frau den Namen ihres Mannes und erhält seine Staatszugehörigkeit und sein

Bürgerrecht. Kinder, die außerhalb der Ehe zur Welt gekommen sind, werden als »illegitim«, d. h. ungesetzlich, bezeichnet und deshalb benachteiligt. Männer dürfen – im schweizerischen ehelichen Güterrecht – über den Verdienst und das Vermögen der Frau verfügen. Solche und ähnliche Bestimmungen, die heute, da immer mehr Frauen arbeiten und eigenes Geld verdienen, noch größere Ungerechtigkeiten bedeuten, werden zwar nun allmählich abgeschafft. Aber Überreste des Patriarchats zeigen sich in unserer Gesellschaft auch auf andere Weise: Immer noch ist die Liebe etwas, das man kauft und wofür man bezahlt: der Jüngling »investiert« ein Kinobillet und einen Kaffee in seine Angebetete, der Manager ein teures Nachtessen und ein Brillantkollier in seine hübsche Sekretärin. Callgirls und hübsche Hostessen werden vermietet, ausgeliehen oder Gästen und Geschäftsfreunden bei passender Gelegenheit »serviert«. Wie das teure Auto und das schöne Haus zeigen Ehefrauen einflußreicher Männer mit ihrer Schönheit und ihrer Ausstaffierung, was für ein Kerl der Mann ist, der sie besitzt. Viele Frauen schaffen sich ein angenehmes Leben nicht durch eigene Leistung und eigenen Erfolg, sondern durch Heirat. Sie nützen einfach die Regeln des patriarchalischen Gesellschaftsspiels geschickt aus. Fast immer ist es für eine Frau weniger wichtig, selbst etwas zu leisten, als einen Mann zu finden, der Erfolg hat. Auf dem Heiratsmarkt bietet jeder das seine an – einer Frau nützt ein schönes Gesicht mehr als ein gutes Einkommen. Ein Mann muß im Beruf erfolgreich sein, um gute Chancen zu haben.

Sagen und Mythen

Was aus Urzeiten in uns weiterwirkt

Gott und Mensch sind Männer Was heißt »Mensch« auf französisch? Und »Mann«? – »homme«. Das Wort, das sich für beides brauchen läßt, ist keine Übersetzung für »Frau«, dafür braucht's ein anderes, ein neues Wort. Im Englischen ist es dasselbe: »man« heißt »Mann« und »Mensch« zugleich, und für »Frau« gibt es wieder ein besonderes Wort, »woman«. Und man braucht nur in einem italienischen Wörterbuch nachzuschlagen, um zu sehen, daß es auch da nicht anders ist: »uomo« heißt Mensch und zugleich Mann; die Frau aber nennt man ganz anders: »donna«. Und auf deutsch? Da ist's vielleicht nicht ganz so augenfällig, aber auch da stimmt es nachdenklich, daß das kleine Wörtchen »man«, das nichts anderes als »jeder Mensch« bedeutet, so sehr an das Wort »Mann«, aber so gar nicht an »Frau« oder »Weib« anklingt und daß das Wörtchen »jedermann« kein Pendant hat in »jederfrau« oder so ähnlich.
Wörter sind verräterisch. Die Redeweise eines Menschen, die Wörter, die er braucht, verraten nicht nur viel über seine Herkunft und Erziehung, sondern auch über seine Art, zu denken und zu fühlen. Die Sprache ist das wichtigste Instrument des menschlichen Geistes. Sie wird im Laufe der Jahrhunderte geformt und verrät eine Menge über den Charakter, die Lebensgewohnheiten eines Volkes, einer ganzen Kultur. Aus dem Wortschatz, dem Aufbau, dem Klang einer Sprache läßt sich einiges ablesen über Sitten und Gewohnheiten der Menschen, die sie sprechen und über die tiefen, unkontrollierten Kräfte, die in ihnen wirken und ihr Tun und Denken bestimmen, ohne daß sie es merken.
Es ist auffallend, daß in vielen Sprachen der »Mensch« ganz selbstverständlich ein »Mann« ist. Wäre es denn nicht viel logischer, wenn es ein Wort für »Mensch« gäbe, das man durch veränderte Endung oder so, in einer weiblichen und einer männlichen Form gebrauchen könnte? Nun, es ist eben in unserer Kultur nicht selbstverständlich, daß Frauen auch Menschen sind. Früher fragten sich die Theologen, ob die Frau auch eine Seele habe wie der Mann, und vor noch nicht allzu langer Zeit wurde sogar »wissenschaftlich bewiesen«, daß sie im Grunde kein Mensch sei. Die Frau ist für den Mann, so verrät dies alles, etwas Fremdes, etwas anderes.
In der 2. Geschichte von der Erschaffung der Welt (1. Mose 2,18 im Gegensatz zu 1. Mose 1,27) ist der Mensch, den Gott geschaffen hat, ein Mann, Adam. Die Frau entsteht gleichsam als Zugabe – weil sich der Mann langweilt –, und sie wird nicht neu erschaffen, sondern aus einem Stück von ihm, aus seiner Rippe geformt. In der Religion, in Mythen, Sagen und Geschichten, mit denen sich die Menschen immer wieder die Welt und die Rätsel ihres Daseins zu erklären versuchten, spiegelt sich wie in der Sprache all das, was in der Seele des Menschen

wirksam ist. Wie ein Künstler mit Farben und Formen, so gibt auch ein Volk in Geschichten und Sagen wieder, was an Gefühlen und Vorstellungen tief in ihm lebt und ihm selbst nicht ganz bewußt ist. Die darin auftretenden Figuren, seien es nun die Götter und Göttinnen der griechischen Mythologie oder die Propheten und Heiligen in der Bibel, die Prinzessinnen und Zauberer in den Volksmärchen, sind Darsteller eines Dramas, das sich zu einem großen Teil im Menschen selbst abspielt. Sie spiegeln aber auch die Wirklichkeit wider und die Vorstellungen der Menschen, die sie schufen.

»Die Frauen sollen sich nur an ihre Herkunft erinnern und, ohne ihre Zartheit besonders hervorzuheben, daran denken, daß sie aus einer überzähligen Rippe geschaffen wurden.«

Bossuet

Ist es nicht seltsam, daß bei den Griechen, den vielbemühten Schöpfern unserer Kultur, und bei den Juden und den Christen der höchste bzw. der einzige Gott immer ein Mann ist?
Bei den Griechen ist es sogar ein »Göttervater«, bei den Juden ist es ein strenger, strafender Gott.
Wir alle haben schon als Kinder den »lieben Gott« als eine Art überirdischen Papa, einen Familienvater mit Bart, kennengelernt, bei dem man sich am besten beliebt machen kann, wenn man sich ihm wie ein Kind ganz anvertraut und ihm, möglichst ohne zu fragen oder zu zweifeln, gehorcht. Gott hat, so lernt man dann im Religionsunterricht, den Menschen nach seinem Bilde geschaffen – und weil er ja selbst ein Mann ist, kommt da auch wieder ein Mann heraus. – Eigentlich komisch, daß einem das nicht auffällt, wenn man ein kleines Mädchen ist. – Die Mitarbeiter Gottes im Himmel, die Engel und Erzengel, sind auch alle Männer oder geschlechtslos. Der Stellvertreter Gottes auf Erden, der Papst, ist ein Mann, die Priester natürlich ebenfalls. Der Gedanke, daß etwa Christus nicht ein Mann, sondern eine Frau sein könnte, ist geradezu absurd.
Frauen spielen in der Bibel ganz andere Rollen als die Männer, Das fängt mit Eva an, die als eine Art Zugabe für Adam geschaffen wird. Und gleich macht sie dem armen Adam – statt ihm das Dasein zu erhellen – das Leben schwer. Er, der vorher so glücklich und zufrieden war, wird ihretwegen mit Schimpf und Schande aus dem Paradies verjagt. Weil sie ihn verführt hat, ist es für das ganze Menschengeschlecht aus mit dem angenehmen Leben im Garten Eden. Ihre Missetat kann erst viel später eine andere Frau ein ganz klein bißchen wiedergutmachen. Maria, »die Magd des Herrn«, zeigt, wie Frauen sich in der Bibel zu benehmen haben. Sie unterwirft sich ganz dem Willen des Herrn, sie ist gehorsam, wird zu seinem Werkzeug und bringt seinen Sohn zur Welt. Maria wird oft dargestellt, wie sie mit ihren Füßen die Schlange, die Eva den Apfel gereicht hat, zertritt.

»Adam ist von Eva zur Sünde verleitet worden, und nicht Eva von Adam. Es ist aber gerecht, daß die Frau denjenigen, den sie zur Sünde verleitet hat, als ihren Herrn empfängt.«

Hl. Ambrosius

Angst Was die Geschichte mit dem Apfel eigentlich genau bedeuten soll, das machen einem die Erwachsenen, die sie erzählen, zum Beispiel die Religionslehrer, nie ganz klar. Aber später denkt man dann über die Zusammenhänge nach: die Geschichte mit dem Apfel von einem Baum, der »Baum der Erkenntnis« heißt

– das Wissen von Leben und Tod, das er vermittelt und das den Menschen Gott gleich macht
– wie Adam und Eva zu diesem Wissen gelangen und sich dann plötzlich Kleider anziehen müssen, weil sie sich schämen
– die Schmerzen, mit denen Eva Kinder gebären soll
– das ewige Leben, das die Menschen nun verloren haben:

Eva hat Adam verführt, so kann man ganz einfach sagen. Sie haben miteinander geschlafen und dabei entdeckt, wie man neues Leben entstehen lassen kann, neue Menschen. Zugleich aber haben Adam und Eva erkannt, daß Leben und Tod zusammenhängen, daß überall, wo neues Leben entsteht, das alte wieder verschwinden muß. Gott hatte bis jetzt nur eigenhändig Geschöpfe erschaffen. Nun aber hat Eva Adam gezeigt, daß auch sie Menschen machen können, kleine, neue Menschlein. Damit haben Adam und Eva das Geheimnis des Lebens entdeckt, sie sind nun wirklich »Gott«. Mit dem neuen Leben haben sie aber auch den Tod geweckt. Sie müssen ausziehen aus dem Paradies, wo es Zeit, Geburt und Tod nicht gibt. Sie sind nun erwachsen, sie sind »aufgeklärt«. Sie müssen sich, da sie von Gott unabhängig geworden sind, selber durchbringen. In sehr primitiven Kulturen wußte man wahrscheinlich lange Zeit nicht, daß ein Kind gezeugt werden kann, wenn Frau und Mann miteinander schlafen. Man sah nur, daß die Frauen plötzlich neue, kleine Menschen zur Welt bringen konnten und daß diese neuen Menschlein aus ihrem Bauch kamen. Die Männer, die keine Menschen machen konnten, fanden das bestimmt höchst seltsam und auch ein bißchen unheimlich. Sie glaubten, die Frauen verfügten über Zauberkräfte. Sie sahen, wie die kleinen Menschen, die diese Frauen hervorbrachten, größer und stärker wurden, zu Männern heranwuchsen und sie verdrängten. – Die Alten müssen den Jungen Platz machen. Geburt und Tod gehören zusammen.

Die Geschichte vom Sündenfall zeigt, daß man Eva und damit die Frauen, die neues Leben schaffen konnten, auch für den Tod verantwortlich machte. Kein Wunder, daß man Angst vor der Frau bekam. Sagen und Mythen, Geschichten und Darstellungen aus aller Welt und allen Zeiten zeigen, daß die Frau dem Manne Angst einflößt. Auch da, wo man bereits wußte, daß der Mann ebenso daran beteiligt war, wenn ein neuer kleiner Mensch auf die Welt kam, blieb diese Angst. Nun verwandelte sie sich in die Angst davor, daß Frauen einen durch ihre

Schönheit und Anziehungskraft dazu verführen konnten, mit ihnen zu schlafen und neue Kinder zu zeugen.

»Frauen sind Teufel, die die Männer durch die Himmelspforte in die Hölle führen.«

Kirchenväter

Alles, was neu und anders ist und was man nicht so recht verstehen kann, flößt einem Angst ein. Kinder haben oft Angst vor fremden Leuten. Viele Menschen haben Angst vor Leuten, die eine ihnen unverständliche Sprache sprechen oder eine andere Hautfarbe haben. Geburt und Tod sind Dinge, die man nie ganz verstehen und begreifen kann. Für den Mann ist die Frau ein Mensch, der ihm eigentlich ähnlich ist, der aber – obwohl er kleiner und schwächer ist – etwas kann, was er nie zustande bringt, etwas, das mit dem schrecklichen Geheimnis von Leben und Tod eng verknüpft ist.

Nachdem Adam und Eva aus dem Paradies vertrieben worden waren, mußten sie arbeiten. Das Leben war plötzlich schwer und gefährlich. Der Mensch, der für ein solch hartes Leben körperlich viel dürftiger ausgestattet ist als irgendein Tier, hat aber mit seinem Verstand eine wichtige Waffe mitbekommen. Durch sein Denkvermögen, durch Erfinden von Werkzeugen und Waffen, durch Ersinnen von Techniken und listigen Methoden konnte der Mensch nicht nur überleben, er wurde auch zum mächtigsten aller Lebewesen, zum Herrn der Erde. Soll der menschliche Verstand aber wirksam sein, so muß er immer wieder gegen das Tierische, das »Natürliche«, das »Triebhafte« kämpfen. Er muß es überwinden oder wenigstens genau kontrollieren können. So wie man Dämme gegen die Fluten des Wildbachs baut, so errichtet der menschliche Geist Dämme gegen die Kräfte, die neues Leben schaffen und das alte Leben wieder zerstören, gegen Geburt und Tod. Die Frau mit ihrer natürlichen Fähigkeit, neues Leben hervorzubringen, zeigt aber auch dem Menschen, der ganz auf seine Vernunft baut, immer wieder, wie stark die Naturkräfte sind. Sie können vernichten, was er aufgebaut hat. Das zeigt sich jedesmal, wenn ein Mensch stirbt und nichts von all seinen Gedanken und Plänen übrigbleibt. Die Angst des Mannes vor der Frau als Verwalterin der Naturkräfte rührt sicher auch daher. Mußte er nicht zusehen, daß er der Stärkere blieb?

Die Psychologen stoßen auch heute wieder auf die Urangst des Mannes vor dem Weiblichen. In den Sagen und Mythen, in den Sitten und Bräuchen aller Kulturen und Religionen zeigt sich diese Angst. Wie die Bibel von Eva berichtet, die das Unglück über Adam bringt, so erzählt die griechische Sage von Pandora, die in ihrer Büchse alle Plagen der Welt auf die Erde trägt.

Die katholischen Priester müssen die Frauen meiden, und die Kirche verdammte lange die körperliche Liebe als schlecht und sündig. In vielen Kulturen meiden die Männer die Frauen als unrein und unglücksbringend. Oft wagen sie es nicht, mit den Frauen zusammen zu essen, und die Frauen werden – vor allem wenn sie ihre »Tage« haben und wenn sie ein Kind zur Welt gebracht haben – für einige Zeit aus der Gemeinschaft ausgeschlossen. Bei vielen Völkern erzählen Legenden von der Frau, die dem Mann das Kostbarste, was er besitzt, nämlich den Penis, wegnimmt, ja diesen sogar mit den Zähnen, die sie in ihren eigenen Geschlechtsorganen hat, abbeißt, wenn der Mann sich von ihr verführen läßt. Die Frau wird dargestellt als Erdgöttin, als Lilith, als Herrin über die Geheimnisse der fruchtbaren Erde, über Leben und Tod. Manche Frauengestalten in der Literatur unserer Zeit – zum Beispiel die Lulu aus dem gleichnamigen berühmten Theaterstück von Frank Wedekind – haben noch Ähnlichkeit mit der rätselhaften, verführerischen, verderblichen Urmutter. Uralte Ängste sind auch in uns immer noch lebendig.

»Wer einer Frau Vertrauen schenkt, ist verloren. Sogar die Beste führt immer nur eine Bosheit im Schilde. Die Bestimmung dieses Geschlechtes besteht darin, die ganze Welt zu ruinieren.«

Molière

Verachtung und Verehrung Aber der Mann kann nicht einfach vor der Frau davonlaufen. Schließlich braucht er sie. Sie ist seine Geliebte, seine Mutter und seine Tochter. Wenn man vor dem, was man fürchtet, nicht einfach fliehen kann, so muß man sich auf kompliziertere Weise dagegen wehren. Man kann zum Beispiel so tun, als hätte man gar nicht Angst davor. Man kann so tun, als sei das Gefürchtete gar nicht gefährlich, sondern nur minderwertig oder schlecht. Man kann dem Menschen, vor dessen Fähigkeiten man Angst hat, einreden, er sei sehr schwach, auf jeden Fall schwächer als man selbst. Und wenn man das lange genug tut, glaubt er es schließlich auch. Man kann ihm sagen, daß genau das, was er kann und wovor man sich fürchtet, weil es ihn mächtig zu machen scheint, nur etwas für solche sei, die sonst nichts anderes zustande bringen. Und wenn man ihn von klein auf beeinflussen, d. h. erziehen kann, hat man ja die Möglichkeit, ihn wirklich schwach zu machen.

»Es gibt ein gutes Prinzip, das die Ordnung, das Licht und den Mann, und ein schlechtes Prinzip, das das Chaos, die Finsternis und die Frau geschaffen hat.«

Pythagoras

In unserer Gesellschaft hat man genau das mit den Frauen gemacht. Man hat ihnen eingeredet, sie seien weniger stark und weniger wertvoll als die Männer, und man hat alles, was »weiblich« ist, z. B. das Kindergebären und Kinderaufziehen, für minderwertig erklärt. Mit Verachtung schützen sich die Männer vor den Frauen. Mit Verachtung täuschen sie seit Urzeiten sich selbst darüber hinweg,

daß sie sich im Grunde vor ihnen fürchten und – die Psychologie gibt auch dafür Beispiele – sie unbewußt sogar noch um die unheimliche Fähigkeit, neue Menschen zu gebären, beneiden.
Man kann sich jemanden, der einem Furcht einflößt, auch vom Leibe halten, indem man tut, als stehe er hoch über einem, als sei er ganz unerreichbar. Man kann ihn verehren und ihn in der Vorstellung so verklären und verändern, daß es fast scheint, er sei gar kein Mensch aus Fleisch und Blut. Auch das ist im Laufe der Geschichte immer und immer wieder mit den Frauen geschehen. Die Minnesänger zum Beispiel haben aus ihren Angebeteten solch vollkommene und herrliche Wesen gemacht, daß es ganz unmöglich gewesen wäre, sie wirklich zu erobern, aus der Nähe zu lieben und sie als Mensch richtig kennenzulernen. Die angebetete Schöne konnte man – wie die Juwelen im Tresor – einschließen und vom Leben fernhalten. Man sagte, sie sei zu fein, zu zart und zu edel für die rauhe Wirklichkeit, und konnte ihr auf diese Weise auch verwehren, daran teilzuhaben.
Man konnte auch sagen, daß Frauen besonders gut und rein seien, zu gut für Sex, Politik, Krieg, Geldverdienen und all die anderen Vergnügungen, die Männer schätzen, und wenn die Frauen das dann schließlich von sich selbst glaubten, hielten sie sich freiwillig davon fern.
Man konnte den Frauen auch sagen, Schönsein sei für sie das Wichtigste im Leben, und wenn sie es glaubten, brauchten sie soviel Kraft und Zeit dazu, schön zu werden und schön zu bleiben, daß sie den Männern kaum noch dreinredeten.
Weil die Frau so anders ist als der Mann und weil in ihm diese uralte Angst vor ihr steckt, hat er sich gegen sie gewehrt, indem er sie zugleich verachtete und verehrte. Sie wurde zum Inbegriff der Sünde und zugleich zum Symbol des Reinsten und Schönsten. So mußte man sie nicht zu nahe an sich herankommen lassen und mit ihr verkehren wie mit seinesgleichen. Zudem hatte man auch die Möglichkeit, gegen sie etwas zu unternehmen, wenn sie es wagte, die Schranken, die man ihr gesetzt hatte, zu durchbrechen. Man konnte die Frau bestrafen, wenn sie sich anmaßte, etwas anderes zu tun, als was für »weiblich« galt. Und man konnte es sie entgelten lassen, wenn sie nicht so rein und erhaben blieb, wie man sie haben wollte.
Verehrung und Verachtung verteilten sich oft auch auf zwei verschiedene Arten von Frauen. Immer wenn die Sitten besonders streng waren und die Frauen nichts mit den niedrigen Dingen des Alltags und erst recht nichts mit dem Sexuellen zu tun haben durften, gab es weibliche Wesen, die genau das Gegenteil einer »richtigen Frau« oder »Dame« zu sein hatten. Es waren die Prostituierten, die den Männern zur Befriedigung ihrer sexuellen Bedürfnisse dienten und die man deshalb entsprechend verachtete. Es waren auch die armen, allein gelassenen Frauen, die als Mägde und Dienstboten, als Sklavinnen und später als Fabrikarbeiterinnen schwere Arbeit verrichten mußten und kein Recht auf jenes »Privileg« hatten, womit man die anderen Frauen im Hause festhielt – auf die »echt weibliche« Rolle der Mutter und Hausfrau.
Mit der Verehrung der Frau hat es ohnehin seine eigene Bewandtnis. Auch da,

wo die Männer die Frauen lobten und ihre Tugenden in den Himmel hoben, haben sie sie in Wahrheit nie um ihr Frausein beneidet. Nie würde ein »normaler« Mann, auch wenn er Frauen liebt, selbst gerne eine Frau sein wollen. Und das sagt doch genug!

»Wenn mir jemand eine liebenswürdige Frau rühmt und von seiner Liebe zu ihr erzählt, glaube ich, einen Geistesgestörten zu hören, der eine Lobrede auf die Viper hält, sie als entzückend darstellt und erklärt, das Glück zu haben, von ihr gebissen zu werden.«

Marivaux

Verfolgung Die meisten Menschen möchten von sich selbst eine hohe Meinung haben können. Sie übersehen und vergessen gerne und leicht ihre Schwächen und Fehler. Als Kind schon hatten sie darunter zu leiden, wenn sie Dinge taten, die den Erziehern nicht paßten. Sie wurden bestraft oder spürten wenigstens, daß sie weniger geliebt wurden als sonst.
Jeder Mensch möchte sich selbst lieben können, und man hat ihm oft nicht gezeigt, daß man auch die dunklen Seiten in ihm lieben kann. Deshalb ist es ihm höchst unangenehm, wenn er an sich etwas Schlechtes oder etwas, das er einfach für schlecht hält, entdecken muß. Er wird dieses Schlechte schnell »vergessen«, damit er nicht an sich zweifeln muß. Doch damit ist natürlich nichts aus der Welt geschafft. Die Fehler sind noch immer vorhanden, und weil man sie selbst nicht haben darf, sieht man genau diese Fehler plötzlich im andern. Man hat gelernt, daß Strafe sein muß; also will man, daß der andere bestraft wird. Bei Kindern kann man gut beobachten, wie das funktioniert. Sie spielen, wenn sie ein schlechtes Gewissen haben, mit ihrer Puppe Schimpfen und Strafen und tun so, als ob die Puppe just das auf dem Kerbholz hätte, was sie selbst verbrochen haben.
Für den Mann war die Frau fremd und stark mit den unverständlichen Geheimnissen des Lebens verbunden. Als Verführerin und Schöpferin neuen Lebens war sie ein Symbol der Sexualität. Im christlichen Mittelalter aber wurde alles, was mit dem Sexuellen zusammenhing, für schlecht und niedrig erklärt. Aber wenn man es auch verbieten, verleugnen und vergessen konnte, unterdrücken ließ es sich nie ganz.
Das Geschlechtliche ist ein Urtrieb und ein Urbedürfnis des Menschen wie Essen und Trinken. Wohl versuchten die christlichen Heiligen, die Mönche und Priester, es in sich zu unterdrücken, aber es gelang ihnen nicht. Je mehr sie sich alles, was damit zusammenhing, vom Leibe hielten, desto größer wurde ihre Unruhe. Es ist damit wie mit Hunger und Durst. Wenn man allzu lange nichts mehr gegessen hat, kann man an gar nichts anderes mehr denken als ans Essen. Man träumt davon, ja schließlich hat man sogar Erscheinungen. Die Wüstenwande-

rer, die vor lauter Durst und Hunger halb verrückt werden und schließlich das Bild einer Oase mit Quellen und Dattelpalmen vor sich sehen, weil sie sie so sehr herbeiwünschen, sind ein Beispiel dafür. Den Mönchen und Priestern, ja ganzen Völkern ging es mit der Sexualität ähnlich. Aber was ihnen da in Träumen erschien, was sie, wenn sie ganz ausgehungert waren, sogar am Tage sahen, das erkannten sie nicht als Erscheinung und Ausgeburt ihrer eigenen überreizten Phantasie. Sie meinten vielmehr, der Teufel schicke ihnen diese Vorstellungen, um sie in Versuchung zu führen.

Natürlich waren oft Frauen die Hauptfiguren in solchen Traumgeschichten. So waren es denn auch die Frauen, die für diese »Versuchung« bestraft werden mußten. Wie man gelernt hatte, die Sexualität in sich selbst zu hassen, so haßte man die weiblichen Wesen, die einen immer wieder daran erinnerten, daß es sie gab. »Ihr Kohtbutten, ihr Müst-Confect, ihr gefirneiste Erdschollen, ihr muffende Krautköpf, ihr glänzende Madensäck, ihr überzogene Waldschwämm, ihr polierte Luder, ihr verzuckerte Aas!«: so beschimpfte sie der Sittenprediger Abraham a Sancta Clara, und der heilige Chrysostomos fand: »Die Frauen soll man fliehen wie eine ansteckende Seuche oder giftige Schlangen.«

Von dem Ausspruch eines anderen Kirchenvaters: »Frauen sind Teufel, die die Männer durch die Himmelspforte in die Hölle führen« ist es nicht mehr weit zu dem Versuch, diese Teufel systematisch auszurotten. Das wurde dann auch in großem Stil getan. Die Hexenverfolgungen bilden eines der dunkelsten Kapitel der Geschichte des Christentums. Wenn »tugendhafte Männer« oder gar Heilige und Priester unter allzu großen Anfechtungen zu leiden hatten, so »merkten« sie bald, daß eine bestimmte Frau dahintersteckte, die mit dem Teufel im Bunde war und mit Zauberkräften umgehen konnte (schließlich erschien sie ja im Traum): Sie konnte nur eine Hexe sein. Natürlich verübten solche Hexen auch noch andere Übeltaten. Sie mußten, so glaubte man, Fähigkeiten und Fertigkeiten besitzen, die andere Menschen nicht hatten. Lag es da nicht nahe, sie für alles Unerklärliche verantwortlich zu machen?

Unglück im Stall, Unwetter, Unglücksfälle, Krankheit, alle möglichen Schicksalsschläge gingen auf ihr Konto. Zu Hexen gestempelt wurden vor allem Frauen, die irgendwie auffielen. Entweder weil sie besonders verführerisch und eigenwillig waren oder weil sie besondere Merkmale, etwa rote Haare, hatten. Vielleicht führten sie ein ungewöhnliches Leben, zeichneten sich aus durch besondere Talente und Intelligenz. Sehr oft wurden »weise Frauen« als Hexen verschrien, weil sie Kranke heilten und Liebestränke brauten.

Hunderttausende von unglücklichen Frauen wurden zur Zeit des Hexenwahns gefoltert und getötet. Die Henker ließen sich dabei vom »Hexenhammer« leiten, einem Handbuch der Hexenverfolgung, das zwei Dominikanermönche im 15. Jahrhundert geschrieben hatten und das zu einem richtigen »Bestseller« wurde. In diesem Buch wird erklärt, wie man Hexen erkennt, wie man sich gegen sie schützt, wie man sie fängt, foltert und unschädlich macht. Das Geschlechtliche aber kommt darin keineswegs zu kurz. Im Gegenteil, das Buch ist voll von handfesten Darstellungen, obszönen Wörtern und unflätigen Ausdrücken. Die Hexenverfolgungen, die Verhöre und Prozesse waren eben eine Art Ventil für das, was man offiziell unterdrücken mußte. Wenn eine Hexe verhört und gequält wurde, konnten die Inquisitoren sich nach Herzenslust mit Dingen beschäftigen, die sonst zum Verbotenen gehörten, und brauchten sich deshalb nicht schuldig zu fühlen. Die Frau, die Hexe, mußte mit ihrem Leben dafür zahlen, daß die Kirche Sexualität zur Sünde erklärt hatte.

Hexenverfolgungen, Hexenprozesse gehören der Vergangenheit an. Aber der Geist, der dazu führte, ist immer noch lebendig. Auch heute noch stört er das Verhältnis zwischen den Geschlechtern. Was mit der Sexualität und somit mit der Frau zusammenhängt, wird immer noch von vielen Menschen als schmutzig und schlecht empfunden. Vieles, was mit der Liebe zusammenhängt und eigentlich das Beste im Menschen mobilisieren sollte, spielt sich im Dunkeln ab, mit Gewalt statt mit Zärtlichkeit, Scham- und Schuldgefühle statt Zufriedenheit und Freude weckend.

Von Schwiegermüttern und häßlichen Gattinnen

oder Sage mir, worüber du lachst...

Kleine Jungen pflegen, wenn sie so ungefähr neun oder zehn Jahre alt sind, besonders »smarte« Sätze im Mund zu führen wie: »Mädchen stinken« oder »Es stinkt nach Mädchen«. Ich kann mich noch gut erinnern, wie zu meiner Schulzeit Klassenkameraden, wenn sie an den Mädchenbänken vorbei nach vorne gehen mußten, sich demonstrativ die Nase zuhielten. Die anderen Jungen lachten dann und kicherten. Es herrschte klassenweites männliches Einvernehmen darüber, daß Mädchen etwas seien, wovon man sich möglichst fernhalten sollte. Es war eines Jungen nicht würdig, neben einem Mädchen zu sitzen oder gar mit einem Mädchen zu spielen. Und es war sozusagen Ehrensache, daß man den Vertreterinnen des anderen Geschlechts ein Bein stellte, wenn sie einmal durch die Bubenreihe hindurch nach vorne gehen mußten. Bei Eltern und Lehrern rief solch jungenhafte Mädchenverachtung höchstens ein Schmunzeln hervor. Sie galt als ganz »natürlich« und »gesund«. Da zeigte sich doch auf recht amüsante Weise, wie sich »männliches Selbstbewußtsein« und »männlicher Stolz« zu formen begannen. Selten dachte einer daran, was wohl in den Mädchen vorgehen mußte.

In solchen Augenblicken ahnen kleine Mädchen, daß sie für die andern irgendwie verachtenswert sind und daß dies mit ihrem Geschlecht zusammenhängt. Einige von ihnen beginnen da vielleicht schon, sich selbst zu verachten und das Schicksal zu verwünschen, das sie zum Mädchen gemacht hat. Andere aber fangen an, sich um jeden Preis bei den Jungen beliebt zu machen, damit die Verachtung, die so weh tut, sich doch noch in Wohlwollen verwandelt.

Das Spiel, das so alt ist wie unsere Kultur, kann beginnen. Buben und Mädchen haben begriffen, was die Erwachsenen ihnen vormachen: Sie übernehmen das Bild, das man sich vom »typischen Mann« und von der »typischen Frau« und ihren Eigenarten macht, und sie unterwerfen sich den Spielregeln, die für die Beziehungen zwischen den Geschlechtern gelten. Diese Spielregeln sind den meisten Menschen, die mitspielen, gar nicht bewußt. Es ist eben sehr schwer, sich selbst bei seinem Verhalten genau und kritisch zu beobachten. Am besten gelingt es da, wo man lachen kann. Mit einem Witz verrät man am meisten über die Gefühle, die einen beherrschen.

Witze sind wie Karikaturen: sie heben das Typische hervor und unterstreichen das Wichtige. Sehr viele Witze handeln von den Beziehungen zwischen den Geschlechtern und dem Bild von Mann und Frau in unserer Kultur. Deshalb ist es ganz interessant, einmal einen kritischen Blick auf die Witzzeichnungen zu werfen, auf die wir täglich stoßen.

Eine der häufigsten Witzfiguren ist wohl die Schwiegermutter, die häßliche, alte,

anspruchsvolle Frau, die nichts mit sich anzufangen weiß, die überall dreinredet, die dem Ehepaar das Leben schwermacht und die man immer auf irgendeine Weise loszuwerden versucht. Manchmal geht das bis zu – natürlich auch witzigen – Versuchen, sie zu töten. Witze über den Schwiegervater sind selten. Nach der Schwiegermutter kommt als zweitwichtigste Figur die Ehefrau. Häßlich und verschlafen, mit Lockenwicklern im Haar, bietet sie dem Ehemann morgens einen gar nicht aufmunternden Anblick. Mit läppischen Mätzchen versucht sie ihn dazu zu bringen, Geld für ihre Pelzmäntel und Hüte, für ihr Naschwerk und ihre Kleider auszugeben. Sie stellt ihn mit dummem Gerede bei einer Party bloß und fährt sein Auto zuschanden, aus typisch weiblicher Ungeschicktheit. Mit ihren ewigen Telefongesprächen, ihrer Putzwut und ihrer Häßlichkeit (denn sobald sie verheiratet sind, werden die Frauen in den Witzen schnell alt, häßlich und lästig) treibt sie ihn aus dem Haus, und wenn er abends ein bißchen beduselt nach Hause kommt, empfängt sie ihn mit dem Kuchenroller hinter der Wohnungstür. Natürlich vergällt sie ihm auch die kleinste erotische Eskapade mit der Sekretärin, ja sie gönnt ihm nicht mal einen Blick auf hübsche Mädchenbeine.
Die Witze über die Männer haben einen anderen Unterton. Ob da nun der alte Direktor dargestellt wird, der seine Sekretärin auf den Knien schaukelt, oder der hilflose Strohwitwer, der ratlos vor riesigen Geschirrbergen in der Küche steht: das Lächeln, das den Männern gilt, ist eher ein wohlwollendes, ein verständnisvolles Lächeln. Ihre Fehler sind menschliche Schwächen und eigentlich nur die Kehrseite ihrer vornehmeren Talente.
Warum ist ein Mann in Küchenschürze häßlich? Weil er im Grunde zu Besserem geboren ist und weil er auf alle Fälle zu gut ist für Küchenarbeit. Warum ist ein Ehemann, der sich beim Schäferstündchen mit seiner Sekretärin erwischen ließ, komisch? Weil er einmal im Leben so vertrauensselig und gutmütig war, daß er sich von einer Frau in die Ketten der Ehe legen ließ, und deshalb ein wenig bedauernswert ist.

»Lebensgefährtin ist ein Wort, das von Lebensgefahr abgeleitet ist.«

Unbekannt

Das Lachen über eine Frau am Steuer oder über eine böse Schwiegermutter ist von einer anderen Art: es ist weder verständnisinnig, noch schwingt auch nur eine Spur von Mitleid darin mit – es ist voller Verachtung, denn Schwiegermütter sind lästig, und die Ungeschicklichkeit von Frauen am Steuer beweist nur, daß sie eben nicht dazu taugen, eine etwas schwierige, verantwortungsvolle Aufgabe zu übernehmen. Da wundert's einen eigentlich nicht mehr, daß kleine Jungen beleidigt sind, wenn man sagt, sie benähmen sich »wie Mädchen«. Er sei »feige wie ein Mädchen«, »ängstlich wie ein Mädchen«, »flenne wie ein Mädchen« – daß man ihm das vorhalten kann, das hat ein Junge möglichst zu vermeiden. Für kleine Mädchen ist es dagegen fast eine Anerkennung, wenn man findet, sie benähmen sich jungenhaft. Ein Vater ist stolz, wenn er sagen kann, an seiner Tochter sei ein Junge verlorengegangen. Da hat sie doch wenigstens etwas von dem Makel, als Mädchen auf die Welt gekommen zu sein, wettgemacht. Achten wir doch nochmals auf die Sprache, die Wörter und wie man sie gebraucht: Das Wort »Weib«, das früher als Gegenstück zu »Mann« einfach eine Bezeichnung für das weibliche Geschlecht war, ist zu einem recht verächtlichen Ausdruck geworden. »Weibisch« ist abschätzig gemeint, ein ebenso abschätziges »männisch« gibt es nicht. Der großen Zahl von Schimpfwörtern, mit denen man weibliche Wesen belegen kann – von »alte Vettel« bis zu »Reibeisen« –, stehen sehr wenige für das männliche Geschlecht gegenüber. Dabei fällt auch auf, wie Eigenschaften, die man dem Mann nicht übelnimmt, bei einer Frau als beschämend gelten. »Alt sein« ist etwas, dessen sich eine Frau schämen muß – weshalb sie ja auch versucht, ihr Alter so gut und lang wie möglich zu vertuschen. Wenn sie mit verschiedenen Männern Geschlechtsverkehr hat, so ist sie für die »moralisch« denkenden Mitmenschen eine »Hure«, ein »leichtes Stück«, »billig« usw. Ein Mann aber, der mit verschiedenen Frauen Beziehungen hat, rühmt sich dessen oft noch. Ein »Schürzenjäger« zu sein ist jedenfalls viel weniger schlimm, denn als »Hure« zu gelten. Und wo findet sich das Gegenstück zu Bezeichnungen wie »Kebsweib«, »leichtes Stück«, »Matratze«, »Geliebte«? Sogar Bezeichnungen, die eigentlich anerkennend gemeint sind, haben einen verächtlichen Beiklang. »Ein gutes Stück«, eine »gute Schabe« pflegt man in der Schweiz zu sagen. Die Art, wie Männer »lobend« über die körperlichen Vorzüge einer Frau reden, über Beine, Busen, Hintern, erinnert stark an das Vokabular von Bauern, die ihr Vieh anpreisen. Allerdings pflegen die stolzen Viehbesitzer ja nicht nur auf dem Markt die Kühe, die sie kaufen wollen, abzutasten, sondern im Wirtshaus nachher auch die Serviertochter in den Hintern zu kneifen.

»Himmel, Herrgott, warum bestrafst du uns arme Sünder so? Es gibt doch schon genug Unrat, warum mußtest du auch noch die Weiber in die Welt setzen.«

Nikolaj Gogol

In einer Fernsehreklame für ein Schlankheitsmittel sah man eine etwas dickliche Frau am Tisch sitzen und Kuchen essen. Ein Mann, der das Produkt anpries, kniff sie in die Oberarme, griff ihr in den Ausschnitt und an die Waden und gab so zu verstehen, wie wenig an einer Frau überhaupt noch ist, wenn nicht wenigstens ihr Körper dem Männerauge gefällt.
Witze, Sprache und Werbespots zeigen, wie wenig sich bis zum heutigen Tag – da man doch längst weiß, woher die Kinder kommen und wie sie entstehen, da Aberglaube und Furcht vor Teufeln und Zauberkünsten fast ausgerottet sind – im Verhalten gegenüber den Frauen geändert hat. Wir haben gesehen, wie sehr dieses Verhalten von Angst bestimmt ist. Die Angst, die die Männer in der heutigen Zeit bewegt, unterscheidet sich kaum von der Furcht, die die Urmenschen

vor dem Geheimnis des Weiblichen empfanden. Auch hier ist es die Angst vor dem Verlust von Kraft und Leben. Wie die Jäger zur Jagd, braucht man heute in der harten Welt des geschäftlichen Konkurrenzkampfes Mut, Härte, Rücksichtslosigkeit, Angriffslust. Es ist wie im Krieg (wie im Krieg vergangener Zeiten, denn heute ist der Krieg so mörderisch, daß auch der Sieger dabei nichts mehr zu gewinnen hat): Wer siegt, erlangt Macht, gewinnt Reichtum, überlebt. Wie aber soll man siegen, wenn man sich fürchtet, wenn man Mitleid fühlt, wenn man zögert, wenn man »weich« ist? Zwar sind all das allgemein menschliche Regungen. Der Mann aber muß sie in sich selbst unterdrücken. Das lernt schon der Junge, dem man einschärft, daß »ein richtiger Junge nicht weint«. Die Angst, diese Eigenschaften doch zu besitzen, hat auch der erwachsene Mann. Wenn er sie als »typisch weibliche Eigenschaften« gehörig verachtet, scheint die Gefahr auch schon kleiner zu sein. Aber sie ist noch immer da. Es ist eben unendlich schwer, ein richtiger Junge zu sein, ein Mann zu werden und zu bleiben.
Die Männer müssen, wie die Frauen, einen wichtigen Teil ihrer Natur unterdrücken. Auch sie können nicht ganze, abgerundete und damit glückliche Persönlichkeiten sein. Erst dann, wenn kleine Jungen weinen dürfen, ohne sich schämen zu müssen, werden sie die Mädchen nicht mehr meiden und verachten müssen. Erst wenn man die Männer nicht mehr dazu zwingt, im Beruf zu kämpfen und um jeden Preis Erfolg zu haben, wenn sie nicht die Achtung der anderen Menschen verlieren wollen, wird »Weib« kein Schimpfwort mehr sein.

Unisex Wenn Mädchen wie Jungen angezogen sind und Jungen wie Mädchen, wenn man sie von hinten nicht mehr unterscheiden kann, sagt das nicht nur etwas über die Launen der Mode und die Überspanntheit der Jungen aus. Es zeigt auch, daß Männer und Frauen, Jungen und Mädchen gemerkt haben, daß sie nicht ganz so verschieden voneinander sind. Gewiß, Unisex kann eine vorübergehende Masche sein. Aber wenn Männer anfangen, »weibliche« Farben und Stoffe zu tragen und Mädchen in Hosen gehen und beide sich dabei wohl fühlen, so beweist das doch: »männliche« und »weibliche« Eigenschaften sind, wie Kleider, vom menschlichen Geist ersonnen und je nach Epoche und Modetrend zurechtgeschneidert.
Mut und Wissen Wer erst einmal erkannt hat, daß Angst dahintersteckt, wenn manche Männer Frauen nicht wie ihresgleichen behandeln, der kann sich selbst und den anderen helfen. Man läßt sich dann weder durch Lachen noch durch Feindseligkeit so schnell verwirren. Man bekommt auch keine Minderwertigkeitskomplexe mehr, weil man eine Frau oder weil man keine besonders schöne Frau ist, oder weil der Freund nicht so ungeheuer männlich ist wie derjenige der Freundin. Man hört überhaupt auf, sich und die Jungen, die man kennt, nach bestimmten »männlichen« und »weiblichen« Eigenschaften zu beurteilen. Man verzichtet darauf, in entscheidenden Situationen die sogenannten »Waffen der Frau« einzusetzen oder gar eigene Fehler mit »weiblicher Schwäche« zu entschuldigen.
Verständigung Die Vorschriften des Herrn Knigge und die Höflichkeitsformen, die Mütter noch heute ihren Kindern beibringen, sind notwendige Rituale für das Zusammenleben der

Menschen. Sie sind um so wichtiger, je weniger gut die spontane Verständigung klappt. Die Oberhäupter verfeindeter Staaten halten sich am sorgfältigsten ans Protokoll und lächeln einander bei einer Konferenz am freundlichsten zu. Ihre wirklichen Gefühle könnten ihnen sonst leicht einen Streich spielen.
Es gibt auffallend viele »Benimm«-Regeln, die man erlernen kann und die für den Umgang zwischen Mann und Frau bestimmt sind. Kavaliersmäßige Zuvorkommenheit und weibliche Koketterie können verhindern, daß man sich gegenseitig allzusehr verletzt und schadet; sie können aber auch eine echte Begegnung verhindern. Ein offenes Gespräch ist mehr wert als ein noch so reizvolles, höfliches Spiel zwischen den Geschlechtern. Eine Frau wirkt nur geheimnisvoll, wenn es schlecht gelingt, den Kontakt zu ihr herzustellen. Aber dieses Geheimnis fasziniert nur kurze Zeit. Man braucht auf Höflichkeit und Raffinesse nicht zu verzichten. Aber wenn man dem anderen nahekommen will, sollte man sie vergessen.

Solidarität Sich auf Kosten anderer Frauen bei Männern anbiedern ist dumm, damit schadet man nur sich selbst. Sich mit anderen Frauen über die Männer lustig zu machen oder sich gegen sie ereifern ist sinnlos und unklug. Damit bestätigt man nur ihre Vorurteile und ihre Angst. Der einzelne Mann ist ein Wesen mit ähnlichen Sorgen und Schwierigkeiten wie die Frau. Allerdings da, wo die Männer die Macht ausüben und sie zum Nachteil aller benutzen, muß man sich wehren. Mit Männern kann man sprechen, man kann sie überzeugen, sie können Freunde und Gleichgesinnte werden. Institutionen und Gesetze in einer männlichen Welt sind dagegen leblos. Wenn sie ungerecht oder mörderisch sind, muß man sie abschaffen. Das kann man aber nur, wenn man zusammenhält, wenn man solidarisch ist.

Moral und Sitte

Von Kindsmörderinnen und untreuen Ehefrauen

»Ach, neige, Du Schmerzensreiche...« Gretchens poetische Verzweiflung ist bei jungen Mädchen, die sich schon als Bühnenstar sehen, und bei Deutschlehrern beliebt. Da leidet sich's so schön gereimt und gemessen, und das Schicksal des zarten, unwissenden Geschöpfs, das ins Unglück kommt, ist ja das tragische Frauenschicksal par excellence. Goethe hat mit der Gretchentragödie der Sage vom Doktor Faustus eine aktuelle Ergänzung gegeben. Verurteilungen und Hinrichtungen von Kindsmörderinnen waren zu seiner Zeit recht häufig. Zur männlichen Tragödie des wissensdurstigen Faustus, der sich mit dem Teufel verbindet, um das Geheimnis des Lebens zu ergründen, ist Gretchens Drama das weibliche Gegenstück. Wie der Mann die Erkenntnis, so sucht die Frau die Liebe. Hier geht sie daran zugrunde. Aus der Liebenden wird eine Verbrecherin.

Das Mädchen, das sich noch darüber Sorgen machte, daß sein »liebster Heinrich« nicht in die Kirche ging, verschuldet den Tod seiner Mutter und ertränkt sein Kind. Die Strafe kann da natürlich nicht ausbleiben. Gretchen im Gefängnis, wirr im Kopf und auf Stroh gebettet, ist im echten Sinne ein »gefallenes« Mädchen. Goethe selbst ist allerdings mit dem Urteilsspruch der weltlichen Justiz nicht einverstanden. Ganz am Schluß erfindet er noch eine Stimme von oben, die Gretchen rechtfertigt; Mephistopheles: *»Sie ist gerichtet.«* – Stimme (von oben): *»Sie ist gerettet.«* Doch fürs irdische Leben ist Gretchen nicht mehr zu retten. Seine Geschichte allerdings wird durch den Dichter, der sie auf die Bühne bringt, unsterblich.

Die Gretchentragödie ist nur eine von vielen Tragödien, deren Hauptfigur eine Frau ist und die Stoff für die Literatur geliefert haben. Immer wieder rührt das Geschick der Tischlertochter Klara aus Hebbels *»Maria Magdalena«* – das Mädchen aus dem Volk, das seine Ehre verliert und sich in den Brunnen stürzt – die Herzen. Und immer wieder schaudern die Zuschauer, wenn Othello aus maßloser Eifersucht seine Desdemona erwürgt, und immer wieder klappen Leserinnen Leo Tolstois Buch *»Anna Karenina«* nach der grauenvollen Selbstmordszene ergriffen zu.

Tragische Frauenschicksale dieser Art lieferten von Goethe bis Schnitzler, ja bis in unsere Tage hinein, literarischen Stoff. Sie gleichen sich alle, nur das Dekor ist immer ein anderes. Desdemona und Gretchen sind verwandt. Ihr Tod ist denselben Ursachen zuzuschreiben. Worin liegen diese Ursachen? In ihrer eigenen Schuld? In einem unwägbaren Verhängnis, das plötzlich über sie hereinbricht? In der Bosheit und Schurkerei der andern? In einer verhängnisvollen Verknüpfung von Geschehnissen, die niemand voraussehen konnte? Wenn man die Geschichte auf ihren Kern reduziert, dann zeigt sich, gemessen an dem schreckli-

chen Ende, kaum ein ernsthafter Grund.
Was ist Gretchens Unglück? Das Kind, das es von einem Mann bekommt, in den es sich verliebt hat? Was ist Anna Kareninas Verhängnis? Die große, leidenschaftliche Liebe, die sie endlich gefunden hat und die ihre langweilige, nichtssagende Ehe auflöst? Warum muß Desdemona sterben? Woher rührt Klaras Verzweiflung in »*Maria Magdalena*«? Sie hat doch das Verhältnis mit dem Mann, den sie nicht liebte, gelöst? Natürlich sind da und dort, bei Desdemona etwa, Bosheit, Verschlagenheit anderer im Spiel. Aber die Ränkeschmiede können nur unter gewissen Voraussetzungen zum Ziel kommen – Voraussetzungen, die Mutterschaft zu einer Schande machen statt zu einem Grund, als Frau stolz und glücklich zu sein. Sie helfen Jago seinen schwarzen Plan aushecken und machen es möglich, daß ein Mann seine Frau wegen einem Taschentuch erwürgt. Sie zerstören die Liebe zweier Menschen und lassen in einer Frau wie Anna Karenina so heftige Spannungen entstehen, daß sie sich unter den Zug wirft. Was sind das für Voraussetzungen, die das Denken und Fühlen aller Beteiligten, der Schurken wie der Opfer, bestimmen?
Sitten und Gesetze, die das Zusammenleben zwischen den Menschen regeln, sind eigentlich dazu da, dieses Zusammenleben erträglich zu machen. Im Idealfall schützen sie den Schwachen und verhelfen jedem Bürger zu einem Minimum an Lebensmöglichkeiten und Freiheit. Doch in diesen tragischen Fällen sind Sitten und Gesetze die eigentlichen Ursachen des Unglücks. In »*Maria Magdalena*« nimmt Klara sich erst das Leben, als ihr Liebster, der Mann, mit dem sie glücklich werden könnte, sie zurückstößt. Er tut das nicht, weil er sie nicht mehr liebt, sondern weil nach Sitte und Gesetz eine Frau, die schon mit einem andern Mann geschlafen hat, entehrt und nicht mehr würdig ist, geheiratet zu werden! Klaras Liebster hat diese Meinung so sehr in sich aufgenommen, daß sie mit der Zeit sogar seine Gefühle verändert.
Mit Anna Karenina geschieht auf andere Weise etwas Ähnliches. In ihrer Gesellschaft ist die Affäre einer verheirateten Frau ein Skandal und eine Schande für sie und ihren Mann. Nicht eigentlich für den Verlust ihrer Liebe rächt ihr Gatte, Karenin, sich an ihr, sondern für diese Schande. Ja, er muß sich rächen, auch wenn er Anna nicht mehr liebt. Die Gesellschaft aber stößt Anna und Wronski aus. Ihre Liebesbeziehung gilt als »unmoralisch«, auch wenn es für Anna die erste echte Beziehung ist. Sie ertragen diese Belastung nicht. Ihre Liebe geht daran zugrunde.
Sitten und Verhaltensregeln machen also hier nicht, wie sie eigentlich sollten, das glückliche Zusammenleben der Menschen möglich; im Gegenteil: sie verursachen noch Unglück, wo nicht unbedingt Unglück sein müßte. Eine Klara, die ihr »Abenteuer« mit dem andern vergessen hat, könnte mit ihrem Liebsten eine glückliche Ehe führen. Würde ihr Mann sie nicht wegen seines Ansehens erpressen und sie zur Strafe von ihrem Sohn trennen, würden sich nicht fast alle ihre Freunde demonstrativ von Anna Karenina abwenden, dann sähe sie sich wohl nicht zum Äußersten getrieben.

»Ein Weib kann sich selbst nicht treu sein in unserer heutigen Gesellschaft, die eine ausschließlich männliche Gesellschaft ist – mit Gesetzen, die von Männern geschrieben sind, und mit Anklägern und Richtern, die die weibliche Handlungsweise vom männlichen Standpunkt aus beurteilen.« Giacomo Leopardi

Sitte und Gesetz sind wichtiger als das Glück. Die Menschen müssen das Glück der herrschenden Sitte und den Vorurteilen der andern opfern. Goethes Gretchen tut dies, ohne zu fragen. Wenn es um andere ging, hielt auch sie mit hergebrachten Meinungen und Vorurteilen nicht zurück. Jetzt, da es sie selbst betrifft, taucht ein Schimmer von Zweifel auf, ein Hauch von Auflehnung gegen die Grausamkeit und Unerbittlichkeit, mit der man verurteilt wird, wenn man gegen die Sitte verstößt.

Wie konnt ich sonst so tapfer schmälen,
Wenn tät ein armes Mägdlein fehlen!
Wie konnt ich über andrer Sünden
Nicht Worte gnug der Zunge finden!
Wie schien mir's schwarz und schwärzt's noch gar,
Mir's immer doch nicht schwarz gnug war,
und segnet mich und tat so groß,
Und bin nun selbst der Sünde bloß!
Doch – alles, was mich dazu trieb,
Gott, war so gut! ach, war so lieb!

Kann Liebe wirklich zur Schuld werden? Für Gretchen ist das unbegreiflich. Muß die Sünde nicht aus einer bösen Absicht erwachsen? Die guten Gefühle, von denen es erfüllt war, können sie wirklich zu schlechten Taten führen? Aber Gretchen denkt nicht weiter. Es ist dazu erzogen worden zu glauben, ohne zu zweifeln, hinzunehmen, was die andern als richtig ansehen. Es kann nicht erkennen, daß man es zu seiner Verzweiflungstat getrieben hat und daß die Schuld dafür nicht bei ihm liegt. Sein »böses Gewissen«, das es daran hindert, mit Heinrich zu fliehen, ist nichts anderes als der Zwang, den die Gesellschaft auf es ausübt. Gretchen hat die Vorurteile und gesellschaftlichen Spielregeln so sehr in sich aufgenommen, so sehr »verinnerlicht«, daß es sie nicht mehr von seinen wirklichen, natürlichen Regungen unterscheiden kann.
Uns allen ergeht es nicht anders: Sittengesetze, Normen, moralische Regeln werden uns im Laufe der Erziehung so stark eingeprägt, daß sie zu einem Teil von uns werden und unsere echten Gefühle übertönen können. Das kann uns dazu bringen, sogar Unrecht gutzuheißen, das sich gegen uns selbst richten könnte. Gretchens Freundinnen am Brunnen merken nicht, daß sie ihrem eigenen Geschlecht schaden, wenn sie sich über ihre »gefallene Schwester« entrüsten. Daß da auf Kosten der Frauen mit zweierlei Maß gemessen wird, stört sie nicht – sie haben nie etwas anderes gekannt. Ein Hund, der täglich Prügel be-

kommt und nie etwas anderes erfahren hat, findet es ganz richtig, wenn andere Hunde auch geprügelt werden.

Lieschen: ... Da mag sie denn sich ducken nun
Im Sünderhemdchen Kirchbuß tun!
Gretchen: Er nimmt sie gewiß zu seiner Frau.
Lieschen: Er wär ein Narr! Ein flinker Jung'
Hat anderwärts noch Luft genug; Er ist auch fort.
Gretchen: Das ist nicht schön.
Lieschen: Kriegt sie ihn, solls ihr übel gehn.
Das Kränzel reißen die Buben ihr,
und Häckerling streuen wir vor die Tür! ...

Die letzten Sätze sagen es genau: Wer sich nicht fügt, dem geht's schlecht. Sitten und Bräuche sind nicht nur Zwang, sondern auch Gewalt. In außergewöhnlichen Situationen zeigt sich das. Zum Beispiel dann, wenn Othello Desdemona tötet. Der bloße Verdacht, sie sei untreu gewesen, genügt. Gewiß, auch der Mohr Othello, der Außenseiter, ist eine tragische Gestalt, auch er ist ein Opfer der versteckten Gewalt.

Versteckte, oder gebräuchlicher, strukturelle Gewalt ist die Gewalt, die sich hinter Gesetzen, Einrichtungen, Sitten, überkommenen Moralbegriffen verbirgt. Sie ist schwer zu erkennen und schwer zu bekämpfen. Wenn einer einen anderen schlägt oder ihn wider seinen Willen einsperrt, dann wendet er Gewalt an. In einem solchen Fall sind sich meist alle einig: Hier geschieht Unrecht, so etwas muß bestraft werden, vor allem aber muß verhindert werden, daß es wieder vorkommt, am besten durch Regeln und Gesetze. Was aber, wenn der, der schlägt und einsperrt, sich auf eine solche Regel beruft, wenn er auf eine Vorschrift verweist, die ihn zum Schlagen oder Einsperren berechtigt oder es ihm sogar befiehlt? Wenn das Opfer sich gegen diese Gewalt auflehnt, muß man es dafür auch noch bestrafen. Meist anerkennt auch das Opfer die Vorschriften und Ansichten seines Peinigers, und es fühlt sich, wenn es sich auflehnt, schuldig.

Nicht nur, wenn man ihn schlägt oder einsperrt, tut man einem Menschen Gewalt an. Man kann ihn auch auf andere Weise in seinen Rechten und Freiheiten einschränken und sein Glück willkürlich zerstören. Nicht erst wenn Gretchen hingerichtet wird, tut man ihm Gewalt an, sondern schon in dem Moment, da man von ihm verlangt, gegen seine Gefühle zu handeln, und ihm verbietet, zu lieben und ein Kind zu bekommen. Nicht erst wenn Desdemona erwürgt wird, ist sie das Opfer von Gewalttätigkeit, sondern schon dadurch, daß sie als Frau zum Besitz eines Mannes erklärt wird, beraubt man sie als Mensch ihrer Freiheit.

In Hebbels »*Maria Magdalena*« wird klar, daß Ungerechtigkeit und Gewalt dasselbe sind. Man mißt mit zweierlei Maß. Was für den einen Menschen recht ist, ist für den andern nicht billig. Klaras Geliebter, ihr Vater, alle verurteilen sie, weil sie ihre Jungfräulichkeit verloren hat.

»Denn wozu dient eine Frau, wenn nicht, um gepflückt zu werden?«

Paul Claudel

Nach dem Lebenswandel der Männer fragt in Klaras und in Gretchens Welt niemand. In dieser Welt herrscht eine Ordnung, die auf Kosten eines Teils der Menschen, auf Kosten der Schwachen, der Armen und der Frauen aufgebaut ist. Es ist eine ungerechte, unnatürliche Ordnung. Damit man sie aufrechterhalten kann, muß man recht streng sein. Alle sollen glauben, daß es nicht anders sein kann und keine andere Ordnung möglich ist. Auch der Benachteiligte, der Unterdrückte, der Schwache darf nicht merken, daß Unrecht geschieht. Es ist auch recht schwer für ihn, das herauszufinden, weil er nichts anderes kennt.
Es ist nicht leicht, die versteckte Gewalt zu entlarven. Man muß in Gedanken die Welt auf den Kopf stellen, und man darf nichts unbesehen glauben. Nicht das, was die andern »gut« nennen, muß wirklich das Gute sein. Das Recht, nach dem regiert und auch bestraft wird, muß nicht ein gutes Recht sein. Man muß lernen, an allem zu zweifeln.
Wenn Dichter das Schicksal von Menschen darstellten, denen die versteckte Gewalt zum Verhängnis wurde, so deshalb, weil sie selbst solche Zweifel kannten. Die Gretchentragödie im »*Faust*« zeigt Goethes Auseinandersetzung mit der Gesellschaft seiner Zeit, in der ein Schicksal wie dasjenige Gretchens keine Seltenheit war. Nicht anders »*Othello*« und »*Maria Magdalena*«; jede dieser Dichtungen enthält Kritik und Zweifel an den gesellschaftlichen Verhältnissen, die solche Tragödien möglich machten. Immer noch suchten die Dichter hier zwar die Ursachen des Unheils in der Seele des Menschen. Man glaubte an eine Urkraft des Bösen in ihr, die im Drama oft symbolisch Gestalt annahm. Erst später brauchte es keinen Mephistopheles und keinen Jago mehr, um alles zu erklären.
Ein Theodor Fontane zum Beispiel läßt keinen solchen Bösewicht mehr auftreten. Bei ihm sind die wahren Ursachen menschlichen Unglücks bereits viel klarer zu erkennen.

So handelt der Ehemann... Theodor Fontanes berühmtester Roman »*Effi Briest*« ist auch eine Art Othellogeschichte, doch spielt sie im 19. Jahrhundert. Effi Briest, einzige Tochter eines kleinen Landedelmanns, wird mit siebzehn Jahren einem fast zwanzig Jahre älteren Mann zur Frau gegeben. Ihr Leben ist entschieden und geregelt, noch bevor sie überhaupt Zeit und Gelegenheit gehabt hat, sich selbst kennenzulernen und herauszufinden, was sie vom Leben will. In dem Alter, da andere Mädchen ihre ersten schüchternen Liebeserlebnisse zu haben pflegen, ist Effi schon Landrätin und Mutter eines Kindes. Ihre Jugend und ein bißchen wohl auch die Langeweile sind schuld an einer kleinen Affäre, fast nur einem Flirt, den sie mit einem Bekannten ihres Mannes erlebt.
Die harmlose Geschichte wird ihr sechs Jahre später, da ihr Mann, Baron Instetten, davon erfährt, zum Verhängnis. Er tötet ihren ehemaligen »Liebhaber« im

Duell, nimmt ihr das Kind weg und trennt sich von ihr: Ihr Leben ist zerstört. Sie wird krank und stirbt jung. Ihr Mann, der die »Strafe« vollstreckt, die Dinge wieder »in Ordnung« bringt und seine Ehre wiederherstellt, durchschaut zwar die Unsinnigkeit seines Tuns. Aber er kann nicht anders handeln. Oder besser, er entschließt sich fast freiwillig, so zu handeln. Er fügt sich bewußt, obschon er die Regeln, nach denen er handelt, nicht als absolute Wahrheiten anerkennt. Er weiß, daß ihm und seiner Frau Gewalt angetan wird, er weiß, daß es andere Möglichkeiten geben könnte, daß es sie aber in dieser Gesellschaft, in der er lebt, nicht gibt. Er handelt so, wie man es von ihm erwartet, weil er im Einklang mit dieser Gesellschaft leben will, weil er nicht wagt, auszubrechen.
Aber weil er alles durchschaut, wird es nur noch bitterer für ihn. »*... im Zusammenleben mit den Menschen hat sich ein Etwas herausgebildet, das nun mal da ist und nach dessen Paragraphen wir uns gewöhnt haben, alles zu beurteilen, die andern und uns selbst. Und dagegen zu verstoßen geht nicht: die Gesellschaft verachtet uns, und zuletzt tun wir es selbst und können es nicht aushalten und jagen uns eine Kugel durch den Kopf...*« So versucht Innstetten seinem Freund zu erklären, weshalb er das Leben von Major Crampas, mit dem Effi ihn »betrogen« haben soll, nicht schonen kann und sein eigenes Glück zerstören muß, auch wenn er das nicht möchte. Der Freund, der ihn eigentlich von seinem Vorhaben abbringen wollte, muß endlich nachgeben: »*Ich finde es furchtbar, daß Sie recht haben, aber Sie haben recht. Ich quäle Sie nicht länger mit meinem ›muß es sein?‹. Die Welt ist einmal, wie sie ist, und die Dinge verlaufen nicht, wie wir wollen, sondern wie die andern wollen. Das mit dem ›Gottesgericht‹, wie manche hochtrabend versichern, ist freilich ein Unsinn, nichts davon, umgekehrt, unser Ehrenkultus ist ein Götzendienst, aber wir müssen uns ihm unterwerfen, solange der Götze gilt.*«
Aber warum soll man sich dem Götzen denn fügen? Wie, wenn Innstetten sich auflehnte, wenn er das Spiel nicht mitspielen würde? Könnte er so nicht auch andern Menschen zeigen, daß der vermeintliche Gott nur ein Götze ist, und sich und den andern damit helfen? Innstetten und sein Freund sehen zwar, daß die Regeln, nach denen sie leben, Götzen sind, sie wissen aber auch, daß sie selbst helfen, diese Götzen zu errichten, und daß sie nicht anders können, als ihnen weiter zu dienen.
Beide spielen eine wichtige Rolle in der Gesellschaft. Sie gehören zu den Bevorzugten. Innstetten ist Amtsgerichtsrat, als er Effi heiratet, und schon Ministerialrat, als er die Affäre entdeckt. Er hegt berechtigte Hoffnungen, noch weiter aufzusteigen. Innstettens ganzes Leben, sein Geld, sein Ansehen, seine Arbeit, sein Denken und Trachten, seine Persönlichkeit sind ein Teil des Gesellschaftssystems, das auf Götzen wie dem des »Ehrenkultus« aufgebaut ist. Wenn er sich davon ablöst, zerstört er sich selbst. Er steht oben auf der Stufenleiter, er ist einer von denen, die dafür sorgen, daß das ganze System funktioniert, daß die Gesetze eingehalten und die Sitten respektiert werden. Er muß mit seinem eigenen Leben, seinem Tun und Lassen für die Echtheit der Götzen einstehen, denen auch die andern dienen sollen. Innstetten glaubt vielleicht auch daran, daß die Ord-

nung, wie sie ist, gut ist. Er weiß jedenfalls, daß man außerhalb dieser Ordnung nicht leben kann, weil man dann ganz allein ist. Wer allein ist, hat unrecht, ist ausgestoßen, ruiniert.
Innstettens Einstellung und Handlungsweise zeigen, wie unfrei man in einer Gesellschaft ist, in der nicht die Menschen, sondern Vorschriften, Vorurteile und Meinungen die wichtigste Rolle spielen. Aber welchen Zwecken dienen denn gesellschaftliche Regeln, die auf Kosten der Menschen und ihres Glücks aufrechterhalten werden?

Gewalt hinter den Fassaden einer Gesellschaft Innstetten erklärt dem Freund, er müsse seine Ehre schon deshalb retten, weil er ihm von Effis »Fehltritt« erzählt habe. Wenn niemand etwas davon gewußt hätte, ja dann vielleicht... Es geht also hier nicht um die eigenen Gefühle, sondern um die intakte Fassade nach außen hin.
Diese Fassade, der gute Ruf, das Ansehen bei den Leuten sind in der Welt Innstettens sehr schwer instand zu halten. Sie entsprechen nicht einem realistischen Bild des Menschen. Sie sind wie retuschierte Fotos, wie süße Heiligenbildchen. Jemand aus Fleisch und Blut kann ihnen nicht gleichen, ohne sich ständig Zwang antun zu müssen. Vieles, was menschlich ist, fällt unter den Tisch, wird verleugnet, vergessen.
Es kommt nicht so sehr darauf an, ob Innstetten Effi wirklich zugetan ist, als darauf, daß alle sehen, wie höflich und gut er sie behandelt. Es ist gleichgültig, ob Effi wirklich untreu gewesen ist. Wichtig ist nur, ob Innstetten vor sich selbst und vor der Welt als betrogener Ehemann dasteht oder nicht und ob er sich dann so benimmt, wie man das von einem »richtigen Mann« erwartet.
Wenn Innstetten eine echte Beziehung zu seiner Frau gehabt hätte, so hätte diese – vermutete – Affäre nie zu einer Katastrophe geführt. Die Briefe, die er zufällig fand, hätten ihn nicht an seiner Frau zweifeln lassen, denn er hätte auch ihre Schwächen gekannt und sie auch mit diesen Schwächen geliebt. Wenn er zu seinem Freund eine echte Beziehung gehabt hätte, wäre es für ihn nicht gefährlich gewesen, sich ihm gegenüber »feige« zu zeigen. Es hätte nichts ausgemacht, wenn dieser etwas von seiner Schwäche und der Schwäche seiner Frau gewußt hätte. Innstetten hätte nicht töten und zerstören müssen, sondern es wäre ihm möglich geworden, etwas zu lernen und die Beziehung zu seiner Frau und dem Freund zu verändern.
Wenn man glaubt, einem unerreichbaren Ideal nacheifern zu müssen, wird man leicht unsicher, schuldbewußt, hat Angst und haßt sich selbst, weil man weiß, daß man das Ideal ohnehin nie erreichen kann. Man ist darum schnell bereit, Dinge zu tun, die man gar nicht tun möchte. Man traut dem eigenen Gefühl nicht mehr und überläßt es lieber dem Urteil anderer, zu entscheiden, was gut und richtig ist. Man tut dann, was Innstetten tat, und opfert sich irgendeiner Idee.
Menschen, die unter Zwang leben, töten, ohne es zu wollen, führen Krieg, weil andere es befehlen, zerstören, was sie eigentlich erhalten möchten. Es stimmt

recht nachdenklich, daß gerade die scheinbar so tugendhafte Zeit, in der Fontanes Roman spielt, ihr schreckliches Ende in einem schrecklichen Krieg fand. 1914 zogen Hunderttausende von guten Bürgern aus, um andere Menschen zu töten und sich selbst töten zu lassen für die Ehre der Nation, fürs Vaterland, für einen großen Götzen.

Trügerisches Idyll Im Ersten Weltkrieg kam die versteckte Gewalt ans Licht, jählings und in einer Art Explosion. Das war fast nicht anders möglich, denn nie verleugnete eine Gesellschaft die menschliche Natur mehr als zu der Zeit, in der man sich so ungeheuer moralisch gab. Vor allem Frauen waren damals nur halbe Menschen, »Damen ohne Unterleib«. Sie waren so angezogen und mußten so tun, als ob sie von allen natürlichen körperlichen Funktionen unterhalb der Gürtellinie keine Ahnung hätten – vom täglichen Geschäft an einem stillen Örtchen bis zum Kindergebären. Wenn eine Frau ihren nackten Fuß zeigte, war das schon obszön. Man tat so, als seien Frauen zarte, unschuldige, ätherische Wesen, die man auf Händen tragen und beschützen mußte. Ihre vornehme und einzige Aufgabe war, die Zierde des Hauses zu sein als Mutter, Hausfrau und Erzieherin. Aber sowenig es in Wirklichkeit Menschen ohne körperliche Bedürfnisse geben kann, so fadenscheinig war auch dieses idyllische Bild der geliebten, umsorgten, zuvorkommend behandelten Frau in der Sicherheit des Hauses.
Theodor Fontane entlarvt in seinem Roman dieses unwirkliche Idyll. Effi lebt lange in freundlicher Ordnung – in einer Welt der sanften Helligkeit. Ihr Gatte, ein Muster an Zuvorkommenheit und Höflichkeit, umsorgt und beschützt sie. An den stillen Winterabenden, an denen er ihr vorliest, um sie zu bilden, ahnt sie kaum etwas davon, daß diese heile Welt auch ihre schreckliche Rückseite hat.
Mit der Gestalt der Kinderfrau Roswitha, die Effi auf dem Friedhof aufliest und mit sich nach Hause nimmt, weist aber der Dichter schon auf die dunklen Seiten des Lebens hin, bevor auch nur ein Anzeichen von Effis späterem Unglück vorhanden ist.
Roswitha erzählt Effi eines Tages ihre Lebensgeschichte: Als junges, aus einfachem Hause stammendes Mädchen wird sie verführt und verlassen. Ihr eigener Vater geht mit dem Feuerhaken auf sie los. Einsam und in Not bringt sie ein Kind zur Welt. Es wird ihr weggenommen, und sie erfährt nie, was aus ihm geworden ist. Roswithas Ausruf am Schluß ihrer Erzählung: »Ach, gnädigste Frau, die heilige Muttergottes bewahr' Sie vor solchem Elend«, weist Effi entschieden zurück: »Was du nur sprichst. Ich bin ja doch eine verheiratete Frau, so was darfst du nicht sagen.« Ob Effi aber hier nicht doch eine Ahnung zurückzudrängen sucht, die ihr sagt, daß auch ihr Glück nichts Sicheres ist, und ob sie deshalb so entrüstet reagiert?
Theodor Fontane kündigt mit dieser Szene nicht nur das künftige Geschehen an. Roswithas Schicksal zeigt auch: wenn man einen Teil der menschlichen Natur und des Lebens totschweigt, muß jemand dafür büßen. Im 19. Jahrhundert waren es die Frauen, die armen und die reichen, die dafür büßen mußten, daß die Gesellschaft soviel Menschliches unterdrückte. Effis Schicksal zeigt das klar.

Was für Innstetten eine Krise im Leben, ein Unglück ist, bedeutet für Effi den Tod. Während Innstetten im entscheidenden Moment noch frei über sein Schicksal bestimmen kann – er könnte ja anders handeln –, so hat Effi gar keine Wahl. Sie ist wie ein Spielball, wie eine Puppe, sie kann nicht selbst handeln, immer wird über sie bestimmt. Sie wäre ja auch nicht fähig zu handeln, denn sie ist nicht dazu erzogen worden. Sie ist ein Mensch, der nie erwachsen werden durfte und der in allem von anderen abhängig ist. Wenn sie sich in ihrer Liebelei mit Crampas nur einmal ein bißchen vorwagt und etwas – verständlicherweise etwas Ungeschicktes – tut, so wird sie dafür hart bestraft. Effi weiß nie, was eigentlich mit ihr geschieht. Sie kann nicht einmal, wie Innstetten, den Götzen erkennen, dem sie zum Opfer fällt.

»Die erste und wichtigste Eigenschaft einer Frau ist Sanftmut. Geboren, um einem Manne zu gehorchen, der unvollkommen und voller Fehler ist, muß sie frühzeitig lernen, Ungerechtigkeit und Unrecht zu ertragen und zu erdulden, ohne sich zu beklagen.«

Rousseau

Doch schon zu Effis Zeiten gab es Frauen, die ihre Situation, die Situation der Gesellschaft und deren Götzen durchschauten.

Ausbruch Henrik Ibsen hat in *»Nora oder Ein Puppenheim«* dargestellt, wie eine Frau zu einer solchen Erkenntnis kommen kann. Er zeigt in seiner Tragödie, wie Frauen Opfer der versteckten Gewalt werden. Nora, seine Heldin, entdeckt die versteckte Gewalt in ihrem Leben und faßt den Entschluß, sich zu wehren.
Nora ist zunächst die glückliche Frau eines erfolgreichen Mannes, verwöhnt und umsorgt, von allen geliebt, wie es scheint, und die Mutter von reizenden Kindern. In einer Krise und der darauffolgenden ernsthaften Auseinandersetzung mit ihrem Mann erkennt sie aber plötzlich, daß ihr Glück nur ein Scheinglück ist.
Das Unheil, das von außen droht, wird zwar abgewendet. Alles scheint wieder in Ordnung zu sein. Nur sind Nora inzwischen die Augen aufgegangen. Sie weiß jetzt, daß nicht Liebe sie mit ihrem Mann verbindet. Ihr Mann ist nicht der feste Hort, als den sie ihn sah. Er hätte sie, das weiß sie jetzt, geopfert, wenn er dadurch seine Stellung und seinen Namen hätte retten können. Sie ist nur die Puppe, der schöne, kostbare Besitz, der Zeitvertreib ihres Mannes. Plötzlich wird ihr klar, daß sie dazu erzogen wurde, eine Puppe zu sein. *»Es ist mir viel Unrecht zugefügt worden, Thorvald, erst von Papa und dann von dir«*, sagt Nora in der Auseinandersetzung mit ihrem Mann.
Helmer: *»Wie, von uns beiden – von uns, die dich inniger geliebt haben als alle anderen Menschen?«*

Nora (schüttelt den Kopf): *»Ihr habt mich nie geliebt. Es machte euch nur Spaß, in mich verliebt zu sein... Wenn ich jetzt zurückblicke, so kommt es mir zum Bewußtsein, daß ich hier wie ein armer Mensch gelebt habe – von der Hand in den Mund. Ich lebte davon, daß ich dir Kunststücke vormachte, Thorvald. Aber du wolltest es ja so. Du und Papa, ihr begingt eine große Sünde gegen mich. Ihr seid schuld, daß nichts aus mir wurde.«*

Nora ist konsequent und verläßt Mann und Kinder. Ihre Auflehnung richtet sich nicht eigentlich gegen ihren Mann, sondern gegen die Prinzipien und Grundsätze, gegen die Gesellschaft, die er vertritt und deren Opfer auch er ist.

Mit den letzten Sätzen des Stücks deutet Ibsen an, daß es ihm nicht nur um Nora geht, sondern auch um ihren Mann und vor allem um das, was es zwischen ihnen nicht geben kann, wenn Nora nur eine Puppe ist: Liebe.

Helmer fragt Nora, ob sie denn nie zurückkehren werde, und sie antwortet: *»... Dann müßten wir beide, du und ich, uns so verändern, daß – ach, Thorvald, ich glaube nicht mehr an das Wunderbare.«*

Helmer: *»Aber ich will daran glauben. Sprich es aus! Uns so verändern, daß–?«*

Nora: *»Daß ein Zusammenleben zwischen uns beiden eine Ehe würde. Leb wohl.«*

Noras Abgang ist dramatischer als der Tod einer tragischen Heldin. Alle ihre Vorgängerinnen, die berühmten Frauengestalten der Literatur, blieben ihrer Rolle treu. Meist waren sie von vornherein die Opfer und nahmen dies auf sich, ohne zu fragen, ob es nicht auch anders sein könnte. Sie wurden dafür bestraft, daß sie mit den Gesetzen der Gesellschaft in Konflikt kamen. Ihr Untergang war besiegelt. Sie nahmen das Urteil fast immer hin und beklagten höchstens, sich so weit verirrt zu haben. Nun ertönt da plötzlich anstelle von Gretchens Verzweiflung, Desdemonas gewaltsamem Tod, Effi Briests stummem Verlöschen das »Nein« einer Nora. 1880 hörte man es zum erstenmal auf der Bühne. Dieses Nein war ein Protest dagegen, daß auch in der engsten zwischenmenschlichen Beziehung, in der Liebe, Gewalt herrschen soll.

Es ist nicht verwunderlich, daß Ibsens Stück, als es in Deutschland zuerst gespielt wurde, mit abgeändertem, »versöhnlicherem« Schluß über die Bretter ging. Noras Nein war ja keineswegs willkommen, es schien gefährlich. Es hätte, wenn es sich viele Menschen zu Herzen genommen hätten, eine ganze Welt auf den Kopf gestellt. Diese Welt lebte von Heuchelei und versteckter Gewalt.

»Für die Frau kommt alles darauf an, einen Mann zu finden, der ihren lebenslänglichen Unterhalt gegen die Verpflichtung übernimmt, sich ihm allein hinzugeben, eine Abmachung, die man Ehe nennt. Deswegen hassen die Frauen jene Weiber, die dem Manne dieses Vergnügen für weniger als lebenslänglichen Unterhalt bieten. Sie gelten gleichsam als Streikbrecher und sind

deshalb der Verachtung aller üblichen Frauen verfallen.«
Arthur Schopenhauer

Es war Heuchelei, wenn junge Mädchen »rein« zu sein hatten, damit sie ihren Wert im Ehehandel nicht verloren, während die jungen Männer aus gutem Hause ihre ersten Erfahrungen mit Mädchen aus weniger gutem Hause machen durften. Es war Heuchelei, wenn man in besseren Kreisen Frauenhände zu zart für gewisse Arbeiten, ihre Köpfe zu fein für die Beschäftigung mit Politik fand und die jungen Mädchen französisch parlieren und Chopin spielen lehrte, während arme Frauen sich für einen Hungerlohn in den Fabriken abrackerten. Es war Heuchelei, wenn man erklärte, die wahre Bestimmung der Frau sei es, Mutter zu sein, und wenn dennoch Tausende von Frauen, die nicht genug Mitgift hatten und deshalb nicht geheiratet wurden, ihr Leben als Mägde und Gouvernanten fristen mußten, ohne Anrecht auf Liebe und Freiheit.
Man betete viel, sprach von Gott und Vaterland und zog schließlich mit diesen Worten auf den Lippen in den Krieg. Der Erste Weltkrieg zeigte dann, wieviel Gewalt hinter all der Sittenstrenge und Ordnung der »guten alten« Zeit gesteckt hatte.
Der Schluß von Ibsens Stück mußte abgeändert werden, weil Heuchelei und Sittengesetze, hinter denen sich die Gewalt versteckt, nur wirksam bleiben können, wenn man sie nicht durchschaut oder wenn man zumindest nicht wagt, sich dagegen aufzulehnen. Man wagt dies aber nur dann nicht, wenn es keine Möglichkeit gibt, herauszufinden, welche Absicht hinter den gesellschaftlichen Regeln steckt, wer sie gemacht hat und wem sie letztlich dienen.
Je unwissender, je abgeschlossener von der Welt man lebt, desto schwerer ist es, die Wahrheit zu sehen, die Heuchelei zu erkennen. Deshalb wird auch immer dafür gesorgt, daß der, der sich der Gewalt fügen soll, unwissend bleibt.
Naivität, Unwissenheit gehörte zum Idealbild eines gut erzogenen Mädchens. Effi Briest lernt nichts Brauchbares. Man leitet sie an zu Spielereien und Zerstreuungen, mit denen man sich selbst und andere unterhalten kann, und zu weiblichen Arbeiten, die einem keine Möglichkeit geben, die Welt draußen kennenzulernen. Ein Mädchen wie Effi ist nichts und kann nichts ohne ihren Mann. Wenn es ihr nicht gelingt, seine Gunst zu bewahren, ist sie verloren. Nora sagt nein zu der Gewalt, die in dieser Abhängigkeit liegt. Sie ist entschlossen, sie zu durchbrechen. Sie ist entschlossen, sich nicht mehr wie ein Kind behandeln zu lassen, und sie wird sich selbst davon überzeugen, was richtig und wahr ist an all dem, was man ihr weisgemacht hat:
Helmer: *»Du sprichst wie ein Kind. Du verstehst die Gesellschaft nicht, in der du lebst.«*
Nora: *»Nein, ich versteh' sie auch nicht. Aber jetzt will ich sie kennenlernen. Ich muß mich überzeugen, wer recht hat, die Gesellschaft oder ich.«*
Mit dem Abschied Noras von ihrem alten Leben und mit diesem wichtigen Entschluß für die Zukunft endet Ibsens Stück. Wir erfahren nicht, was aus Nora geworden ist. Mag sein, daß ihr Wagnis zu groß ist, daß sie untergeht. Aber viele

Tausende von Frauen sind vor ihr zugrunde gegangen, weil sie dieses Wagnis nicht auf sich genommen, weil sie nicht herausfinden konnten, wer recht hatte, die Gesellschaft oder sie, weil sie es als selbstverständlich hinnahmen, daß die Gesellschaft recht hat.

Noras Nein und ihr Entschluß, sie selbst zu werden, kündigen etwas ganz Neues an: ein neues Menschsein, zu einer Zeit, da eine untergehende Gesellschaft zu einer Karikatur ihrer selbst wurde und ihre erstarrten Formen für Geist und Körper weniger Bewegungsfreiheit ließen als je zuvor.

Noras Nein galt der Frau, wie sie Stefan Zweig in seinem Buch »*Die Welt von gestern*« beschreibt: »*In der Mitte des Körpers wie eine Wespe abgeschnürt durch ein Korsett aus hartem Fischbein, den Unterkörper wiederum weit aufgebauscht zu einer riesigen Glocke, den Hals hoch verschlossen bis an das Kinn, die Füße bedeckt bis hart an die Zehen, das Haar mit unzähligen Löckchen und Schnecken und Flechten aufgetürmt unter einem majestätisch schwankenden Hutungetüm, die Hände selbst im heißesten Sommer in Handschuhe gestülpt, wirkt dieses längst historische Wesen ›Dame‹ trotz des Parfüms, das seine Nähe umwölkt, trotz des Schmucks, mit dem es beladen war, und der kostbaren Spitzen, der Rüschen und Behänge als ein unseliges Wesen von bedauernswerter Hilflosigkeit.*«

Noras Nein galt dem jungen Mädchen – »*Aber so wollte die Gesellschaft damals das junge Mädchen, töricht und unbelehrt, wohlerzogen und ahnungslos, neugierig und schamhaft, unsicher und unpraktisch und durch die lebensfremde Erziehung von vornherein bestimmt, in der Ehe dann willenlos vom Manne geformt und geführt zu werden.*« – Es galt der alten Jungfer, die um alles im Leben betrogen wurde und zudem noch in der Gesellschaft als Spottobjekt diente, und galt dem armen Mädchen, das sein Leben mit schwerer, schlecht bezahlter Arbeit verdiente, der Prostituierten, die für das verlogene Bild der »reinen«, »geschlechtslosen« Frau büßen mußte.

Noras Nein wollte den Gretchentragödien ein Ende machen, die dahinwelkenden Effi Briests von der Schuld, die keine war, befreien und die Desdemonas vor dem unverdienten Tod bewahren. Noras Nein hätte aber auch einem Othello und einem Innstetten helfen können, hätte sie davor bewahrt zu töten und gegen ihr eigenes Gefühl zu handeln. Es hätte die Männer, die im »Vatermörder« schwitzten und tapfer, hart und erfolgreich sein mußten, vor dem Zwang bewahrt, der sie zu falschem Heldentum verpflichtete und sie in den Schützengräben vor Verdun und anderswo verbluten ließ.

Auflehnung Wenn man gegen die versteckte Gewalt in Moralvorschriften und Sittengesetzen etwas tun will, muß man wie Ibsens Nora »nein« dazu sagen. Man muß den Mut haben, als einzelner das Gegenteil dessen zu tun, was »richtig« scheint, wenn man davon überzeugt ist, daß es eigentlich gar nicht richtig ist. Es ist für Frauen fast immer leichter, gesellschaftliche Regeln zu mißachten, weil sie selten oben auf der Stufenleiter dieser Gesellschaft stehen. Es kann für eine Frau aber auch besonders schwer sein, weil sie dem eigenen Urteil nicht zu trauen wagt und gewöhnt ist, zu gehorchen. Aber je mehr Noras es gibt, die »nein« sagen, desto leichter wird es für jede einzelne, es zu tun.

Diskriminierung Man muß sein Leben lang auf der Hut sein, um nicht dem Vorschub zu leisten, was die Beziehungen zwischen den Menschen gewalttätig macht. Gretchen wußte nicht, daß sie ihrem eigenen traurigen Schicksal den Boden bereitete, als sie mithalf, über »gefallene Mädchen« herzuziehen. Auch uns passiert es, daß wir Menschen, die sich den Gesetzen der Gesellschaft nicht fügen, das Leben schwermachen. Schüler schaden sich selbst, wenn sie ungerechten Lehrern nach dem Munde reden, um sich bei ihnen einzuschmeicheln. Wir mögen sie alle nicht, die Petzer und Kicherer, die sich für besser halten als die andern. Was in der Schule geschieht, passiert aber im Leben immer wieder. Unter Frauen zum Beispiel: Ältere ledige Frauen, geschiedene Frauen, ledige Mütter, Frauen mit »schlechtem Lebenswandel« werden gesellschaftlich kaltgestellt. Frauen, denen es besser geht, helfen mit, ihnen das Leben schwerzumachen. Bei der Jugend ist es ähnlich: Wer nicht »in« ist (modisch oder weil er die richtigen Schlager kennt, oder weil er dem Trend huldigt, der gerade »en vogue« ist), gehört nicht dazu.

Damit man nicht wieder und wieder mithilft, Menschen zu diskriminieren, sollte man stets daran denken: Es gibt keine Regeln, die für alle und überall gelten. Was heute richtig, »in« und notwendig ist, kann morgen falsch, »out« und schädlich sein.

Das schwache Geschlecht

oder Wie aus Männern »Herren der Schöpfung« wurden

Das Schlimme an Sitten und Gesetzen, die den Menschen einengen, ist, daß man uns immer glauben machen möchte, sie seien allgemeingültig und unumstößlich. Jahrhunderte hindurch blieb den meisten Menschen auch gar nichts anderes übrig, als zu glauben, was Kirche und Staat lehrten. Es gab kaum eine Möglichkeit, herauszufinden, ob das »Gute« wirklich gut war und ob die Art, wie die Menschen lebten, wirklich die einzig richtige und natürliche Möglichkeit zu leben war. Daß der Mann Herr in der Familie und im Staate sein und bleiben müsse, das – so glauben Männer und Frauen sogar heute noch – habe Gott oder die Natur so eingerichtet, und daran sei nichts zu ändern. Man hat zwar immer wieder versucht, sich vorzustellen, wie es anders sein könnte. Aber diese Vorstellungen verraten höchstens, daß alles, was der Mensch nicht kennt, ihm Angst einflößt und daß das Ungewohnte ihm lächerlich und unmöglich scheint.

In der Antike hat der Komödiendichter Aristophanes in seinem Stück die »Weiberherrschaft« schon lächerlich gemacht. In der griechischen Sage vom Amazonenstaat werden weibliche Wesen, die jagen und Krieg führen wie Männer und den eigenen Staat verwalten, zu phantastischen Gestalten. Der Sage nach verstümmelten sich die Amazonen, damit sie Pfeil und Bogen besser handhaben konnten, und das Schlimmste an ihnen war nicht einmal die ausgebrannte Brust, sondern die Wildheit und Gefährlichkeit, mit der diese »unnatürlichen« Frauen die Männer bedrohten.

Der Dichter Heinrich von Kleist, dem die Beziehungen zu den Frauen ein Leben lang ein Problem waren und dessen Verhältnis zur Sexualität gestört war, hat in dem Drama »Penthesilea« die Amazonensage benützt. Er zeichnet in Penthesilea, der Amazonenkönigin, ein Schreckbild der Frau, die nicht so lebt, wie ihre »weibliche« Natur ihr das vorschreibt, und die deshalb in der Liebe dem Mann zur tödlichen Gefahr werden muß.

Manch spannende Science-fiction-Story zeigt, wie die Angst vor der Wildheit der Frau, die sich dem Mann nicht unterwirft, auch in der Brust des Mannes von heute lebt. Die Autoren der Geschichten zeichnen oft eine verkehrte Welt, in der verkümmerte Menschenmännchen ein klägliches Dasein führen, während die Frauen, die die Macht übernommen haben, zu Ungeheuern geworden sind. In den Comic strips taucht die wildgewordene Frau ebenfalls auf: Jodelle und Barbarella mit ihren Horden von Freundinnen, die mit fliegenden Haaren auf schweren Motorrädern halbnackt dahinsausen und keine weibliche Scheu vor harten Abenteuern zeigen, sind den Amazonen der Sage sehr ähnlich.

Die Vorstellungen haben sich seit dem Altertum kaum gewandelt. Etwas anderes als die Vorherrschaft des Mannes scheint unmöglich, irreal und vor allem gefähr-

Die Emanzipierten von 1844. Modekarikatur von Grandville. Der Gedanke daran, daß die Vorherrschaft des Mannes in unserer Gesellschaft etwas anderem Platz machen könnte, verbindet sich meistens mit recht grotesken Vorstellungen.

lich. Man sieht keine andere Möglichkeit, als die Rollen zu vertauschen, und fürchtet sich vor einer »verkehrten Welt«, in der die Frauen die Macht ausüben.

Wer in einem Staat groß geworden ist, in dem ein einzelner, ein König, ein Diktator herrscht und über aller Leben verfügen kann, wird ein solches Regime ganz natürlich finden, weil er kein anderes kennt. Würde man ihm von einer Demokratie erzählen, in der die Macht vom Volke verliehen und noch dazu geteilt und kontrolliert wird, so fände er vermutlich, so etwas sei unmöglich und unnatürlich. Auch wenn er zu den Unterdrückten gehört und es ihm in einer anderen Staatsform nur besser gehen könnte, wäre es durchaus denkbar, daß er sich erst einmal gegen sie wehrt. Es gab Schwarze in den USA, die sich gegen die Abschaffung der Sklaverei wandten.

Früher glaubte man, die Königs- oder Herrscherwürde sei von Gott verliehen worden. Genauso glauben auch heute noch viele Menschen – trotz Frauenemanzipation –, es gebe im Grunde eine »natürliche«, »von Gott gewollte« Ordnung zwischen den Geschlechtern, eben die patriarchalische. Alles andere muß deshalb unnatürlich und schrecklich erscheinen.

Mit allerlei Erklärungen, warum die patriarchalische Ordnung »natürlich« und »gottgewollt« sei, hat man nie gespart – Erklärungen, die freilich, wie man heute beweisen kann, alles andere als stichhaltig sind. Je mehr Erkenntnisse uns die Wissenschaft über das Leben der Menschen vermittelt, desto weniger sind wir darauf angewiesen, solchen Erklärungen Glauben zu schenken. Eines scheint inzwischen klargeworden zu sein: Das Patriarchat ist keineswegs etwas »Natürliches«. Doch sehen wir uns die geläufigsten dieser Erklärungen einmal näher an.

Körperkraft Man begnügt sich oft mit dem Argument, Frauen seien eben das »schwächere« Geschlecht. Deshalb müßten, so sagt man, die Männer die schwere Arbeit tun, und die Frauen müßten behütet und beschützt mit ihren Kindern zu Hause sein. Man geht damit auf Zeiten zurück, da der Mensch noch in einer feindlichen Umgebung, unter wilden Tieren lebte und sich vor allem von der Jagd ernährte. Auch als der Mensch zum Ackerbau überging, so findet man, konnte sich nicht viel daran ändern, denn die Arbeit in der Landwirtschaft ist schwere Arbeit, wenigstens war sie es, solange nicht Maschinen den Menschen diese Arbeit erleichterten. Bis in unsere Zeit hinein lebte der größte Teil der Menschheit vom Ackerbau. In den Kulturformen, in denen Jagd oder Landwirtschaft überwogen, eignete sich der Mann, so sagt man, besser dazu, den Kampf ums Überleben zu führen. Die Frau blieb also logischerweise zu Hause und zog die Kinder auf. Was die Jagd anbelangt, so leuchtet das Argument ein. Die Frauen waren ja in alten Zeiten fast immer schwanger, oder sie hatten gerade ein kleines Kind und waren deshalb recht unbeweglich und nicht fähig, auf die Jagd zu gehen oder sich gegen wilde Tiere zu verteidigen. Sie brauchten den Schutz des Mannes.

Die Behauptung aber, der Mann habe der schwachen Frau immer die schwere

Arbeit abgenommen, ist einfach unwahr. Frauen mußten nämlich fast in allen Kulturen für den Schutz, den sie brauchten, mit Arbeit bezahlen. Überall, in den Harems des Ostens wie auf den Bauernhöfen in unseren Breiten waren sie billige Arbeitskräfte, die man nur in Ausnahmefällen schonte. In Afrika gibt es primitive Stämme, die Ackerbau treiben und bei denen die Männer ihr Leben lang auf der faulen Haut liegen, oder höchstens ein bißchen auf die Jagd gehen, während die Frauen die ganze Arbeit tun, zu Hause und auf dem Feld. Überall in der Welt ist es dasselbe: Frauen tragen Lasten, Frauen bestellen die Felder, Frauen arbeiten in Fabriken. Selten nur werden sie geschont, wenn die Arbeit gefährlich oder gesundheitsschädlich ist. Die Arbeitsteilung richtet sich also selten nach der Körperkraft. In einem wichtigen Punkt nur unterscheidet sich Frauenarbeit ganz entschieden von Männerarbeit: Die Frau arbeitet selten oder fast nie auf eigene Rechnung, sondern fast immer im Dienste eines Mannes, der daraus Nutzen zieht. Dem Manne gehört der Boden, den sie bestellt und damit gehört ihm auch die Ernte, dem Manne gehören die Lasten, die sie trägt, und das Haus, das sie besorgt. In Wirklichkeit ist es also so: Weil die Frauen schwach und schutzbedürftig waren, hat der stärkere Mann ihnen seinen Schutz gewährt, aber er hat auch ausgenützt, daß er stärker war – er verlangte eine Gegenleistung von der Frau, sie mußte sich ihm bedingungslos unterwerfen und die Arbeit übernehmen, die unangenehm, zu langweilig, zu wenig lohnend oder auch zu schwer war. Aber das ist ja ganz einleuchtend: Der Stärkere kann dem Schwächeren seinen Willen aufzwingen, und es ist eine Seltenheit, wenn er das nicht irgendwie ausnützt.

Begabung Auch in unseren Tagen, als man nicht mehr gut daran zweifeln konnte, daß auch die Frau ein Mensch ist, zweifelte man doch noch an der Intelligenz der Frau. Daß die Frauen zwar ein leichteres und kleineres Gehirn als die Männer haben, daß das Hirngewicht aber gar nichts mit Intelligenz und dem Maß an geistigen Kräften zu tun hat, das weiß heute jedes Kind. Obschon auch darin jahrhundertelang eine »natürliche« Ursache für die Vorherrschaft des Mannes gesehen wurde, wagt es heute kaum noch jemand zu behaupten, daß die Frau weniger intelligent sei als der Mann. Intelligenztests mit Mädchen und Knaben beweisen heute eher das Gegenteil. Frauen haben im Laufe der Geschichte trotz all der Hindernisse, die ihnen in den Weg gelegt wurden, Außergewöhnliches geleistet. Intelligenz hat nichts mit dem Geschlecht zu tun, sondern mit der Persönlichkeit des einzelnen und seiner Erziehung. Wenn man jahrhundertelang die Frauen zu Dummerchen erzog, weil es so bequemer war, spricht es doch sehr für sie, daß so viele unter ihnen dennoch recht intelligent sind.

»Die Frau ist so dumm wie ein Huhn und die intelligente so dumm wie deren zwei.«

Konfuzius

»Mit den Waffen einer Frau«, so stellt sich 1897 ein Karikaturist vor, führt der erste weibliche Advokat den Kampf vor Gericht. Wenn die Frau auf Körper und Gefühl reduziert wird, wie das lange geschah, so ist es schwer, zuzugeben, daß sie auch geistige Kräfte besitzt und fähig ist, sie sinnvoll zu gebrauchen.

Aber man hat noch ein viel raffinierteres und eleganteres Argument auf Lager. Frauen, so sagt man, seien einfach durchwegs »anders« als der Mann, und zwar nicht nur im Körperbau und in der Art, wie sie ihren Beitrag zur Fortpflanzung leisten, sondern auch in ihrer Gefühlswelt, in ihren Begabungen. Man drückt es meist recht poetisch aus, so daß es fast schmeichelhaft wirkt; man sagt, daß Frauen »mehr mit dem Herzen als mit dem Kopf« denken würden und »mehr den Menschen und weniger den Dingen« zugeneigt seien, daß die Intuition bei ihnen besser entwickelt sei als die Fähigkeit zu logischem Denken, daß sie sich gut in etwas einfühlen könnten, daß dafür bei ihnen der Instinkt den Intellekt beherrsche. Wenn man das alles ein bißchen analysiert und die blumigen Ausdrücke wegstreicht, kommt immer dasselbe heraus: Die Frau ist halt doch dümmer als der Mann, oder besser: All die Eigenschaften, die man braucht, um ein tüchtiger Mensch zu sein und sich im Leben durchzusetzen, fehlen ihr.

»Frauen haben lange Haare, aber einen kurzen Verstand. – Der Mann erlangt die Reife seiner Vernunft und Geisteskräfte kaum vor dem 28. Jahre; das Weib mit dem 18. Aber es ist auch eine Vernunft danach, eine knapp bemessene.«

Thomas von Aquin

Nun, es ist gewiß so, daß es Frauen gibt, die gefühlsbetonter sind als viele Männer. Aber es nicht bewiesen, daß mehr Frauen eher dem Instinkt gehorchen als Männer und daß Männer, die mehr den Menschen als den Dingen zugeneigt sind, Ausnahmen sind. Wenn das Gehirngewinde nichts mit der Intelligenz zu tun hat, warum soll dann die Tatsache, daß ein Mensch einen Uterus statt eines Penis besitzt, einen Einfluß auf die Art seines Denkens haben? Und wenn es doch einen Einfluß hätte, wenn, was auch sein könnte, es wirklich mehr Frauen gäbe, die sich von Natur aus mehr für Hausarbeit als für Mathematik interessieren? Die Tatsache, daß es wahrscheinlich unter Negern mehr Menschen mit musikalischem Talent und gutem Gefühl für Rhythmus gibt als unter Weißen, zwingt einen doch nicht zu dem Schluß, daß die wahre und natürliche Bestimmung aller Neger der Musikerberuf sei und jeder, der einen anderen Beruf ausübe, im Grunde sich gegen seine wahre Natur wende.

Männer- und Frauenrollen Die Behauptung von der »wahren Natur« der Frau zwingt sie immer wieder in eine bestimmte Rolle. Die weiche, nachgiebige, gefühlsbetonte Frau bleibt doch wirklich besser zu Hause, sagt man. Der mutige, aggressive, unternehmungslustige Mann soll sich nur draußen herumtreiben. Wenn es nun aber so wäre, daß die Frau nur deshalb so sanft, gefühlsbetont, nachgiebig und häuslich gesinnt ist, weil sie im Hause zu bleiben hat? Wie, wenn der Mann nur mutig und unternehmungslustig wäre, weil er ins Leben hinaus muß und es sich nicht leisten kann, seinen Gefühlen nachzugeben? Forschungen, die man bei anderen Völkern durchführte, scheinen gerade darauf hinzu-

weisen, daß »Weiblichkeit« und »Männlichkeit« etwas ist, das man lernt.
Die amerikanische Anthropologin Margaret Mead hat drei Eingeborenenstämme in Neuguinea beobachtet und dabei verblüffende Dinge herausgefunden. Bei einem Stamm, den sie besuchte, den »Arapesh«, stellte sie nämlich fest, daß die Eigenschaften, die bei uns als »weiblich« gelten, also Gefühlsbetontheit, Mütterlichkeit, Hilfsbereitschaft, Friedfertigkeit, ja sogar Passivität im Sexuellen, dort für Männer und Frauen als Ideal galten. Männer und Frauen kümmerten sich um die Kinder und umeinander, und es gab kaum »typisch weibliche« oder »typisch männliche« Aufgaben. Bei einem andern Stamm nicht weit von den »Arapesh«, bei den »Mundugumor«, war es gerade umgekehrt. Hier zeigten Männer und Frauen Eigenschaften, die bei uns als »typisch männlich« gelten. Sie waren aggressiv und gewalttätig, und Frauen und Männer waren sexuell aktiv. Dagegen war niemand darauf erpicht, sich um die Kinder zu kümmern. Es galt nicht als gut, rücksichtsvoll gegen Schwächere oder gar mütterlich und fürsorglich zu sein.

Bei einem dritten Stamm, den »Tschambuli«, schien die Welt vollkommen auf den Kopf gestellt zu sein. Hier benahmen sich die Fraun so, wie man es bei uns von den Männern erwartet, und die Männer so wie bei uns verwöhnte Bürgersfrauen. Frauen »arbeiteten«, d. h. sie sorgten fürs tägliche Brot, während die Männer so etwas wie Luxusgeschöpfe waren. Sie schmückten sich, pflegten die Künste und veranstalteten Feste, um so ihren Frauen das Leben ein bißchen angenehmer zu machen. Die Frauen waren vernünftig und ernst und immer mit wichtigen Dingen beschäftigt, während die Männer sich unselbständig zeigten und gefühlsmäßig von den Frauen abhängig zu sein schienen.

Margaret Mead haben diese Beobachtungen zu Überlegungen angeregt, die auch die »Männer- und Frauenrollen« in unserer Kultur betreffen. Diese Rollen können, wie sie gesehen hat, ganz verschieden sein. Entscheidend ist, was für Sitten die Gesellschaft hat und was für Vorstellungen man von einem »richtigen Mann« bzw. einer »richtigen Frau« hat. Margaret Mead berichtet auch von den Außenseitern, die es bei allen drei Stämmen gibt. Das sind Menschen, die nicht so veranlagt sind, daß sie dem Ideal ihrer Rolle gut entsprechen.

Bei den sanften, mütterlichen Arapesh waren es zum Beispiel Männer und Frauen, die Eigenschaften besaßen, die bei uns als männlich gelten würden. Sie hätten sich bei den Mundugumor wohler gefühlt. Bei diesen wiederum hatten gefühlsbetonte, sanfte Menschen, Männer und Frauen, ein schweres Leben. Was also bei dem einen Volk »normal« war, galt beim nächsten Stamm, nur wenige Kilometer entfernt, nicht mehr als »normal«. Die Angehörigen aller drei Stämme aber waren überzeugt, ihre Vorstellungen davon, wie ein Mann oder eine Frau zu sein habe, sei »natürlich« und richtig.

»Wenn ich an die Frauen denke, an dieses schwache, unbeständige, launenhafte und unvollkommene Geschlecht, so scheint mir, daß die Natur, als sie die Frau schuf, ihr Zweckmäßigkeitsprinzip außer acht ließ.«

Rabelais

Matriarchat Oriana Fallaci berichtet in »Das unnütze Geschlecht« von ihrem Besuch bei den Matriarchen in Negri Sembilan in Malaysia, den »glücklichsten Frauen der Welt«, wie sie sie nennt. Hier, in der Wirklichkeit, ist die »verkehrte Welt«, in der die Frauen herrschen statt der Männer, weder schrecklich noch lächerlich. Bei diesem Dschungelvolk besitzen die Frauen das Land, die Mädchen erben es von ihrer Mutter. Die Frauen suchen sich ihre Männer selbst aus und sind verpflichtet, ihre Ehegatten zu ernähren. Sie leben nicht mit ihnen zusammen, sondern lassen sie nur kommen, wenn sie Lust haben, mit ihnen zusammenzusein. Das Leben ist hier auch für Männer nicht unerträglich. Die Mütter sorgen für ihre Söhne wie anderswo die Väter für ihre Töchter, statten sie mit einer Mitgift aus und sorgen dafür, daß sie ein gutes Mädchen heiraten können, das Land besitzt und ihnen ein sicheres Leben bieten kann.
Oriana Fallaci zählt noch andere Weltgegenden auf, in denen es Matriarchate geben soll: Japan, Australien, gewisse Gebiete Afrikas, Südindien, Mikronesien und Melanesien.

Das Mutterrecht Schon Mitte des 19. Jahrhunderts haben Forscher und Philosophen daran gezweifelt, daß das Patriarchat die einzig mögliche Gesellschaftsform sei. Berichte vom Leben fremder Völker, von gewissen Indianerstämmen zum Beispiel, zeigten, daß es sehr viele verschiedene Möglichkeiten gibt, die Beziehungen zwischen den Menschen zu regeln. Es gibt viele andere Arten, Verwandtschaftsbeziehungen zu pflegen, als wir dies gewohnt sind.
Statt des Vaters kann etwa die Mutter, deren Bruder oder Vater das Familienoberhaupt sein und die Verantwortung für die Kinder übernehmen. Alle Kinder von Brüdern und Schwestern können sich untereinander als Geschwister betrachten und nicht bloß als Kusinen und Vettern. Oder alle Kinder von Schwestern können die Nachfolger und Erben des Bruders ihrer Mütter sein, während ihre Väter die Kinder ihrer Schwestern als ihre Erben und Nachfolger ansehen. Verwandtschaftsbeziehungen sind ja nur Ordnungssysteme, die die Menschen selbst erfinden, um miteinander besser zurechtzukommen.
Es ist nicht »natürlich«, daß ein Mann und eine Frau zusammen mehrere Kinder haben, die sich untereinander als Brüder und Schwestern ansehen, obwohl das einmal zur Regel gemacht wurde. Frauen können von mehreren Männern, Männer von mehreren Frauen Kinder haben. Man kann also ganz verschiedene Arten von »Familien« und »Verwandtschaften« bilden.
Der Schweizer Forscher Johann Jacob Bachofen, der Anthropologe Morgan und der Politiker und Philosoph Friedrich Engels schlossen als erste aus diesen Er-

kenntnissen, daß das Mutterrecht die ursprüngliche Gesellschaftsform gewesen sein muß.
Als man noch nicht wußte, daß der Mann beim Entstehen der Kinder eine Rolle spielte, kannte man ja auch keinen »Vater«. Immer aber sah man, daß die Frauen Kinder zur Welt brachten. Wer die Mutter war, das war immer ganz klar. Die Kinder gehörten deshalb den Frauen, und die Mutter oder ihr Bruder waren das Oberhaupt der Familie und vererbten den Besitz. Auch da, wo man schon wußte, daß der Mann eine Rolle beim Entstehen eines Menschen spielte, war es oft nicht eindeutig, wer der Vater eines Kindes war, weil die Frauen nicht durch eine Ehe an einen einzigen Mann gebunden waren.
In diesen Urgesellschaften sollen die Frauen ziemlich frei gewesen sein. Wahrscheinlich gab es »Gruppenehen«, alle Männer einer Sippe oder Gruppe waren verheiratet mit allen Frauen einer anderen Gruppe. Man vermutet, daß alles Besitztum der Gemeinschaft gehört hat und die Erbfolge deshalb keine große Rolle spielte. Auch Landbesitz gab es wohl nicht, und der Kampf darum war vermutlich unbekannt.
War das Matriarchat eine fast ideale Gesellschaftsordnung? Wie kam es dazu, daß es verschwand? Wie entstand das Patriarchat? Darüber haben sich natürlich viele bedeutende Köpfe Gedanken gemacht.

Macht und Besitz August Bebel tat dies in einem Buch, das 1878 erschien und heute noch lesenswert ist: »Die Frau in Vergangenheit, Gegenwart und Zukunft«. (Der Titel wurde später abgeändert in »Die Frau und der Sozialismus«.) Ganz ähnliche Theorien wie er entwickelte der Freund und Mitarbeiter von Karl Marx, Friedrich Engels, dessen Schrift »Der Ursprung der Familie, des Privateigentums und des Staates« 1884 erschien.
Bebel und Engels führten die große Veränderung, die Engels die »weltgeschichtliche Niederlage des weiblichen Geschlechts« nannte, auf Veränderungen in der Lebens- und Arbeitsweise des Menschen zurück.
Zur Zeit des Mutterrechts, als es Gruppenehen gab, so stellten sich die beiden Forscher vor, war eigentlich niemand am Besitz interessiert; deshalb gehörte allen innerhalb einer Gruppe alles gemeinsam. Die Frauen blieben zwar vorwiegend im Haus, aber ihre Arbeit wurde für ebenso wichtig gehalten wie die der Männer. Auf der Jagd und beim Fischfang trugen diese ja nicht mehr zum Lebensunterhalt bei als die Frauen, die zu Hause von der Hausgeräten bis zu den Kleidern alles herstellten, was man sonst zum Leben brauchte.
Als die Menschen aber mit Ackerbau und Viehzucht begannen, bekamen die Männer plötzlich Macht und Bedeutung. Es war nun wichtig, wem der Boden, auf dem man pflanzen konnte, gehörte. Wahrscheinlich sicherten sich die Männer diesen Besitz, weil sie die Stärkeren waren. Es gab Zeiten, da man mehr ernten konnte, als man von Tag zu Tag verbrauchte. Die Tiere vermehrten sich schneller, als man sie schlachten mußte, um genügend Fleisch zu haben. Es gab einen Überschuß, den man tauschen oder verschenken konnte.
Man gewann an Ansehen, wenn man solchen Überschuß besaß, um den andere,

die Not litten, einen beneideten und mit dem man Geschäfte machen, d. h. ihn gegen andere Dinge eintauschen konnte. Der Besitz gab den Männern Macht. Es war ihnen nicht mehr gleichgültig, wer den Reichtum, den sie erworben hatten, erben sollte.
Dem Mann war nun daran gelegen, seine eigenen Kinder zu kennen und zu ihnen eine gute Beziehung zu haben, damit seine Kinder erbten, was er sich erarbeitet hatte. Um genau zu wissen, welches die eigenen Kinder waren, mußte man die Frau, die sie zur Welt bringen sollte, ganz für sich haben. Ihre Freiheit mußte durch Verbote und Vorschriften eingeschränkt werden, damit man sicher war, daß ihre Kinder auch wirklich diejenigen ihres Mannes waren und er seinen Besitz nicht etwa an ein fremdes Kind weitergab.
Friedrich Engels und August Bebel glaubten, das Patriarchat sei eine Folge davon, daß einzelne Menschen plötzlich Dinge besaßen, die über das hinausgingen, was sie unbedingt zum Leben brauchten. Wer es zustande bringt, reich zu werden, kann die anderen Menschen, die Schwächeren und Ärmeren, in seine Macht zwingen und frei über ihre Arbeitskraft verfügen, so lautet ihre Theorie. Mit dem Patriarchat entstand auch die Sklaverei, und Bebel nennt deshalb die Frau »den ältesten Sklaven der Geschichte«.

»Männer sollen vor Frauen bevorzugt werden, weil auch Gott die einen vor den anderen mit Vorzügen versehen hat und weil jene diese unterhalten.«

Koran

Friedrich Engels und August Bebel wollten zeigen, daß die untergeordnete Stellung der Frau nichts Natürliches ist, wie es auch nicht natürlich ist, daß ein Mensch über den andern herrscht und einer auf Kosten des andern lebt. Sie wollten Möglichkeiten finden, Ungerechtigkeiten und Gewalt unter den Menschen zu beseitigen, und sie glaubten, daß es eine Zeit gegeben haben muß, in der sie nicht alles beherrschten. Diese Zeit, die Zeit des Matriarchats, des Mutterrechts, des gemeinsamen Eigentums und der gemeinsamen Arbeit, wurde für sie zu einer Art verlorenem Paradies. In der Tat bestätigten dann in den zwanziger Jahren unseres Jahrhunderts Berichte des englischen Völkerkundlers Malinowski über die Tobriander in Nordwestmelanesien viele ihrer Vermutungen. Malinowski stieß auf ein Naturvolk, das keinen Privatbesitz kannte und wo alle – auch die Frauen – vollkommen gleichberechtigt wären.
Oriana Fallaci erzählt in ihrer Buchreportage über die Frauen der Welt auch von einem solchen, leider schon verlorenen »Paradies«. Auf den Hawaii-Inseln trifft sie Menschen, die ihr von »guten alten« Zeiten erzählen: Als dort noch niemand den Boden für sich allein in Anspruch nahm und jeder Fleck der Insel allen gehörte, seien auch die Frauen vollkommen frei gewesen. Sie hätten geliebt, wen sie wollten, und Kinder zur Welt gebracht, ohne einem Mann allein zu gehören. Die Weißen, so klagten diese Leute, hätten, als sie den Boden aufteilten und einzäun-

ten, aus der freien Liebe eine Schande gemacht und die Arbeit in Sklaverei verwandelt.

Solche Berichte lassen einen fast vermuten, daß die gefürchtete »Weiberherrschaft« wohl kaum etwas mit »Herrschaft« zu tun haben kann und daß eine matriarchalische Gesellschaft wirklich eine menschlichere Gesellschaft sein könnte. Es kommt nicht von ungefähr, daß alle großen Denker, die eine neue Gesellschaft freier und glücklicher Menschen schaffen wollen, auch immer die Stellung der Frau zu verändern suchen.

Rollen Jeder Mensch muß – wenn er wirklich leben und handeln will – mehrere Rollen in seinem Leben übernehmen. Polizist, Mutter, Bauer, Tochter, Künstler, Politiker, all das sind Rollen, die bestimmte Eigenschaften und Fähigkeiten eines Menschen besonders beanspruchen. Wenn ein Mensch sich nur einer einzigen Rolle anpaßt, dann kommt ein Teil seines Wesens zu kurz. Das ist aber nur dann wirklich schlimm, wenn diese Rolle seiner Persönlichkeit nicht entspricht, wenn er dazu gezwungen wird, sie zu spielen, und man ihm gar keine andere Möglichkeit läßt. Wenn man weiß, daß auch die Frauen- und die Männerrolle nichts »Natürliches« ist, so fällt es Frauen und Männern, deren Wesen sie einschränkt, leichter, sich von ihr zu befreien.

Normal Frauen sind nicht unbedingt von Natur aus »weiblich« und Männer nicht »männlich«, sondern jeder Mensch ist in seinen Anlagen und Fähigkeiten etwas ganz Eigenes. Deshalb muß man nie befürchten, man sei keine »normale Frau« oder kein »normaler Mann«. Man kann nicht das, was für andere gut ist, einfach für sich übernehmen, um normal zu sein. Wichtig ist, herauszufinden, was für ein Mensch man ist, was einem Spaß macht, wozu man Talent hat. Danach kann man dann die Rolle (Beruf, Lebensgestaltung usw.) wählen. Es braucht aber viel Ehrlichkeit und sorgfältige Beobachtung, um den Menschen, der man wirklich ist, von dem zu unterscheiden, den die Eltern, die Freunde, die Lehrer in einem sehen.

Die vergessene Hälfte
oder Was ich nicht weiß, macht mich doch heiß

Wenn man Glück und einen guten Geschichtslehrer hat, merkt man es schon in der Schule: Die Geschichte der letzten zweihundert Jahre ist ungemein interessant und spannend. Die äußeren Ereignisse sind nicht unbedingt spektakulärer als das, was früher geschah. Doch was in dieser Zeit in den Köpfen vor sich ging, was in Büchern niedergelegt und in politischen Programmen skizziert wurde, bewegt uns noch heute. Seit der Französischen Revolution waren Gedanken wie Funken, die Ereignisse auslösten, die die Welt erschütterten.

Diese Ideen (soziale und politische Programme) hatten bei aller Unterschiedlichkeit etwas Neues gemeinsam: Vielleicht zum erstenmal in der Geschichte standen das Glück und das Wohlergehen der Menschen im Mittelpunkt, und zwar das Glück und das Wohlergehen jedes einzelnen Menschen. Man gab sich nicht mehr damit zufrieden, daß die Religion dieses Glück für ein Leben nach dem Tode versprach, man wollte es hier und jetzt. Während früher die Menschen als eine Art Rohmaterial für Herrscher betrachtet wurden, die mit ihm umgehen konnten, wie es ihren Zwecken gerade diente, sollte nun umgekehrt der Staat dem Menschen dienen. Er sollte nur dazu da sein, das Wohlergehen des einzelnen zu ermöglichen.

Zum erstenmal wurden solche Gedanken 1776 in der Unabhängigkeitserklärung der Vereinigten Staaten niedergelegt. Die dreizehn englischen Kolonien Nordamerikas waren im Laufe der Zeit von Menschen errichtet worden, die es in ihrer europäischen Heimat nicht mehr aushielten. Viele von ihnen waren in ihrem Ursprungsland geächtet und ausgestoßen gewesen, weil sie irgendwie der Norm nicht entsprachen. Sie waren entweder Anhänger eines Glaubensbekenntnisses, das in ihrer Heimat nicht geduldet wurde, oder sie hatten eine politische Überzeugung vertreten, die nicht genehm war. Viele hatten ein verpfuschtes Leben hinter sich und waren hergekommen, um unbelastet von allen alten Hindernissen ein neues zu beginnen. All diese Menschen hatten aus eigener Kraft mit Mut und Entbehrungen in einer harten Zeit das fremde Land für sich erobert und sich eine Existenz aufgebaut. Nun forderten sie Unabhängigkeit von der Bevormundung Englands, das sich an seinen Kolonien bereicherte. Aber nicht nur das Land, auch die einzelnen Menschen sollten unabhängig sein.

In den neuen Verfassungen wurde das Recht des einzelnen auf ein eigenes Leben, ein eigenes Glück garantiert. Mit der »Bill of Rights«, dem Werk von Thomas Jefferson, ist ein neues Menschenbild begründet. Jeder Mensch hat, so wird hier erklärt, ein angeborenes, natürliches Recht auf Leben und Freiheit und auf das Streben nach Glück und Sicherheit.

Seit es Menschen gibt, haben sich die Unterdrückten und Betrogenen immer wieder gewehrt und versucht, sich ihren Teil an Reichtum und Freiheit zu erkämpfen. Wenn es ihnen gelang, dann ging es aber meist so aus, daß die Rollen nur vertauscht wurden. Man erwartete auch nichts anderes. Jeder Staat, jedes Königreich, die Gesellschaft waren ja darauf gegründet, daß einer über den andern herrschte.

Jetzt aber wurde das Recht jedes einzelnen Menschen auf Freiheit und Glück zur Grundlage eines Staates. Die Menschenrechtserklärung war zwar nur ein Stück Papier. Auch in Amerika wurden ihre Forderungen nicht verwirklicht. Aber die Idee war in die Welt gesetzt. Was früher als »natürlich« hingenommen worden war, wurde nun in Zweifel gezogen. Wie große Wellen folgten nun immer wieder neue Versuche, »Gerechtigkeit für alle« Wirklichkeit werden zu lassen. Könige wurden gestürzt und moralische Grundsätze umgeworfen. Die Armen sahen ihr Schicksal nicht mehr als gottgegeben an, sondern verlangten von den Reichen, daß sie mit ihnen teilten.

Bis auf den heutigen Tag verlangen Unterdrückte ihr Recht auf Glück und Freiheit. Seit 1776 haben viele Staaten den Grundsatz der unveräußerlichen Rechte des Menschen übernommen, und nach der Menschenrechtskonvention von 1948 gibt es keine Gründe mehr, die man anführen könnte, um zu rechtfertigen, daß gewisse Menschen mehr Rechte haben als andere oder gar über sie herrschen und sie ausnutzen können.

Die Erklärung der Menschenrechte in Amerika, 1776, bildet den ersten wichtigen Markstein in diesem Kampf. Die Französische Revolution, 1789, und die vielen kleineren Revolutionen, die dann im 19. Jahrhundert ein Land nach dem andern erschütterten, der Kampf gegen die Sklaverei in den USA, die Unabhängigkeitsbewegungen der Völker in der dritten Welt, der Kampf der Arbeiter um ein menschenwürdigeres Leben sind weitere Etappen auf diesem wichtigen Weg. Einige dieser Geschehnisse werden heute gefeiert. Man lernt in der Schule die wichtigsten Punkte der Erklärung der Menschenrechte auswendig und erfährt, daß die Demokratie eine der größten Errungenschaften der Geschichte sei. Man findet einen Jefferson großartig und möchte am liebsten ein Byron sein und wie er den armen unterdrückten Griechen zu Hilfe eilen. Jede Etappe auf dem Weg zu einer besseren Gesellschaft, von der man erzählt bekommt, erfüllt einen mit Ehrfurcht und Rührung. Mit allen fühlt man sich solidarisch: mit dem hungernden Volk von Paris und den Sklaven in den USA, mit den Arbeitern in den englischen Kohlengruben und den armen Völkern der dritten Welt. Seltsamerweise fällt es einem gar nicht auf, daß es sich immer nur um die Geschichte der Männer handelt.

Man spricht von Bürgern, die die Vorherrschaft des Adels brechen, von Arbeitern und Bauern, die um einen besseren Lebensstandard kämpfen, von Sklaven, die frei werden wollen, von rassischen Minderheiten, die Vertretungen in der Regierung fordern, vom Kampf ums Stimmrecht auch für Besitzlose. Daß zu all diesen Bemühungen, Gerechtigkeit und gleiche Chancen für alle zu erlangen, auch die Verbesserung der Stellung der Frauen gehört, davon hört man in der Schule sehr selten etwas.

Wenn man ein Mädchen ist, kann man im Geschichtsunterricht ein recht seltsames Gefühl bekommen, so als blicke man nur durch ein Schlüsselloch in ein Zimmer, dessen Türe einem verschlossen bleibt. Das Zimmer ist die abendländische Geschichte, und auf ihrem glatten Parkett bewegen sich fast nur männliche Wesen. Der Ausdruck steht fest, und es gibt kein Pendant dazu: die »großen Männer der Geschichte«. Männer sind es, die miteinander kämpfen oder verhandeln, die große Taten vollbringen und Sätze sagen, die man nachher auswendig lernen muß. Wenn Frauen beteiligt sind, dann höchstens, weil sie dank einer Laune der Geschichte den Platz eines Mannes einnehmen, wie etwa Königinnen und Kaiserinnen oder Ausnahmegestalten wie Jeanne d'Arc.

Frauen gibt es zwar immer in den Vorzimmern der Verhandlungssäle und hinter den Fronten, aber meist sind sie Anhängsel: Da ist die Geliebte des X, dort die Tochter von Y. Sie haben höchstens einen gewissen Einfluß auf die Männer, die entscheiden. Es ist, als existierte die eine Hälfte der Menschheit gar nicht richtig.

Auch fortschrittliche Geschichtslehrer vergessen meistens, wenn sie von der Französischen Revolution erzählen, daß die Frauen damals auch Gleichheit verlangten, sie aber von den Verfechtern des Grundsatzes »liberté, égalité, fraternité« nicht bekamen. Aber der fortschrittliche Geschichtslehrer »vergißt« die Frauen nicht bewußt. Er ist einfach ebenso blind wie viele Männer, die sich im Laufe der Geschichte aufrichtig und unter Mißachtung ihrer eigenen Interessen für Entrechtete einsetzten und dennoch ganz erstaunt und oft sogar schockiert waren, wenn Frauen das auch verlangten, was sie für andere Benachteiligte zu erringen suchten.

Menschen, die zu ihrem Grundsatz gemacht hatten, daß eine Regierung dem Willen des Volkes zu gehorchen habe, störte es nicht, daß die Hälfte dieses Volkes, die Frauen, ihren Willen gar nie äußern konnten. Dem Verfasser der Erklärung der Menschenrechte, in der für jeden Menschen das Recht auf Freiheit und das Streben nach Glückseligkeit verlangt wird, kam es gar nicht in den Sinn, daß dieses freie Streben nach Glückseligkeit auch den Frauen zukommen könnte. Man verlangte in den USA das Wahlrecht für die Neger und verbot den Frauen, sich dafür auf den Versammlungen einzusetzen, weil man es für ganz natürlich hielt, daß sie in der Politik nichts zu sagen hatten.

Es ist eigentlich nicht verwunderlich, daß man Geschichtsbücher Kapitel um Kapitel durchblättern kann und kaum einen Namen findet, kaum eine Zahl oder eine Bemerkung, die verraten würde, daß sich seit der Französischen Revolution etwas angebahnt hat, was unserer Welt ein ganz neues Gesicht geben könnte: die Veränderung der Stellung der Frau.

Frauenrechte sind Menschenrechte Manchmal ist es besonders aufschlußreich zu wissen, was ein Mensch verschweigt, wenn er einem etwas erzählt, und das Interessanteste an einem Buch kann das sein, was darin nicht beschrieben wird. Wenn man die Geschichte der Frauen verfolgen will, muß man zu besonderen Geschichtsbüchern greifen. Erst dann fallen einem die Lücken in den andern

Büchern auf, und man macht sich dann so seine Gedanken. Es kann doch nicht einfach Platzmangel sein, daß fast alle Namen und Daten, die zur Geschichte der Frau gehören, fehlen!

Mit der Französischen Revolution und der amerikanischen Sezession begann im 18. Jahrhundert eine Entwicklung, die nicht nur den Staat, sondern auch das Verhältnis der Menschen untereinander in ihm mit der Zeit vollkommen verändern könnte. Das ganze Gebäude, die Hierarchie, die seit dem Altertum durchs Mittelalter hindurch so fest gestanden und die Ordnung im Himmel und auf Erden bestimmt hatte, schwankte und begann einzustürzen. Man hatte ihm das feste Fundament entzogen. Dieses Fundament ist der Glaube daran, daß es gottgegebene Rangunterschiede unter den Menschen geben muß, so wie es einen Unterschied zwischen Gott und dem Menschen einerseits und dem Menschen und dem Tier andererseits gibt, und daß dieser Unterschied der natürliche Grund dafür ist, daß der eine befehlen kann und der andere ihm gehorchen muß.

Wenn man an diesem Glauben zweifelte, war es doch naheliegend, daß man nicht nur das Verhältnis der Menschen zum Staat neu überdachte, sondern auch die Ordnung in den persönlichen Beziehungen, das Verhältnis zwischen Mann und Frau und die Struktur der Familie. Doch da wagte man sich nicht zu weit vor. Das hätte zuviel Veränderung aufs Mal bedeutet. Man hätte ganz den Boden unter den Füßen verlieren können. Oder kann man das, was im Staat geschieht, nicht gut mit den Beziehungen der einzelnen Menschen untereinander vergleichen? Ist die Unterdrückung von Sklaven etwas ganz anderes als diejenige der Frauen? Ist das Verhältnis zwischen dem Fürsten und dem armen Bauern, der nichts zur Staatsführung zu sagen hat, nicht zu vergleichen mit dem zwischen den männlichen Staatsbürgern und den weiblichen Wesen, die lange keine Staatsbürger sein durften?

Die besten Köpfe unter denen, die die neuen Ideen verteidigten, scheuten sich durchaus nicht, diese Dinge miteinander in Verbindung zu bringen. Die Forderung nach Gleichstellung der Frau ist so alt wie die amerikanische Erklärung der Menschenrechte – auch wenn diese Rechte erst einmal ganz selbstverständlich nur für Männer (damals nur für weiße Männer!) galten.

Montesquieu, der Vater des neuen Staatsgedankens selbst, wollte die Frauen im Staate gleichberechtigt sehen. Er pries ihre Fähigkeiten und fand, sie könnten genausogut politische Verantwortung tragen wie der Mann. In der Tat haben ja auch schon damals die Frauen zur Genüge bewiesen, daß sie das Zeug zum Denken und Handeln haben wie die Männer. In den unteren Schichten hat die Frau ja immer fast mehr Verantwortung – vor allem was die Arbeitslast anbelangt – getragen als der Mann. Im Handwerk und in der Landwirtschaft hat sie als seine Partnerin in der Arbeit eine ebenso große Rolle gespielt wie er. Auf den Thronen Europas haben Frauen erfolgreich regiert und hinter den Kulissen an Fürstenhöfen die Geschicke der Staaten entscheidend beeinflußt. Im achtzehnten Jahrhundert eroberten Frauen der besseren Stände höhere Bildung; einige wurden zu wichtigen Figuren im geistigen und politischen Leben Frankreichs und Englands. Hier machten die Frauen in den Salons, die sie führten, Geschichte, und in Ame-

rika zeigten weibliche Pioniere, daß sie im Kampf gegen die Unbill der Natur genausoviel leisten konnten wie die Männer.
Frauen spielten im stürmischen politischen Geschehen vor und während der Französischen Revolution eine wichtige Rolle. Sie beeinflußten das Geschehen durch ihre politische Arbeit nicht nur hinter den Kulissen. Der Zug der Pariserinnen, der »den Bäcker und die Bäckerin« (den König und die Königin) aus Versailles nach Paris holte, wurde von einer Frau angeführt, und eine Frau brachte eine der großen Wendungen in der Geschichte der Revolution: Charlotte Corday, die Marat ermordete.
Das geflügelte Wort der Revolution, »Freiheit, Gleichheit, Brüderlichkeit«, bezogen solche Frauen ganz selbstverständlich auch auf sich. 1789 verfaßte Olympe de Gouges eine »Erklärung der Rechte der Frau und Bürgerin«. Die Pariserinnen reichten eine Petition an die Nationalversammlung ein, in der sie politische Gleichberechtigung und das Recht auf freie Berufsausübung für Frauen forderten.
Aber Olympe de Gouges starb unter der Guillotine. 1793 wurden politische Frauenklubs, die es überall im Lande gegeben hatte, geschlossen. Man verbot den Frauen den Zutritt zu den Männerklubs, und als die Schauspielerin Rose Lacombe 1793 mit anderen Frauen zusammen den Eintritt in den »conseil général« erzwang, wurde sie vom Prokurator zurechtgewiesen, der sie auf die »natürlichen« Pflichten der Frau verwies:
»Seit wann ist es den Frauen erlaubt, ihr Geschlecht zu verleugnen und zu Männern zu werden?«
In bezug auf die Frauen waren also die Revolutionäre gar nicht revolutionär. Auch der große Rousseau, der vor der Revolution mit seiner These, jeder Mensch sei frei geboren, so viel Zündstoff für diese politischen Köpfe lieferte, hatte ganz vergessen, die Frau miteinzubeziehen. Nur der Mann war für ihn der freie Mensch, die Frau war seiner Meinung nach nur dazu da, ihm diese holde Freiheit angenehmer und schmackhafter zu machen.
Zwar wurden noch während der Revolution einige wichtige Gesetze, durch die die Frauen benachteiligt waren, geändert. Töchter und Söhne wurden zu gleichen Teilen erbberechtigt, und die Ehescheidung wurde gesetzlich anerkannt. Aber nach der Revolution wurde das alles durch den »Code Napoléon«, ein Gesetzbuch, das die Frauen sehr benachteiligte, rückgängig gemacht. Der Emporkömmling Napoleon war – wie viele Militärs und viele Männer, die wie er wegen ihrer geringen Körpergröße an Komplexen leiden – ein erklärter Verfechter der alten These: »Die Frau gehört ins Haus.«

»Die Hyäne in Unterröcken« Mit dieser häßlichen Bezeichnung bedachte Horace Walpole, der Erfinder der englischen Gruselstory, eine der glänzendsten und interessantesten Frauengestalten seiner Zeit. Die Schriftstellerin Mary Wollestonecraft, 1759 geboren, war nach Wesen und Aussehen alles andere als eine Hyäne. Doch offenbar weckte sie mit ihren Schriften bei Männern wie Walpole den bekannten Angstreflex. Sie griff, wie Olympe de Gouges, die Ideen ihrer Zeit

auf und zog in bezug auf ihr eigenes Geschlecht die logischen Konsequenzen. Der berühmten »Erklärung der Menschenrechte« (»Vindication of the rights of men«) stellte sie die »Erklärung der Frauenrechte« (»Vindication of the rights of women«) gegenüber. Schon als sie 1792 erschien, erregte die Schrift großes Aufsehen, und heute ist sie zu einem Klassiker der Emanzipationsliteratur geworden. Sie enthält eine großartige und sehr klare Analyse der Situation der Frau zu jener Zeit und deckt zugleich die Wurzeln dieser Situation auf. Mit den Rechten der Frau, die Mary Wollestonecraft fordert, ist nicht in erster Linie das politische Mitspracherecht gemeint. So einfach, wie später viele ihrer Nachfolgerinnen unter den Feministen machte es sich die Verfasserin nicht. Sie hatte in ihrem eigenen Leben genug erfahren, um einen klaren Blick für die Hintergründe und Ursachen sozialer Mißstände zu haben. Sie wußte, daß die Änderung von Gesetzen und Bestimmungen nicht genügt. Sie wußte, daß diese Gesetze nur Ausdruck dessen sind, was sich zwischen den Menschen abspielt, und man daran am besten etwas ändern kann, wenn man den Menschen ändert.
In recht mißlichen Familienverhältnissen als Tochter eines Trinkers aufgewachsen, verdiente sie sich als Gesellschafterin und Erzieherin ihr Leben. Sie unterstützte ihre Familie und rettete ihre Schwester vor einem gewalttätigen Ehemann. Der Vater ihrer ersten Tochter, mit dem sie eine freie, auf Vertrauen basierende Bindung eingegangen war, verließ sie, und sie brachte ihr Kind ganz allein durch. Endlich, mit 38 Jahren, fand sie das Glück an der Seite eines ihr ebenbürtigen Mannes, starb jedoch nach kurzer Zeit an der Geburt ihrer zweiten Tochter.
Sie beschäftigte sich eingehend mit Problemen der Erziehung und veröffentlichte mehrere Schriften zu diesem Thema. Sie war fasziniert von den Gedanken und Geschehnissen der Französischen Revolution, und natürlich erkannte sie den Zusammenhang zwischen Erziehung und sozialen Verhältnissen. In ihrer »Verteidigung der Rechte der Frau« spielt das Problem der Erziehung eine wichtige Rolle.
Mit ihrer These, daß gleiche Lebenschancen für Mann und Frau nur durch eine gleichwertige Erziehung garantiert werden könnten, hat sie vorweggenommen, was heute fast zu einem Glaubenssatz geworden ist. Wie die Menschen geringer Herkunft, nur auf noch raffiniertere Weise, so zeigt sie, wird die Frau durch ihre Erziehung benachteiligt. Mary Wollestonecraft war wie ihr Gatte, der englische Philosoph und Sozialreformer William Godwin, der Überzeugung, daß die Erziehung einen viel größeren Einfluß darauf hat, was aus einem Menschen wird, als seine Erbanlage. Sie glaubte nicht daran – wie Rousseau, den sie im übrigen verehrte –, daß die Vernunft der wichtigste natürliche Wesenszug des Mannes sei und bei der Frau das Gefühl immer im Vordergrund stehe.
Nur die Erziehung, erklärte sie, sei schuld daran, daß die Frau ihre Denkfähigkeit meist nicht so sehr entwickeln konnte wie der Mann und daß sie unselbständig, schwach und abhängig blieb. Deshalb forderte sie eine gute, angemessene und fördernde Erziehung für die jungen Mädchen, vor allem auch deshalb, weil diese später Mütter und Erzieherinnen sein würden. Nur die beste Bildung, fand sie,

sei gut genug für den, der junge Menschen erziehen sollte.
Als echtes Kind der Aufklärung stellte sie die Vernunft über alle anderen menschlichen Fähigkeiten. Frauen, so verlangte sie, müßten Gelegenheit erhalten, zu vernünftigen, verantwortungsvollen Wesen heranzuwachsen, deren Leben und Handeln von ihrem Kopf und nicht von irgendwelchen vagen Gefühlen bestimmt wird. Das »Recht der Frauen« war für sie das Recht, ein vollwertiges Mitglied der Gesellschaft zu werden und seinen Beitrag zum Wohl dieser Gesellschaft zu leisten. Gleichstellung der Frau bedeutete für sie mit der Verleihung von Rechten auch die Übernahme von Pflichten. Mit dieser Auffassung hat sie die Emanzipation – noch bevor es dieses Wort überhaupt gab – genau charakterisiert.
Mary, die »Hyäne in Unterröcken«, war selbst wohl das positivste Ideal einer emanzipierten Frau. Ein Biograph charakterisierte sie als einen Menschen mit besonders reichen Gaben des Herzens und des Geistes. Ihre Werke zeugen von einem lebendigen, klaren Verstand und einem echten Engagement für den Menschen. Ihre Lebensgeschichte zeigt, daß sie alles andere als eine kalte Frau war, sondern eine hingebungsvolle Liebende und eine intelligente, gute Mutter und Erzieherin. Nachdenklich stimmt einen nur, daß die Bezeichnung »Hyäne in Unterröcken« dennoch immer wieder zitiert wird und man auch in modernen Büchern versucht, Mary Wollestonecraft als moralisch nicht ganz einwandfrei darzustellen, indem man betont, daß sie zwei Kinder außerhalb der Ehe geboren hat. Sie war moralischer als die meisten Frauen ihrer Zeit, die eine arrangierte Ehe eingingen und sich so für materielle Sicherheit verkauften.
Mit dem Vater ihrer ersten Tochter, dem amerikanischen General Imlay, lebte sie lange zusammen. Allerdings täuschte sie sich darin, in ihm so viel Verantwortungsbewußtsein und Liebefähigkeit zu vermuten, wie sie selbst besaß. Mit ihrem späteren Mann William Godwin, mit dem sie eine tiefe Liebe und gemeinsame geistige und politische Interessen verbanden, ging sie keine Ehe ein, weil sie beide einen Ehevertrag als einengend und vor allem für die Frau ungerecht ablehnten. Erst kurz vor der Geburt des Kindes, die Mary das Leben kosten sollte, heirateten sie.
Mit der »Hyäne in Unterröcken« verhält es sich also so wie mit vielen anderen Verleumdungen. Sie sind oft ein Mittel, das herunterzumachen, was einem eindeutig überlegen ist und was doch nicht überlegen sein dürfte. Hugh Walpole, der als Mann die Widerstände nicht zu überwinden hatte, die sich damals einer schreibenden Frau wie Mary Wollestonecraft entgegenstellten, war als Schriftsteller lange nicht so ernst zu nehmen wie sie. Leute wie er brachten es auch fertig, aus dem Wort »Blaustrumpf« ein Schimpfwort zu machen.

Feminismus Die ursprünglichen Blaustrümpfe, Mitglieder eines Zirkels englischer Damen, die alle eine Rolle im kulturellen Leben ihrer Zeit spielten, gefährdeten zwar mit ihrer gepflegten Salonkonversation das männerfreundliche Gesellschaftssystem ihrer Zeit überhaupt nicht. Im Gegenteil, die gebildeten Frauen gebrauchten ihren Geist dazu, mit eleganten Formulierungen die Rechtmäßigkeit der männlichen Überlegenheit zu beweisen. Allerdings brachte ihre Kultiviertheit doch einige von ihnen ganz von selbst auf ketzerische Gedanken: etwa auf den, daß sich eine Frau den Gatten, dem sie folgen möchte, frei wählen sollte, damit in der Ehe gefühlsmäßige und geistige Übereinstimmung herrsche.

In den Salons der »Blue-Stockings« verkehrte auch der besagte Horace Walpole, und so hatte man da natürlich für Mary Wollestonecrafts »Vindication of the rights of women« nicht viel übrig, obschon – welche Ironie – gerade die Blaustrümpfe, durchwegs reiche Bürgerstöchter, die Erziehung genossen hatten, die Mary Wollestonecraft für alle Frauen forderte. Wenn sie auch eher konservativ und kirchenfreundlich eingestellt waren, taten sie doch genau das, was Mary Wollestonecraft als ein Recht für jede Frau gefordert hatte. Sie nahmen – mit einiger Zurückhaltung in der Politik – aktiv am öffentlichen Leben teil. Keine von ihnen lebte nur als ein Schatten ihres Mannes, jede war selbständig schöpferisch tätig. Sie engagierten sich für soziale Fragen und fühlten sich als Mitglied der Gesellschaft auch verantwortlich dafür, was in ihr geschah.

In der Zeit des Umbruchs, in der Mary Wollestonecraft lebte, war es ganz verständlich, daß sie die Forderung nach politischen Rechten für die Frau nicht in den Vordergrund stellte. Überall war man im Begriff, diese politischen Rechte für die verschiedensten Bevölkerungsgruppen, die sie noch nicht besaßen, zu erkämpfen. Wahrscheinlich sah es Mary als ganz selbstverständlich an, daß mit den Armen und Besitzlosen zusammen auch die Frauen die politischen Rechte bekommen würden.

Wichtig war ihr, zu zeigen, was die Frau daran hinderte, ein vollwertiges Mitglied der Gesellschaft zu werden: Entweder wurde sie – gerade wenn sie den besseren Kreisen angehörte – zu sehr verehrt und behütet oder – wenn sie arm war – vollkommen vernachlässigt und zurückgesetzt. Beides verhinderte ihre Entwicklung zur Selbständigkeit. Als junges Mädchen auf sich selbst angewiesen, hatte Mary erfahren, was es hieß, sein Leben als Frau in dieser Gesellschaft selbst verdienen zu müssen. Wenn man zu den untersten Schichten gehörte, kam man nicht aus der Armut und der Plackerei heraus. Gehörte man der oberen Schicht an, wurde man verachtet und bedauert, wenn man arbeitete. Den Frauen blieb deshalb nichts anderes übrig, als sich zu verkaufen. Die Bürgerstöchter wurden möglichst alle verheiratet, von den Armen landeten viele auf der Straße.

Mary Wollestonecraft wird oft die erste »radikale Feministin« genannt. Aber sie ist gar nicht sehr radikal. Die Ideen, die sie vertrat, waren zu ihrer Zeit schon lebendig, nur hatte noch nie jemand sie so klar formuliert. Erst im 19. Jahrhundert fanden sie richtig Widerhall. In den Revolutionen und Umstürzen, die zu dieser Zeit vielen europäischen Ländern ein neues Gesicht gaben und eine neue Zeit einleiteten, wurde fast immer auch der Kampf für die Befreiung der Frau wieder aufgenommen.

Theorie und Wirklichkeit Im 19. Jahrhundert, als Viktoria in England auf dem Thron saß und zu gleicher Zeit überall die Fabrikhallen aus dem Boden schossen, wurde die Situation der Frau spürbar schwieriger. Die viktorianische Prüderie war ein enger Käfig, das Haus das Gefängnis der bürgerlichen Frau. Unselbständigkeit und Naivität wurden zu einem weiblichen Ideal. Das zarte, sanfte Mädchen hatte weder körperliche noch geistige Bedürfnisse zu haben. Es saß hinter dem Stickrahmen und übte mit zarten Fingern ein paar Takte auf dem Klavier. Seine einzige Waffe war der unterdrückte Schrei der Ohnmacht. Sein Glück, dem Manne, den ihm die Eltern bestimmt hatten, vollkommen hörig und untertan zu sein. Schönklingende Phrasen und viel Höflichkeit täuschten darüber hinweg, daß man Frauen mehr denn je von den Geschäften der Männer fernhielt und ihnen keine Möglichkeit zur freien Entwicklung ließ. Die reichen Frauen sperrte man in steife, unbequeme Kleider und schnürte sie so ein, daß sie kaum atmen konnten; die armen ließ man als billige, genügsame Arbeitskräfte in dunklen Fabriken sich abrackern. Diese Frauen waren niemandem zu zart und zu fein, um schwere Arbeit unter oft unmenschlichen Bedingungen zu leisten. Die Fabrikherren zogen sie sogar den Männern vor, weil sie gewissenhafter und gefügiger waren. Man brauchte ihnen weniger Lohn zu bezahlen, und trotzdem war kaum zu befürchten, daß sie sich wehrten wie die Männer. Sie hatten so wenig Selbstbewußtsein und oft so große Angst davor, den kärglichen Verdienst, den viele von ihnen für ihre Familie dringend benötigten, zu verlieren, daß sie kaum Schwierigkeiten machten, wie sehr man sie auch ausnützte. Für sie galt der Satz von der »vornehmen und natürlichen« Bestimmung der Frau nicht, zu Hause am Herd zu wirken und die Kinder aufzuziehen. Sie konnten es sich nicht leisten, bei ihren Kindern zu bleiben. In den Bergwerken und Fabrikhallen, wenn's um für heute unvorstellbar lange Arbeitszeiten und um die vernachlässigten Kinder der Arbeiterinnen ging, fragte niemand mehr nach der zarten, schonungsbedürftigen Weiblichkeit. Die weibliche Tugend, zu der man sie erzogen hatte, brachte den Arbeiterinnen nichts ein, im Gegenteil, man konnte sie dank dieser Tugenden noch besser ausnützen.

Und doch war die Tatsache, daß immer mehr Frauen arbeiteten, sehr wichtig. Ihr Leben war nun nicht mehr einfach eine private Angelegenheit und nur durch das Verhältnis zu der Familie und zum Ehemann bestimmt. Die Frau wurde ein Teil des öffentlichen Lebens. Nun mußten sich die Politiker notgedrungen auch um sie kümmern.

Die Bewegung zur Verbesserung der Stellung der Frau, die nun immer wichtiger wurde, könnte man in drei Hauptströmungen einteilen:

Da sind einmal jene, die sich, wie Mary Wollestonecraft, um gleiche Chancen für die Frau, um ihre geistige Mündigkeit bemühten. Sie wollten an den Wurzeln ansetzen und forderten deshalb vor allem anderen eine richtige Erziehung und Mädchenbildung.

Um die Veränderung der Gesetze und Verfassungen kümmerte sich ein anderer Teil der Frauenbewegung. Hier ging es darum, die Barrieren zu beseitigen, die den Frauen im Staat den Weg versperrten und sie vor dem Gesetz zu Bürgern zweiter Klasse machten. Die wichtigsten Organisationen kämpften um die politischen Rechte, um die Beseitigung krasser Ungerechtigkeiten in den Gesetzbü-

chern und um die Zulassung der Frauen zu allen Bildungsanstalten und Berufen. Heute sind viele Resultate ihres Wirkens sichtbar.
Ganz an der Wurzel versuchten diejenigen anzusetzen, die das Problem Frau nicht von anderen wichtigen Problemen gesondert betrachteten. Für sie war die Unterdrückung der Frau ein kleines Steinchen in einem großen Mosaik, das man als Ganzes neu entwerfen mußte, wenn man für die Freiheit der Frau etwas tun wollte. Eine neue bessere Welt würde diese Freiheit selbstverständlich garantieren.

Eine neue Gesellschaft

oder Der Traum von einem menschenwürdigen Zusammenleben

Wenn die Wirklichkeit gar zu unfreundlich und unbefriedigend scheint, dann neigt der Mensch dazu, sich im Geist eine neue, ideale Welt zu erschaffen. Manchmal ist das nur eine Flucht, oft aber wird daraus ein ernster Ansporn, die Welt, die man vorfindet, zu verändern und zu verbessern. Den idealen Staat, die ideale Gesellschaft zu entwerfen, das war seit dem Altertum das Anliegen der Philosophen.

Jede einigermaßen ernst zu nehmende politische Bewegung orientiert sich an einem durchdachten Entwurf für eine bessere menschliche Gesellschaft. In Zeiten, da vieles im Umbruch ist und eine bestehende Gesellschaftsform zerfällt, werden Utopien besonders wichtig. Sie spornen den Menschen an, bewußt an den Veränderungen mitzuwirken und sie auf eine sinnvolle Weise zu steuern.

Seit der Aufklärung spielt die Utopie von einer Gesellschaft, die das Glück aller Menschen garantiert, eine große Rolle. In der Neuzeit hat der Mensch mit der Technik endgültig die Herrschaft über die Natur angetreten. Er ist nicht mehr ihren Launen ausgeliefert, dafür muß er immer mehr bewußt seine Umwelt gestalten. Zu dieser Umwelt gehören auch die zwischenmenschlichen Beziehungen von der Familie bis zum Staat. Der Glaube an die »natürliche Ordnung« wird schon früh erschüttert und macht Programmen Platz, Staat und Gesellschaft in einer ganz bestimmten Art zu formen. Die wichtigsten Auseinandersetzungen in der Politik gelten von nun an politischen Ideologien. Die Gegensätze zwischen den verschiedenen Programmen zur Gestaltung des Staates und der Gesellschaft sind wichtiger geworden als Religion oder territoriale Ansprüche.

Mary Wollestonecrafts Gatte, der englische Schriftsteller und Philosoph William Godwin, war sozialer und politischer Utopist. Wie seine Frau lebte er im Bannkreis der Französichen Revolution. Enttäuscht über deren Verlauf, zugleich aber hellwach für das, was sich an möglichen Veränderungen schon jetzt abzeichnete, glaubte er daran, daß die Menschheit sich zum Besseren verändere. Vernunft und Besonnenheit, so hoffte er, würden alle ihre Probleme mit der Zeit lösen können. Von Mißständen und Ungerechtigkeiten brauchte man seiner Meinung nach nur die Ursachen zu kennen, um sie zu beseitigen. Die Technik, diese Ausgeburt der menschlichen Vernunft, schien ihm das beste Beispiel dafür zu sein, wie das geschehen konnte. Maschinen nahmen dem Menschen ja schon jetzt die harte Arbeit ab. Apparate, die der Mensch erfand, machten das Dasein angenehm. Warum sollte der menschliche Verstand da nicht in der Lage sein, in einem organisierten Zusammenleben das Glück für jeden zu garantieren?

Godwin sah den Hauptgrund von Mißständen und Ungerechtigkeiten darin, daß

der einzelne Mensch Besitz erwirbt und diesen Besitz auf Kosten der anderen vermehrt. War nicht die Tatsache, daß der eine zuviel und der andere zuwenig zum Leben hatte, schuld daran, daß so viel Schlimmes und Schreckliches unter den Menschen passierte? Also mußte man doch einfach das Eigentum abschaffen und an die Vernunft der Menschen appellieren, damit diese nicht mehr an eigentlich überflüssigen Dingen hingen. Die Notwendigkeit, für seinen Lebensunterhalt hart arbeiten zu müssen, die ebenfalls dazu führt, daß einer den andern ausbeutet, würde, so glaubte er, durch die Technik sowieso bald bis auf ein Minimum reduziert werden.

Der englische Industrielle Robert Owen versuchte die ideale Gesellschaft mit gemeinsamem Besitz und Gleichberechtigung aller Mitglieder in seinen »Dörfern der Zusammenarbeit« zu verwirklichen. Er glaubte daran, daß der Charakter des Menschen durch die Umwelt, in der er lebt, geformt wird und daß in einer Welt, in der alles gemeinsames Eigentum ist, auch Elend und Ungerechtigkeit seltener wären. Seine Versuche in England, den USA und Mexiko schlugen zwar fehl, aber sie blieben bis heute wichtige und vielbeachtete Beispiele. Owens Arbeit wirkte sich auf die Situation der Arbeiter aus. Die sozialen Verbesserungen, die er in seinen Betrieben einführte, waren zu seiner Zeit ungewöhnlich.

Auch bei den utopischen Sozialisten in Frankreich spielte der Gedanke, jegliche Herrschaft des Menschen über den Menschen abzuschaffen, die wichtigste Rolle. Die Französische Revolution hatte ihnen gezeigt, daß man die Gesellschaft verändern konnte, daß man aber nicht einfach zerstören konnte, ohne das Neue genau zu organisieren. Die Schreckensherrschaft, und dann das neue Reich Napoleons, in dem die gleichen Ungerechtigkeiten herrschten (nur mit etwas anderen Vorzeichen) wie vorher, hatten ihnen gezeigt, daß mit einer Revolution noch nichts erreicht war.

In den Vorschlägen für eine neue Gesellschaft spielte die Befreiung der Frau immer eine Rolle.

Henri de Saint-Simon, dessen politische Lehren zu einer Art Religion für viele Sozialisten und Utopisten wurden, sprach vom unvermeidlichen Aufstieg der Frau in einer neuen Gesellschaft.

Charles Fourier, dessen Programme manchmal recht kühn und phantastisch sind, fand, daß das wahre Wesen der Frau dem Manne nicht nur ebenbürtig, sondern ihm vielleicht sogar überlegen sei. Er behauptete das, was die Wissenschaft heute immer mehr bestätigt: daß die Unterlegenheit der Frau und viele ihrer »typisch weiblichen« Eigenschaften ein Resultat ihrer Stellung in der Gesellschaft sind und der Art, wie sie erzogen wird. Er fand es falsch, die Frau nach dem einzuschätzen, was man in dieser Gesellschaft von ihr sah. Dasselbe wäre es, so meinte er, wenn man das »Wesen des Mannes« nach der Eigenart russischer Bauern, die ohne Freiheit und Rechte waren, bestimmen würde. Der Biber, so argumentierte er weiter, scheint in der Gefangenschaft auch dumm zu sein. Erst wenn man ihn an einem Fluß beobachtet, wo er Raum und Möglichkeiten zum Bauen seiner Dämme hat, sieht man, welche Fähigkeiten dieses Tier in Wirklichkeit besitzt.

Charles Fourier hatte die Vision einer Gesellschaft, in der nicht Sitten und Gesetze, sondern »Harmonie« die Beziehungen zwischen den Menschen bestimmen würde. Statt nur sein eigenes Wohl sollte für jeden das Wohl der Gemeinschaft am wichtigsten sein. Statt sich gegenseitig zu bekämpfen und zum Wetteifern aufzufordern, sollte »Attraktion« (Anziehung) die Menschen einander näherbringen. In einem harmonischen gemeinsamen Leben sollte jeder bekommen, was er brauchte. In den »Phalanstères«, den Wohneinheiten, die Fourier plante, würden alle Arbeiten, die sonst in der Familie erledigt wurden, von der Gemeinschaft übernommen. Die Frauen würden nicht mehr Sklaven des Haushalts sein. Es würde keine patriarchalische Ehe mehr geben, sondern jeder könnte sich mit jedem in Liebe verbinden ohne Sorgen um sein materielles Wohl oder die Aufzucht der Kinder.
Der Franzose Gabriel de Foigni ging viel weiter. Er fand, daß eine echte Befreiung der Frau nie ganz möglich sein könne, solange die Frau in der Fortpflanzung noch ihre angestammte Rolle spielen müsse. In der Tat waren ja zu seiner Zeit die ewigen Schwangerschaften für die Frau eine Fron. Sie konnte niemals frei über ihre Kräfte verfügen und begab sich beim damaligen Stand der Medizin immer wieder in Lebensgefahr.
Die relativ einfache Lösung für dieses Problem, eine wirksame Schwangerschaftsverhütung, wie wir sie heute kennen, oder gar was die Wissenschaft für realisierbar hält: die Erzeugung neuer Menschen aus der Retorte, sah er nicht. Seine Zukunftsvision war viel poetischer: Er glaubte, der neue, glückliche Mensch in einer neuen Welt werde nicht mehr das »halbe« Wesen sein, das er jetzt ist, nämlich nicht mehr entweder Mann oder Frau, sondern beides zusammen; eine Art Hermaphrodit, würde er mit sich selbst in vollkommener Harmonie und ohne die Spannungen leben, die die Sexualität erzeugt.
Damit griff de Foigni auf uralte Mythen zurück, die die Entstehung der zwei verschiedenen Geschlechter zu erklären versuchen: etwa auf die griechische Sage, daß beide Geschlechter ursprünglich eins gewesen und dann getrennt worden seien, so daß Mann und Frau nun immer auf der Suche nach dem andern sein müßten, um erst wieder ein ganzer Mensch zu werden.
Die Sehnsucht nach dem verlorenen Paradies spielt wie in den Religionen in allen sozialen und politischen Utopien und gerade im Sozialismus und im Kommunismus eine Rolle.
Aber man blieb nicht in poetischen Träumereien stecken, sondern versuchte auch in Frankreich, Gedanken in Wirklichkeit zu verwandeln. Fouriers »Phalanstère«-Gedanken etwa nahm später der Industrielle Jean Baptiste Godin wieder auf. Er baute Anfang des 20. Jahrhunderts für seine Arbeiter Gemeinschaftssiedlungen, die »Familistères«, in denen vom Kochen bis zur Versorgung mit Wäsche alle Haushaltarbeiten zentral erledigt wurden. Für die Kinder wurde in Krippen, Kindergärten und Schulen gesorgt. Die großen Wohnhäuser in der Nähe von Guise mit ihren gedeckten Innenhöfen, die der Begegnung der Familien und dem gemeinsamen Tun dienten, stehen immer noch. Man kann die Fabrik und die dazugehörige Siedlung, die Godin bei seinem Tode seinen Arbeitern

hinterlassen hatte, noch immer besichtigen.
In der Lehre, die später die halbe Welt erobern sollte, im Kommunismus, spielt die Emanzipation der Frau eine wichtige Rolle. Karl Marx beschäftigte sich zwar in seinen Schriften nie ausdrücklich mit der Frauenfrage, aber es war ganz selbstverständlich, daß in der Gesellschaft, die er als Ideal vor sich sah, die Unterordnung der Frau unter den Mann nicht sinnvoll sein konnte. Er und seine Schüler und Nachfolger, vor allem Friedrich Engels und August Bebel, fanden, die Situation der Frau sei der des Arbeiters ganz ähnlich. Beide, der Arbeiter und die Frau, verrichten entfremdete Arbeit.
Was ist entfremdete Arbeit?
Als es noch keine großen Industrien gab, wurden die meisten Dinge entweder in jedem Haushalt von jedem für seinen eigenen Gebrauch hergestellt oder von Handwerkern in ihren eigenen Werkstätten. Dem Bauern und dem Handwerker gehörte das Material, mit dem er arbeitete, das Land oder die Werkstatt, die dazu nötig waren. Wenn der Schreiner durch seine Arbeit und sein Können aus rohem Holz einen Tisch oder einen Stuhl machte, der dann viel mehr wert war als das Holz allein, aus dem er bestand, so gehörte der Gewinn beim Verkauf ihm. Er konnte seinen Besitz durch seinen Fleiß und auch durch seine Klugheit vermehren, wenn er geschickt einkaufte und verkaufte und rationell arbeitete.
Mit der Maschine kam die Massenproduktion. Nun wurden die Dinge in Fabriken hergestellt. Der Fabrikbesitzer, dem auch das Rohmaterial und die Maschinen gehörten, konnte natürlich diese Arbeit nicht allein verrichten. Er mußte sich sowohl das Rohmaterial als auch die Arbeitskraft kaufen. Menschen, die nichts anderes besaßen als diese ihre Arbeitskraft (darunter waren mit der Zeit auch immer mehr ehemalige Handwerker, deren Betrieb die Konkurrenz mit den Fabriken nicht ausgehalten hatte), vermieteten sie nun gegen Bezahlung, gegen Lohn an ihn.
Das war (und ist auch heute noch) weniger, als die Wertvermehrung durch ihre Arbeit betrug, denn der Fabrikbesitzer wollte natürlich nicht seinen ganzen Gewinn wieder weggeben. Meist reichte es gerade zum Leben. Anfang des 19. Jahrhunderts war es aber oft noch dazu zu wenig.
Wer die Produktionsmittel besaß, besaß auch die Macht, und die Fabrikherren brauchten den Gewinn zur Vergrößerung ihrer Anlagen, um noch mehr produzieren und noch mehr Gewinn einheimsen zu können, und teilten nicht mit den Arbeitern. Der Arbeiter verkaufte seine Arbeitskraft, solange es ging, da er aber immer älter wurde oder auch durch Krankheit geschwächt, war sie mit der Zeit immer weniger wert, und er bekam immer weniger dafür und konnte sie endlich gar nicht verkaufen. Er machte den Fabrikherrn reich und wurde selbst immer ärmer dabei.
Zudem leistete er sein ganzes Leben lang eine Arbeit, die eigentlich gar nicht seine eigene Arbeit war. Er konnte sie sich nicht selbst planen. Je mehr die Arbeit mit der wachsenden Rationalisierung und Mechanisierung aufgeteilt wurde, desto weniger konnte er ein fertiges Produkt als sein Werk betrachten und stolz darauf sein. Er arbeitete nach fremden Plänen, mit fremdem Rohmaterial,

konnte nicht entscheiden, wie die Dinge aussehen sollten, die er herstellte, und weder Fleiß noch Klugheit halfen ihm, Sicherheit für das Alter oder gar Reichtum zu erwerben.
Die industrielle Revolution verurteilte immer mehr Menschen zu dieser entfremdeten Arbeit. Marx kannte aus eigener Erfahrung das menschliche Elend, das auf diese Weise verursacht wurde. Gerade in England, wo er einen Teil seines Lebens verbrachte, waren die Zustände besonders kraß. Wenn dem Arbeiter geholfen werden sollte, so konnte das seiner Meinung nach nur dadurch geschehen, daß ihm ein gerechter Anteil am Gewinn zukam. Die Produktionsmittel (die Fabrik) und die Rohstoffe mußten all denen gemeinsam gehören, die ihre Arbeitskraft einsetzten. Nur so konnte das Problem der entfremdeten Arbeit gelöst und die immer größer werdende Kluft zwischen arm und reich verringert werden.
Auch die Arbeit der Frau war im Patriarchat immer entfremdete Arbeit gewesen. Den Gewinn, den sie mit ihrer Arbeitskraft erwarb, heimste das Familienoberhaupt ein. Der Lohn, den sie bekam, bestand aus dem, was sie zum Leben brauchte. Mit zunehmendem Alter verlor ihre Arbeitskraft an Wert. Bestand ihre Leistung vor allem darin, daß sie Kinder gebar, dem Mann für seine sexuellen Bedürfnisse diente oder mit ihrer Schönheit zum Ansehen ihres Besitzers beitrug, so hatte sie mit den Jahren immer weniger zu bieten und war ganz vom Wohlwollen des Mannes abhängig.
Mit der Industrialisierung strömten auch die Frauen in die Fabriken. Obschon man sie gerade für gewisse spezielle Arbeit gut gebrauchen konnte, war ihre Lage noch schlechter als die der männlichen Arbeiter. Besonders für verheiratete Arbeiterinnen, für Mütter, die Haushalt und Kinder betreuen und zum Lebensunterhalt beitragen mußten, weil der Lohn des Mannes nicht reichte, sah es schlimm aus. Sie waren zu Hause und in der Fabrik die Ausgebeuteten, und die Arbeitgeber konnten mit ihnen machen, was sie wollten. Frauen wehrten sich nicht, Frauen waren gewohnt zu gehorchen, und Frauen nahmen jede Art von Arbeit auch bei sehr schlechter Bezahlung an.
Friedrich Engels und August Bebel und später in Deutschland vor allem die Sozialistin Clara Zetkin zeigten, daß man menschliches Elend nur vermeiden konnte, wenn Gleichberechtigung zwischen den Geschlechtern herrschte. Fast alle sozialistischen Bewegungen schlossen denn auch ganz selbstverständlich den Kampf für die Befreiung der Frau in ihre Arbeit mit ein, und Frauen spielten in ihren Reihen – wie etwa Rosa Luxemburg, »die rote Rosa« – von Anfang an eine wichtige Rolle. Arbeiterinnenvereinigungen schlossen sich den fortschrittlichen Arbeiterverbänden an, 1848 in der Februarrevolution in Frankreich und 1871 während der »Pariser Kommune«, als die Arbeiter für kurze Zeit die Macht ergriffen, kämpften Frauen in den vordersten Reihen mit.
Es gab allerdings recht entgegengesetzte Ansichten darüber, wie man das Elend der Arbeiterinnen lindern sollte. Es gab Sozialisten, die verlangten, man solle die Frauenarbeit ganz verbieten und dafür die Löhne der Arbeiter so verbessern, daß der Verdienst der Frau nicht mehr nötig sei. Viele Arbeiter wären damit einver-

standen gewesen, denn Frauen, die für schlechteren Lohn arbeiteten als sie, nahmen ihnen die Arbeitsplätze weg. Doch die Klarblickenden, wie etwa Clara Zetkin, sahen, daß mit einem solchen Verbot keine Fortschritte gemacht werden konnten und die Ungerechtigkeiten nur verewigt würden. Den alleinstehenden Frauen, den Witwen, den Ledigen, den Verlassenen war damit ja nicht gedient, und auch die Verheirateten wurden nur noch abhängiger von ihren Männern. Der Mann wiederum, dem für immer die ganze Last der Sorge um die Familie zukam, wurde abhängiger vom Arbeitgeber.

Obschon es zuerst angesichts all des Elends wie ein Rückschritt aussah, war doch die Frauenarbeit in der Industrie eine Voraussetzung zur Befreiung der Frau und zur Errichtung einer menschlicheren Gesellschaft. Nur wenn die Frau die Möglichkeit bekam, für sich selbst zu sorgen, nur wenn sie draußen im Leben stand, konnte sie allmählich selbstbewußter werden und sich ihren individuellen Fähigkeiten gemäß entwickeln.

Die kommunistische Internationale verlangte deshalb »soziale Gleichheit von Mann und Frau vor dem Gesetz und im praktischen Leben. Radikale Umwandlung des Ehe- und Familienrechts, Fürsorge und Erziehungspflicht der Gesellschaft für Kinder und Jugendliche. Organisierter Kulturkampf gegen die Ideologie und die Traditionen, die aus der Frau eine Sklavin machen.«

Auf gute Bürger wirkte in dieser Erklärung nicht nur die Forderung nach politischer und rechtlicher Gleichberechtigung der Frauen schockierend, man nahm vor allem Anstoß daran, daß man auch die Familie, die Ehe umgestalten und so die alte Beziehung zwischen Mann und Frau verändern wollte. Noch heute finden viele Leute Sozialismus und Kommunismus deshalb so schlimm, weil sie glauben, er arbeite bewußt auf die Zerstörung der Familie hin, diesen Hort des Glücks, diese Zelle des Staates, wie sie sentimentale Politiker zu preisen pflegen. Wie grausam, die Kinder der Mutter zu entreißen, um sie der öffentlichen Erziehung zu übergeben! Man vergaß und vergißt dabei – absichtlich oder unabsichtlich – immer, daß es gerade bei den Arbeitern in der beginnenden Industrialisierung keinen Hort des Glücks und keine Zelle des Staates zu zerstören gab. Frauen- und Kinderarbeit, die ungenügende Entlöhnung von Frauen, Männern und Kindern, die Armut und Primitivität des Lebens, die Überbeanspruchung der Mütter in der Fabrik und zu Hause ließen gar kein Familienleben aufkommen. Für Arbeiterkinder, welche die Mütter, wenn sie klein waren, wohl oder übel vernachlässigen mußten und die schon im zarten Alter als billige Arbeitskräfte selbst ihre Tage in der Fabrik verbrachten, gab es gar keine häusliche Erziehung.

Nur für die Reicheren war die Familie ein Hort des Glücks und der Geborgenheit. Sie konnten Frauen und Kinder zu Hause behalten. Sie hatten Geld für angemessene Wohnung und Kleidung. Bei ihnen hatten die Frauen Zeit, sich um die Erziehung ihrer Kinder zu kümmern. Sie konnten sich auch genügend Bildung erwerben, um ihren Kindern Anregungen und Möglichkeiten zur Entfaltung zu bieten.

Was die Kommunisten forderten, war nicht die Zerstörung von etwas, was für die Menschen Glück bedeutet, sondern die einigermaßen gerechte Verteilung dieses Glücks. Die Forderung nach sozialer Gleichheit von Mann und Frau und nach Veränderung des Ehe- und Familienrechts sollte dazu beitragen, den ärmsten unter den Frauen – von der überforderten Mutter, die täglich um einen Hungerlohn in der Fabrik sich abarbeitete, bis zum Dienstmädchen, das kein Recht auf ein eigenes Leben hatte und Freiwild für die besseren Herren war – zu einem menschenwürdigen Leben zu verhelfen. Die Forderung nach öffentlicher Erziehung für die Kinder war eine Forderung danach, daß die ärmsten unter ihnen überhaupt eine Erziehung bekamen.

Es ist in der politischen Auseinandersetzung oft so: Man projiziert eigene Fehler oder eigene unterdrückte Wünsche in den Gegner. Warum machten wohl grad die Männer der oberen Schichten, für die zu dieser Zeit nur die behüteten Mädchen des eigenen Standes kein Freiwild waren, so bissige Spottverse auf die »Kommunisten«, die »ihre Weiber tauschen« wollten?

In der russischen Revolution hatten Frauen eine wichtige Rolle gespielt, und Lenin suchte dann auch in der Sowjetunion so viel wie möglich von den Forderungen der Internationalen zu verwirklichen. Die russische Gesellschaft wandelte sich radikal schon nur dadurch, daß Frauen plötzlich zu allen Ausbildungsstätten und zu allen Berufen zugelassen waren. Die Scheidungen wurden erleichtert, Mittel zur Geburtenkontrolle wurden verbreitet, die freie legale Schwangerschaftsunterbrechung wurde erlaubt. Man war der Überzeugung, daß die Revolution erst richtig zu verwirklichen sei, wenn die größtmögliche Freiheit in der Beziehung zwischen Mann und Frau herrschen würde.

Das alles änderte sich in den dreißiger und vierziger Jahren wieder. Die Scheidung wurde erschwert, die Abtreibung wieder verboten, das freie Zusammenleben, das vorher selbstverständlich war, wurde wieder zum Ärgernis. Nur im Beruf blieben die Frauen gleichberechtigt. Diese Wandlung wurde seinerseits dadurch gefördert, daß die Sowjetunion an einer Zunahme der Bevölkerung interessiert war. Andererseits war der Grund der, daß das Erbe der Revolution allmählich verfälscht wurde und unter dem Namen Kommunismus sich die Schreckensherrschaft des roten Zaren Stalin etablierte.

Es ist interessant, daß etwas ganz Ähnliches zur gleichen Zeit in Deutschland geschah. Auch da hatte sich nach dem 1. Weltkrieg die Stellung der Frau stark verändert. Sie war sowohl nach dem Gesetz wie auch im Berufsleben dem Manne annähernd gleichgestellt. Plötzlich wurden die Frauen auch hier wieder an ihren Herd zurückbeordert. In Deutschland war es klar, weshalb: Hitler hatte die Demokratie nach und nach abgeschafft und brauchte Menschen für seine Kriege. Die Nationalsozialisten sangen das Lob der deutschen Frau, so wie es ihnen am besten diente: Sie mußte die bescheidene, dem Manne ergebene Hausmutter sein, die alles Geistige verabscheute und alle Führung und alle Entscheidungen dem Manne überließ. Ihre Hauptaufgabe war es, Söhne zur Welt zu bringen, »Kinder für den Führer«, und sie zum willigen, »mutigen« Sterben in einem künftigen Krieg zu erziehen.

Nicht nur da, auch sonst, wenn man aufmerksam in Geschichtsbüchern und Do-

kumenten aus jüngster Zeit blättert, fällt einem auf: Wenn Frauen mit sentimentalen Wendungen ins Haus und an den Herd zurückbeschworen werden, wenn die Familie um jeden Preis mit sehr kitschigen Argumenten verherrlicht wird, so scheint das mit einem besonderen politischen Klima zusammenzuhängen. In solchen Staaten wird meist Unterdrückung ganz allgemein geübt, und die Absichten ihrer Staatschefs sind nicht unbedingt sehr friedlich zu nennen.
Auch heute noch, lange nach Stalin, ist die Frau in der Sowjetunion und in anderen Staaten des Ostblocks in einer recht schwierigen Situation. Einerseits ist sie von Staats wegen vollkommen gleichberechtigt und in allen Berufen zu finden, andererseits wird sie im privaten Leben durch alte Vorurteile benachteiligt. Sie ist die treue, tüchtige Hausfrau nach Feierabend und hat auf diese Weise fast immer zwei anstrengende Berufe nebeneinander. Sie wird oft in ihrer Freiheit von einer recht engen moralischen Auffassung eingeschränkt, und wenn sie auch im Beruf gleiche Aufstiegschancen hat wie der Mann, so ist sie doch dort, wo regiert und entschieden wird, in den Zentren der politischen Macht, immer noch stark in der Minderheit.
Gleichberechtigung gesetzlich zu verankern genügt eben nicht, das kann nur die Vorbedingung für eine Veränderung sein, die auch das Denken und Fühlen der Menschen verwandeln muß. Die Utopie von der Gesellschaft, in der alle – auch die Frauen – freie Menschen sind (mit allen Rechten und allen Pflichten und aller Verantwortung), ist immer noch Utopie, so oft man auch versucht hat, sie zu verwirklichen.

Der Gedanke, den Charles Fourier aufgriff, als er die Phalanstères als Idee propagierte, ist alt. Immer wieder haben die Menschen versucht, ein ideales Zusammenleben zu verwirklichen, das jedem Freiheit und zugleich Sicherheit in der Gemeinschaft geben sollte. Aber leider ist es fast immer nur beim Versuch geblieben. Es ist auffallend, daß solche Lebensgemeinschaften dort am längsten hielten, wo die Menschen auf Zusammenarbeit angewiesen waren, damit sie überleben oder sich gegen übermächtige Gefahren verteidigen konnten. Zur gleichen Zeit, als Robert Owen seine »Dörfer der Zusammenarbeit« gründete gab es in *Amerika* schon ähnliche Lebensgemeinschaften. Die Einwanderer aus Europa hatten als Pioniere in einem fremden Land gelernt, daß Zusammenarbeit wichtig war. Viele von ihnen wollten in dem neuen Erdteil aus religiöser Überzeugung auch ein neues Leben beginnen. In Amerika hinderte einen zuerst kein Staat daran, alles mögliche zu versuchen. Es entstanden richtige Kommunen, deren Mitglieder auf Privateigentum, Krieg und Gewalt verzichteten und versuchten, die Gleichstellung der Geschlechter und Rassen zu verwirklichen und ein naturverbundenes, einfaches Leben zu führen.
Die Gründer der *Kibbuzim in Israel* waren ebenfalls Pioniere in einem fremden Land. Die Juden, die in Palästina eine Heimat für ihr Volk errichten wollten, hatten so viele Hindernisse zu überwinden, daß es gar keine andere Möglichkeit für sie gab als die der engsten Zusammenarbeit. Zugleich aber wünschten auch sie eine neue, bessere Gesellschaft für den Staat, den sie gründen wollten. In den Jahren vor dem Zweiten Weltkrieg kamen

viele Einwanderer ins Land, die von sozialistischen Ideen durchdrungen waren. Sie versuchten, in den Kibbuzim ein echtes Gemeinschaftsleben aufzubauen. Gemeinsamer Besitz, gemeinsame Erledigung der Aufgaben des täglichen Lebens, gemeinsame Kindererziehung sind Prinzipien des Kibbuz. Man wollte damit auch die Frau, die bei den Juden immer stark benachteiligt gewesen war, dem Manne gleichstellen. Sie sollte aktiv am Aufbau mitarbeiten können und genausoviel Verantwortung für die Gemeinschaft übernehmen wie der Mann. Die israelischen Kibbuzim, von denen einige schon ein halbes Jahrhundert überdauert haben, sind das beste Beispiel dafür, daß gemeinschaftliches Leben wirklich funktionieren kann.

In der *Sowjetunion* wurden nach der Revolution *Kommunewohnhäuser* für die Arbeiter gebaut. Die Arbeiter sollten hier, wie in den Familistères von Jean Baptiste Godin, ein intensives Gemeinschaftsleben pflegen können, und durch einen zentralen Haushaltservice sollten die Frauen, die auch arbeiteten, von der Hausarbeit weitgehend befreit werden. Leider aber wurden in der Sowjetunion später solche Pläne, die zum Aufbau einer neuen Gesellschaft führen sollten, vernachlässigt, weil Rußland den wirtschaftlichen und militärischen Wettstreit mit den anderen Großmächten aufnahm.

Heute greift man aber den *Kommunegedanken* in allen Teilen der Welt wieder auf. Überall gibt es plötzlich Versuche, das Zusammenleben der Menschen sinnvoller und humaner zu gestalten. Die Krise, in der wir alle stecken (Umweltprobleme, die Bedrohung durch die totale Vernichtung durch Superwaffen usw.), ist so groß, daß sich immer mehr Menschen wie Pioniere in einem fremden Land fühlen und das Bedürfnis haben, ganz neu und anders zu beginnen. Obschon die Gemeinschaften oft nur ganz kurz existieren und es viele Verirrungen und Enttäuschungen gibt, muß man das, was da geschieht, doch ernst nehmen. Es gibt heute Kommunen der verschiedensten Art.

Oft finden sich Menschen zusammen, die dieselbe politische oder religiöse Überzeugung haben und ihr Leben im Sinne dieser Überzeugung gestalten wollen. Sie haben, wenn sie zusammenleben, bessere Möglichkeiten, zusammen zu arbeiten, Ideen auszutauschen und voneinander zu lernen.

Der Überdruß und die Verzweiflung über die Unsinnigkeit unserer Zivilisation, die dem Menschen so viele Dinge zum Kauf anbietet, ihn aber immer einsamer und ärmer an wirklichen Lebensfreuden macht, führt Menschen zueinander, die gemeinsam ein Leben außerhalb dieser Zivilisation, im Einklang mit der Natur, versuchen möchten. Künstler finden das Leben in der Gemeinschaft günstiger für ihr Schaffen, weil sie hier Freiheit und zugleich Kontakt mit anderen finden. Menschen, die andern helfen möchten, können das besser, wenn sie sich eng zusammenschließen und so ihre Kräfte gemeinsam besser nutzen.

Aber auch ohne ein anderes Anliegen zu haben als das, das Leben ein wenig freundlicher und praktischer gestalten zu können und ihre Abkapselung zu durchbrechen, schließen sich Familien zusammen und führen einen gemeinsamen Haushalt.

Anders Wohnen Die Kommunen in Amerika, die dort immer zahlreicher werden, haben schon eine eigene Architektur entwickelt. Mit den einfachsten Mitteln bauen Kommunen »Dome«, herrliche Kuppeln. Hier ist man nicht in vier Wände eingeschlossen, es gibt kein eigentliches Dach, alles ist rund wie die halbe Erdkugel.

Wenn die Kuppel gebaut ist, kann man die Stützen wegnehmen, und sie trägt sich durch ihre Form selbst – Sinnbild für eine Welt, in der die Gemeinschaft mehr zählt als ihre »Stützen«, die Gesetze.

Überall, wo man in einer größeren Gemeinschaft lebt, sind natürlich Einfamilienhäuser und Wohnblocks mit kleinen Wohnungen nicht zu gebrauchen.

Landkommunen leben in ganz einfachen Hütten, die sie selbst zusammenbauen. Stadtkommunen finden Raum in alten Häusern mit großen Wohnungen, moderne Nomaden leben in Zelten und Wohnwagen.

Aber das sind alles ein bißchen primitive Notlösungen. Kann man denn in den Häusern, die es schon gibt, und in denen, die man noch baut, nicht in einer großen Gemeinschaft leben? O doch! Es braucht doch eigentlich dazu nicht viel. Englische Architekten zeigten, wie man eine Kolonie von Einfamilienhäusern durch kleine Umbauten miteinander zu einem Ganzen verbinden kann. Gartenzäune und Parkplätze vor den Häusern verschwinden, statt trennender Straßen gibt es Rasenflächen und Durchgänge von einem Haus ins andere. Gemeinsame Wohnräume, Musikzimmer, Bastelräume, Bibliotheken usw. lassen sich leicht in einem der Häuser unterbringen, wenn man in den andern dafür mehr Platz gewinnt.

Architekten, die wissen, wie stark man die Menschen in ihrem Leben beeinflußt, wenn man ihnen fertige Wohnungen und Häuser zur Verfügung stellt, in denen es wenig zu ändern gibt, versuchen andere Lösungen zu finden. Sie wollen nicht mehr vorbestimmen, sondern die verschiedensten Möglichkeiten offenlassen. Wenn flexible Wände da sind, kann man zum Beispiel aus Kleinfamilien Wohngemeinschaften machen. Einzelne können sich wieder absondern, Familien und Gruppen können größer und kleiner werden.

Eine neue, bessere Gesellschaft wird sich, wenn sie wirklich besser sein soll, nicht so sehr durch andere Regeln des Zusammenlebens unterscheiden als durch die Vielfältigkeit der Lebensformen, die man darin wählen kann. Jeder muß die Möglichkeit haben, in einer Kommune oder allein, zu zweit oder in der Familie zu wohnen, sich mit Kindern, alten Leuten, Verwandten, Freunden, Kollegen oder Religionsgenossen zusammenzutun.

Es gibt keine ideale Lebensform, sondern einfach verschiedene Arten zu leben, wie es auch verschiedene Menschen gibt. Vielleicht ist es doch möglich, daß man einmal eine wirklich freie Gesellschaft errichten kann, in der es keine Regeln fürs Zusammenleben gibt und wo man je nach Temperament und Bedürfnis zum Beispiel mit zwanzig in einer Kommune, mit dreißig allein oder zu zweit und später vielleicht mit Berufskollegen oder Freunden in einer lockeren Wohngemeinschaft leben kann.

Gleichberechtigung
oder Schwarz zu sein ist schlimm, eine Frau zu sein ist schlimmer

»... Diese Ansicht, welche ich begründen will, ist, daß die Grundregeln, nach welchen die jetzt bestehenden gesellschaftlichen Beziehungen zwischen den beiden Geschlechtern geregelt werden – die gesetzliche Unterordnung des einen Geschlechts unter das andere –, an und für sich ein Unrecht und gegenwärtig eines der wesentlichsten Hindernisse für eine höhere Vervollkommnung der Menschheit seien und daß es deshalb geboten erscheine, an Stelle dieser Grundregeln die der vollkommenen Gleichheit zu setzen, welche von der einen Seite keine Macht und kein Vorrecht zulassen und von der andern keine Unfähigkeit voraussetzen.«
Diese Sätze stehen am Anfang einer der wichtigsten und besten Arbeiten, die im 19. Jahrhundert zur Frauenfrage erschienen. »On the Subjection of Women« (»Die Hörigkeit der Frau«), geschrieben vom englischen Politiker und Philosophen John Stuart Mill und 1869 erschienen, ist noch heute lesenswert. So klar wie Mill sah wohl zu seiner Zeit niemand die Gründe und die Auswirkungen der Benachteiligung der Frau in der Gesellschaft.
John Stuart Mill untersucht in seiner Schrift die Berechtigung und die Nützlichkeit von Sitten und Traditionen und den Gesetzen, die sie widerspiegeln. Er zeigt, warum das Althergebrachte nicht unbedingt das Beste ist. Die Gründe, die er dafür angibt, daß für die Befreiung der Frau und ihre Gleichstellung vor dem Gesetz und in der Politik gekämpft werden muß und ihr eine gleiche Erziehung ermöglicht und gleiche Chancen im Leben gegeben werden müssen wie dem Mann, muten ganz modern an.
Grundsätzlich geht es ihm darum, die menschliche Gesellschaft davon zu befreien, daß alle ihre Beziehungen, auch die intimsten, auf Macht gegründet sind. »... Die wahre Tugend der Menschen besteht darin, daß sie geschickt sind, auf der Stufe der Gleichheit miteinander zu leben, nichts für sich zu verlangen, als was sie willig auch jedem andern zugestehen; ferner darin, Herrschaft irgendwelcher Art als eine ausnahmsweise Notwendigkeit und in allen Fällen als etwas Zeitweiliges zu betrachten und wenn irgend möglich jedem andern Verkehr den Umgang mit solchen vorzuziehen, bei denen das Leiten und Folgen abwechselnd und gegenseitig sein kann.«
Es ist, so zeigt Stuart, im Grunde gar nicht nötig, zu beweisen oder darüber zu streiten, ob die Frauen gleiche Fähigkeiten und Talente haben wie der Mann. Auch wenn sie ganz verschieden veranlagt sind, ist das kein Grund, ihnen in der Gesellschaft nicht die gleichen Möglichkeiten und Rechte zuzugestehen: »... die Frau wird dadurch, daß man der Entfaltung ihrer Natur einfach freien Spielraum

läßt, nicht verleitet werden, etwas zu thun, was durchaus gegen dieselbe ist. Der Eifer der Menschen, die Natur einzuengen, aus Furcht, dieselbe könne, sich selbst überlassen, ihre Zwecke nicht erfüllen, ist ein sehr überflüssiger. Es ist ganz unnötig, den Frauen das zu verbieten, was sie ihrer Natur nach nicht thun können, und sie von dem auszuschließen, was sie thun können...«

Vorurteile sind stärker als die Vernunft Gleichberechtigung in der Ehe, gleiche Chancen im öffentlichen Leben in jeder Beziehung und – natürlich – gleiche politische Rechte für die Frauen sind für John Stuart Mill die wichtige Voraussetzung für eine Verbesserung der Gesellschaft und eine menschlichere Welt. Aber so einleuchtend seine Ausführungen sind, so stark waren auch die Vorurteile und Widerstände, die zu seiner Zeit die Menschen daran hinderten, sie zu akzeptieren. John Stuart Mill beruft sich immer wieder auf die Vernunft und findet, man sei im Begriff, die Erkenntnisse des 18. Jahrhunderts zu verraten, das im Lichte der Aufklärung die Idee der »Menschenrechte« geboren hatte. Er möchte die alte Tradition der Ungleichheit durch eine vernünftige Gleichheit ersetzen.

Wenn man mit Vernunftsgründen gegen Gefühle und Vorurteile kämpfen muß, hat man es schwer, weil man sich nicht auf derselben Ebene bewegt wie der Gegner. Es ist so, wie wenn ein Boxer, der die Regeln einhält und für diese Regeln eintritt, weil er sie sinnvoll findet, vom Gegner dauernd verbotene Tiefschläge erhält. Eigentlich müßte er auf die gleiche Weise zurückschlagen, damit der andere ihn ernst nimmt. Aber dann würde er ja gerade das verraten, was er verteidigen will. Er kann nur hoffen, daß der andere eines Tages den Sinn der Regeln auch einsieht.

Die Gegner der Gleichstellung der Frau arbeiteten auch zu Mills Zeiten nicht mit Argumenten, die man widerlegen konnte, sondern mit Verleumdungen und Verdrehungen. Wie »Blaustrumpf«, wurde auch »Suffragette« (von »suffrage« = Stimmrecht) – der Name, den sich die Angehörigen einer der aktivsten englischen Bewegungen fürs Frauenstimmrecht gaben – bald zu einem Schimpfwort. Ein bekannter Arzt, Sir Almoth Wright, versuchte in einem Leserbrief an die »Times« das Verhalten der Suffragetten, die sich für ihre Überzeugung auch einsperren ließen, dadurch zu erklären, daß er behauptete, die Hälfte aller Frauen würden in ihren späteren Jahren, vor allem während der Menopause (Wechseljahre), irgendeinmal richtig verrückt und die politische Tätigkeit der Frauenrechtlerinnen sei nur ein Symptom ihrer geistigen Verwirrtheit. Sir Wright war im übrigen der Ansicht, daß es keine vernünftigen Frauen gäbe, sondern nur solche, die sich einigermaßen akzeptabel benähmen, weil sie unter der Führung eines guten, vernünftigen Mannes lebten.

Verleumden und Lächerlichmachen sind nur andere Formen des Angriffs, der Aggression. Es dauert oft gar nicht lange, bis sich diese Aggression offen zeigt. Die Suffragetten und ihre Schwestern von anderen Organisationen wurden denn auch da und dort von der Polizei oder von der aufgebrachten Volksmenge tätlich angegriffen. Das paßte eigentlich gar nicht dazu, daß die Leute, die gegen das

Stimmrecht der Frauen waren, so viel von der Zartheit und Schutzbedürftigkeit des weiblichen Wesens sprachen und damit den Ausschluß der Frau von öffentlichen Pflichten und Rechten mit ihrer Fürsorge für Frau und Familie begründeten. Aber eben, in stürmischen Momenten verliert man seine Maske.
Als gegen Ende des letzten Jahrhunderts in England die Suffragetten für ihre Rechte kämpften, war die Stimmung ähnlich wie heute, wenn Jugendliche auf die Straße gehen. Die Zusammenstöße zwischen der Polizei und den Demonstrantinnen waren genauso hart.

Der goldene Käfig John Stuart Mill ging bei seiner Analyse der Stellung der Frau von seiner eigenen Gesellschaftsschicht aus. Die Frauen, die sich zu seiner Zeit mit Demonstrationen und Petitionen für ihre Rechte einsetzten, stammten vor allem aus den »besseren Kreisen«. Es waren Bürgersfrauen, die ganz andere Probleme hatten als die Arbeiterinnen. Wie John Stuart Mill glaubten sie daran, daß man innerhalb der bestehenden Gesellschaft so viel verändern könnte, daß die Ungerechtigkeiten, unter denen sie litten, verschwinden würden.
Auch wenn sie im Luxus oder wenigstens im Wohlstand lebten, bekamen die Bürgersfrauen doch immer wieder zu spüren, wie rechtlos sie im Grunde waren. Frauen – unverheiratete, Witwen oder einfach Ehefrauen, die nicht zur Untätigkeit verurteilt sein wollten – hatten, auch wenn sie gebildet waren, kaum eine Möglichkeit, einen Erwerb oder eine ihnen entsprechende Tätigkeit zu finden. Nur ein paar ganz außergewöhnliche Persönlichkeiten – Schauspielerinnen, Schriftstellerinnen – fanden einen Weg, um ihre Talente zu entfalten. Einige unter ihnen, etwa George Sand, warfen die hindernden Fesseln ab, indem sie ihre Zugehörigkeit zum weiblichen Geschlecht einfach verleugneten. Nicht nur, daß George Sand, wie viele andere Schriftstellerinnen, unter einem Männernamen publizierte, sie trug auch mit Vorliebe Männerkleider, was ihr wohl auf ihren Reisen und bei ihren Unternehmungen vieles erleichterte.
Für gewöhnliche Sterbliche unter den Bürgerstöchtern gab es nur wenige Möglichkeiten sich zu betätigen: Es gab die Prostitution auf höherer Ebene, wo man als Halbweltdame und Kurtisane Karriere machen oder gar wie Shaws Frau Warren ein rentables Geschäft aufziehen konnte.
Wenn man im Gefolge von Florence Nightingale sich der Krankenpflege widmete, fand man nur ein karges Auskommen, denn die barmherzigen Schwestern hatten diesen Beruf lange Zeit für Gotteslohn ausgeübt.
Sich als Gouvernante, Privatlehrerin oder Erzieherin zu verdingen war auch nicht verlockend. Man war dann nicht viel anderes als ein besserer Dienstbote, der kein Privatleben haben durfte.
An öffentlichen Schulen bedeutete eine Stelle als Lehrerin für eine Frau nicht Freiheit und Selbständigkeit, denn auch diese Arbeit verrichteten die Nonnen um Gotteslohn, und so mußten sich auch die weltlichen Lehrerinnen mit wenigem begnügen.
Die mit der Industrialisierung wachsende Verwaltung brachte neue Berufsmöglichkeiten für Mädchen aus dem Mittelstand. Telephonistin wurde sofort ein

ausgesprochener Frauenberuf, als es die Wundermaschine Telephon gab, und auch die Schreibmaschine eroberten die Frauen gegen alle männlichen Widerstände bald.
In den USA wagten sich nun die ersten Frauen an ein Universitätsstudium, obschon ihnen, wie überall, jedes mögliche Hindernis in den Weg gelegt wurde. Auch dort, wo man sie zum Studium zuließ, behandelte man sie wie Studenten zweiter Klasse. Es gab Hochschullehrer, die »wissenschaftlich« zu beweisen suchten, daß Frauen zum Studium nicht fähig seien und überdies das Studieren schädlich und gefährlich für die Frau selbst und ihre Umgebung sei.
All diese Schwierigkeiten im Beruf und die entsprechenden Gesetze machten eine Frau damals zwangsläufig auf Lebenszeit von einem Mann abhängig. Eine typische Bürgersfrau jener Zeit war ein unselbständiges, nutzloses Wesen, das zu einem Schmarotzerdasein, zur Langeweile und zur Unmündigkeit verurteilt war. »The sheltered Lady«, die Frau, die zu Hause in ihren vier Wänden wie in einem goldenen Käfig eingeschlossen ist, war in Europa eine typische Figur der Zeit.
Im 19. Jahrhundert, als in England die konservative, hausbackene Königin Viktoria auf dem Thron saß, wurde dieser Käfig noch enger. In England hatten Frauen mit Grundbesitz früher das Stimmrecht besessen. Nun verloren sie es. In Amerika waren in der harten Pionierzeit Verantwortung und Recht geteilt worden – die Frauen waren fast gleichberechtigte Mitkämpferinnen gewesen. Nun, in ruhigen Zeiten, schloß man auch hier die Frauen wieder zu Hause ein.

Wenn man Rechte braucht und sie nicht hat Die Frauen, die sich endlich dazu entschlossen, die Gitterstäbe eines Käfigs, wenn es sein mußte, auch gewaltsam, aufzubrechen, kamen – und das ist recht aufschlußreich – eigentlich immer erst auf diesen Gedanken, wenn sie sich in einer ungewöhnlichen Situation befanden. Entweder waren es persönliche Schicksalsschläge, die ihnen plötzlich die ganze Härte ihrer Situation zeigten, oder, wenn sie sich für etwas einsetzen wollten, das ihnen am Herzen lag, wurde ihnen auf einmal klar, wie rechtlos sie in einem Männerstaat waren. Wer im Käfig gesessen hat, merkt eben erst, wenn er fliegen muß oder fliegen möchte, daß ihm die Flügel ganz empfindlich gestutzt sind.
Emmelyne Pankhurst zum Beispiel, Führerin der englischen Suffragettenbewegung, hatte plötzlich als Witwe sich selbst und vier Kinder durchzubringen. Sie fand zwar eine Stelle, aber ihre Erfahrungen bei der Arbeitsuche zeigten ihr, daß es auch für eine Frau unumgänglich war, sich für politische Aufgaben einzusetzen. Sogleich begann sie, fürs Frauenstimmrecht zu kämpfen.

»Man würde Frauen besser die Leitung des Staates als die einer Familie anvertrauen. Denn sowie man ihr Gelegenheit gibt, ist die Frau ebenso vernünftig, ebenso rührig wie der Mann.«
Montesquieu

In den USA hatten sich Frauen für die Lösung zweier brennender sozialer Probleme eingesetzt: für die Aufhebung der Sklaverei und die politische Gleichberechtigung der Schwarzen und für den Kampf gegen den Alkoholismus. Der Alkoholismus ruinierte in Amerika Tausende von armen Familien. Er war zu einer Quelle des Elends und der Armut geworden und zu einer schrecklichen Plage für die Frauen, die ihren trunksüchtigen Männern ausgeliefert waren. Als aber Frauen auf den Versammlungen der Abolitionisten (die Gegner der Sklaverei) sprechen wollten und für die Prohibition (Verbot alkoholischer Getränke) eintraten, stellten sie fest, daß sie ohne politische Rechte nichts ausrichten konnten. Sogar die männlichen Abolitionisten, die für Menschen mit schwarzer Haut dieselben Rechte forderten wie für die Weißen, fanden nichts dabei, daß man diese Rechte weiblichen Menschen nicht zugestand. Frauen, die als amerikanische Delegierte zu einer Antisklavereikonferenz nach London fuhren, wurden dort auf die Zuschauergalerie verbannt. Bei Versammlungen in Amerika ließ man sie nicht aufs Rednerpult. Die Gegnerinnen der Sklaverei mußten wohl oder übel fürs Frauenstimmrecht kämpfen.
Eine Frau, Harriet Beecher-Stowe, hatte mit ihrem Roman »Onkel Toms Hütte« Millionen auf das Schicksal der Schwarzen aufmerksam gemacht. Sie und ihre Schwestern waren nicht nur Abolitionistinnen, sondern wurden auch alle Frauenrechtlerinnen, Isabelle organisierte auf eigene Faust eine »National Suffrage Convention«, und Catherine setzte sich für die Mädchenbildung ein.

Die Erklärung der Frauenrechte Die amerikanische Erklärung der Menschenrechte zwang zum Weiterdenken. So wie man darauf kam, daß schwarze Sklaven das Recht auf Freiheit und auf das Streben nach Glückseligkeit nicht hatten, so mußte man auch merken, daß man den Frauen ihre »angeborenen« Menschenrechte vorenthielt. 1848 proklamierten Frauen aus ganz Amerika beim ersten Kongreß für Frauenrechte in Seneca Falls eine Erklärung, in der sie nach dem Muster der amerikanischen Unabhängigkeitserklärung gegen die Unterdrückung der Frauen durch Gesetz und Tradition protestierten und das Wahlrecht für alle forderten.
»Die Geschichte der Menschheit ist eine Geschichte wiederholter Schädigungen und Übergriffe von seiten des Mannes gegenüber der Frau, die zum unmittelbaren Zweck die Begründung einer Tyrannei wider sie haben ...« Die Erklärung war recht scharf formuliert: An die Stelle des englischen Königs, von dem man sich 1776 losgesagt hatte, trat nun der »Mann«, dem man den Gehorsam kündigte.
Die beiden Organisatorinnen des Treffens, die Quäkerin Lucretia Mott und Elisabeth Cady Stanton, eine der großen Führerinnen der späteren Bewegung, hatten schon erfahren, was es hieß, sich als Frau in irgendeiner Sache an die Öffentlichkeit zu wagen. Sie waren, als sie für die Schwarzen eintraten, auch nicht sanft behandelt worden; deshalb wunderte es sie nicht, daß man jetzt die Frauen, die gleiche Rechte forderten, in den Zeitungen mit Hohn und Spott bedachte. Elisabeths eigener Vater dachte, so erzählt sie selbst, sie habe den Verstand verloren.

Die Versammlung in Seneca Falls war der Beginn eines langen Kampfes. Selbst als 1920 das Frauenstimmrecht endlich in allen amerikanischen Staaten errungen war, war er noch nicht abgeschlossen. Das amerikanische Eherecht und die »Frauenschutzgesetze« wirkten auch nachher noch – in vielen Ländern bis auf den heutigen Tag – diskriminierend.
Unter den amerikanischen Frauenrechtlerinnen gab es einige recht markante und brillante Persönlichkeiten. Viele besaßen Akademikertitel zu einer Zeit, da das noch eine Ausnahme war, und bedeutete, daß sie sich schon als junge Mädchen durchgekämpft hatten. Aber kaum eine von ihnen entsprach dem Bild vom »Blaustrumpf« oder der »Suffragette« im landläufigen, verächtlichen Sinn. Sie waren in jeder Hinsicht erfolgreiche Frauen, die meist von ihren Ehegatten unterstützt und in ihrem Kampf gefördert wurden. Viele kamen aus sehr reichen Häusern, andere waren weibliche »Selfmademen« nach amerikanischem Muster oder Frauen mit außergewöhnlicher Begabung.
Die amerikanische Tänzerin Isadora Duncan zum Beispiel hatte sich schon als Kind geschworen, für die Emanzipation der Frau und gegen die Institution der Ehe zu kämpfen. Sie führte denn auch das Musterleben einer emanzipierten Frau: als Künstlerin, als unverheiratete Mutter von zwei Kindern, als Gefährtin verschiedener Männer.
Eine ähnlich strahlende Erscheinung war Victoria Woodhull, die aus armen Verhältnissen stammte und sich selbst eine Karriere aufgebaut hatte. Sie war eine ungewöhnlich schöne Frau und besaß zudem einen recht gut entwickelten Verstand und recht viel, für herkömmliche Begriffe unweiblichen, Mut. In New York eröffnete sie ein Maklerbüro und wurde eine erfolgreiche Geschäftsfrau. Sie gründete zusammen mit ihrer Schwester eine eigene Zeitung, »Woodhull and Caflins Weekly«, und trat darin für das Frauenwahlrecht, für freie Liebe, Geburtenkontrolle und Spiritualismus ein. Sie lancierte sich selbst als Präsidentschaftskandidatin und schockierte sogar viele Suffragetten mit den feurigen, witzigen Reden, die sie hielt. Ihretwegen spaltete sich die Frauenrechtsbewegung, und Verleumdungen brachten sie genau zur Zeit der Präsidentschaftswahlen ins Gefängnis.
Amelia Bloomer wurde durch ein Kleidungsstück berühmt. Es heißt zwar, sie hätte die »Bloomers«, eine Art weiter, bis zu den Knöcheln reichender Pumphosen, die man unter einem kurzen Rock trug und die den Frauen mehr Bewegungsfreiheit und somit Möglichkeit zum Handeln verleihen sollten, gar nicht selbst erfunden. Jedenfalls aber trug sie sie eine Zeitlang bei all ihren Vorträgen und dokumentierte damit, daß man auch in der Mode mit der Befreiung der Frau ernst machen mußte.
Sojorner Truth gehörte als Frau und als Farbige zu der am meisten benachteiligten Gruppe von Menschen. Sie hatte in ihrer Jugend noch die Sklaverei gekannt und wurde zu einer engagierten Verfechterin der Gleichberechtigung der Schwarzen und der Frauen. Persönlichkeiten wie sie waren sicher am ehesten dazu berufen, die ganze Scheinheiligkeit der Haltung gegenüber dem weiblichen Geschlecht zu entlarven. Auf einer Tagung antwortete Sojorner Truth einem

Geistlichen, der auf die Hilflosigkeit, Schwäche und Schutzbedürftigkeit der Frauen hingewiesen hatte: »Der Mann da drüben sagt, daß man den Frauen in die Kutsche helfen, daß man sie über Gräben heben muß und daß sie überall die besten Plätze haben sollten. Niemand hilft mir jemals in eine Kutsche oder über Gräben oder gibt mir den besten Platz – und bin ich keine Frau? Seht euch diesen Arm an! Ich habe gepflügt, gepflanzt und geerntet, und kein Mann konnte mir befehlen – und bin ich keine Frau?
Ich kann genausoviel arbeiten und genausoviel essen wie ein Mann – wenn ich soviel bekomme. Und ich ertrage die Peitschenhiebe ebenso. Und bin ich keine Frau?
Ich habe dreizehn Kinder geboren und gesehen, wie fast alle in die Sklaverei verkauft wurden, und wenn ich aufschrie in meinem Schmerz, hörte mich niemand außer Jesus. Und bin ich keine Frau?«

England: Mit Fairneß kommt man nicht weit Für Frauen wie Sojorner Truth wurde die Wirklichkeit nie hinter einer Maske der Ritterlichkeit verborgen. Auch kein individuelles Glück – ein verständnisvoller Ehemann, Reichtum und die Vorteile, die eine schöne Frau sich in der Jugend erringen kann – täuschte sie über ihre wahre Situation hinweg. Für viele Suffragetten aber wurde diese Situation erst im Laufe ihres Kampfes ganz offenbar und dann manchmal auf erschreckende Weise. Im Viktorianischen England, das den Kult der »weiblichen Frau« unter der königlichen Hausmutter Viktoria am weitesten trieb, ging man auch am unbarmherzigsten gegen die Frauen vor, die statt männlicher Zuvorkommenheit ihr Recht verlangten.
Bei Demonstrationen kam es zu Tätlichkeiten, die Polizei ging unsanft mit den Frauen um, und die Führerinnen der Bewegung wanderten immer wieder ins Gefängnis. Königin Viktoria war entsetzt über ihre weiblichen Untertanen. Sie nannte die Idee der Frauenrechte eine »schreckliche Verrücktheit« und rief die Frauen dazu auf, sich damit nicht »einzulassen und so jedes echte weibliche Fühlen und jeden Anstand zu vergessen«. Sie vergaß eben, daß sie selbst nur auf dem Thron saß, weil zufällig kein männliches Wesen als Nachfolger vorhanden gewesen war.
Sie schien auch nichts davon zu wissen, daß es in dem »anständigen, ritterlichen England« so unanständige und unritterliche Dinge gab wie zum Beispiel das Gesetz gegen ansteckende Krankheiten (»The Contagious Disease Act«), das 1860 erlassen worden war: In Städten, in denen Truppen stationiert waren, konnte danach jede Frau, die irgendwie der Prostitution verdächtig war, zu einer Untersuchung auf Geschlechtskrankheiten gezwungen werden. Von einer Kontrolle der Männer war dabei keine Rede. Alles Üble, das die Soldaten treffen konnte, kam demnach von den Frauen. Eine anständige Frau konnte sich in solchen Städten zu gewissen Zeiten nicht allein auf die Straße wagen, ohne zu riskieren, auch zwangsweise untersucht zu werden (und damals war dies noch eine sehr unangenehme Sache). Ein solches Gesetz zeigte – wie auch gewisse Scheidungsgesetze (Untreue der Frau war zum Beispiel ein Scheidungsgrund, Untreue des Mannes

dagegen nicht) –, daß Frauen auch von Gesetzes wegen zu Lust und Wohlergehen des Mannes zu leben hatten.
Der Kampf der Suffragetten in England war nicht nur ein Kampf um gewisse Rechte, sondern zugleich der zähe Kampf gegen eine tief verwurzelte Denkweise. Man mußte dabei neue, radikalere Mittel einsetzen, um etwas zu bewirken. Wenn man anständig und gesittet blieb, erreichte man nichts. John Stuart Mill hatte schon 1866 im Unterhaus eine Petition für das Frauenstimmrecht eingereicht. Sie wurde verworfen. Seither gab es immer wieder Vorstöße. Die Taktik, mit der man ihnen begegnete, war typisch: Delegationen wurden einfach nicht empfangen, im Parlament wurden unwichtige Geschäfte aufgebauscht und so lange zerredet, daß die Verfechter der Frauenrechte gar nicht mehr zu Wort kamen. Gegen lächelnde Gesichter und höfliche Ablehnung ist schwer anzukämpfen.
Emmelyne Pankhurst, nach Herkunft, Aussehen und Persönlichkeit eine vollendete Lady, begriff sofort, daß man nichts erreichte, wenn man sich an die Spielregeln des guten Benehmens hielt. Sie gründete 1903 eine neue radikalere Organisation, die WSPU (Women's Social and Political Union) und begann mit ihren Aktionen, die Aufmerksamkeit der Öffentlichkeit auf sich zu ziehen. Ihre Methode des »zivilen Ungehorsams« soll Mahatma Gandhi inspiriert haben, der mit ähnlichen Taktiken dann den Kampf um die Unabhängigkeit Indiens führte.
Erst blieb es wirklich bei diesem zivilen Ungehorsam: Märsche nach dem Haus des Premierministers, nach Downing Street 10, provozierte Menschenansammlungen durch Suffragetten, die sich dort mit Ketten an den Gartenzaun fesselten und so lange »Stimmrecht für Frauen« riefen, bis die Polizisten endlich die Ketten durchfeilten und die Frauen in Gewahrsam nehmen konnten. Suffragetten belästigten Minister und andere einflußreiche Politiker, indem sie einfach an deren Türen läuteten, bis man endlich Notiz von ihnen nehmen mußte. Sie schlichen vor wichtigen Unterredungen in die Sitzungssäle und versteckten sich dort, um dann plötzlich hervorzuspringen und ihren Slogan zu rufen. Eine der mutigen Damen schmuggelte sich in den Privatwagen von Lloyd George und hielt ihm eine lange Rede über die Wichtigkeit des Frauenstimmrechts.
Die Pankhurst-Taktik (Emmelynes zwei Töchter, Christabel und Silvia, arbeiteten ebenfalls an erster Stelle mit) hatte mehr Erfolg als all die jahrzehntelangen Bemühungen der gemäßigteren Organisationen. An einer großen Versammlung im Hydepark trafen sich 1908 500 000 Menschen, um ihre Sympathie für die Sache der Suffragetten zu zeigen. Aber der Regierung schienen auch solche eindrucksvollen Kundgebungen keinen großen Eindruck zu machen. Sie antwortete mit halben Reformen und unterbreitete Gesetzesvorschläge, die wieder Ungerechtigkeiten enthielten, zum Beispiel daß jeder Haushaltsvorstand, ungeachtet des Geschlechts, das Stimmrecht erhalten sollte. Nur wenige Frauen, reiche Witwen und Ledige und vielleicht noch ein paar vermögende Prostituierte wurden dadurch begünstigt oder auch Ehefrauen, deren Gatten sich zwei Häuser, für jeden Ehepartner einen Haushalt, leisten konnten. Solche Vorschläge entsprachen den Forderungen überhaupt nicht.

VOTES FOR WOMEN
Women's Freedom League
A PUBLIC
DEMONSTRATION
ESSEX HALL,
On Saturday, Jan. 4th, 1908
Mrs. DESPARD Miss IRENE MILLER
Mrs. HOLMES Miss MURBY
Mrs. BILLINGTON-GREIG
VOTES
FOR
WOMEN

Ein verzweifelter Kampf Allmählich wurden die Auseinandersetzungen heftiger. Mit Hungerstreiks hielten die Suffragetten in den Gefängnissen Polizei und Gerichte in Atem. Zuerst gab man nach und entließ die Frauen, wenn sie allzu schwach wurden. Später begann man sie gewaltsam zu ernähren. Oder man entließ sie und verhaftete sie gleich wieder, sobald sie sich erholt hatten. Die Regierung mußte aber immer befürchten, daß eine von ihnen im Gefängnis sterben und zur Märtyrerin werden konnte.

Die Frauenrechtlerinnen wurden immer ungestümer, je länger man sie hinhielt. Sie schreckten schließlich nicht davor zurück, Fenster einzuschlagen oder Feuer zu legen! In Lloyd Georges Haus wurde sogar eine Bombe eingeschmuggelt. Sie schrieben mit Säure »Wahlrecht für Frauen« auf die sorgfältig gepflegten Rasen von Golfplätzen und wurden natürlich prompt immer wieder verhaftet. Ihr Bemühen, ihre Sache bekannt zu machen und die Öffentlichkeit davon zu überzeugen, daß es ihnen ernst mit ihren Anliegen war, machte sie doch zu Märtyrerinnen.

Emmelyne Pankhurst und ihre Tochter Silvia saßen immer wieder im Gefängnis. Sie und viele andere Mitglieder der Bewegung riskierten ihre Gesundheit, manchmal ihr Leben mit ihren Hungerstreiks.

Beim Derby von Epsom warf sich Emily Davison 1913 unter ein Pferd. Der Zufall wollte es, daß es ausgerechnet das Pferd von König George V. war. Der spektakuläre und dramatische Tod einer Frauenrechtlerin war symbolisch für die Art, wie sich die Bemühungen um Gleichberechtigung in der Gesellschaft zu einem verzweifelten Kampf gegen diese Gesellschaft auswuchsen, zu einem Kampf, den man nicht mehr mit einem belustigten Lächeln abtun konnte. Die Überführung der Leiche von Emily Davison von einem Bahnhof in London zum andern, als man sie von Epsom nach Nordengland zum Familiengrab der Davisons brachte, wurde zu einer der größten Manifestationen zugunsten der Sache der Suffragetten.

Es ging nun wirklich hart auf hart. Vielen wurde klar, daß es innerhalb der viktorianischen Gesellschaft keinen Platz für gleichberechtigte Frauen gab. Diese Gesellschaft mußte zuerst untergehen, denn die Ungleichheit der Geschlechter und die künstliche, enge Moral, die diese Ungleichheit stützte, waren ja ihre tragenden Pfeiler. Die Suffragettenbewegung mußte gezwungenermaßen immer radikaler werden. Allerdings versuchten die bürgerlichen Kämpferinnen immer noch, ihr Anliegen nicht mit anderen sozialen Fragen zu verquicken, obschon dies auf die Dauer unvermeidlich war.

Alles muß sich ändern Silvia, die Tochter von Mrs. Pankhurst, war konsequent. Sie arbeitete in den Armenvierteln von London und stellte Hilfsprogramme für die Arbeiterfrauen auf. Mrs. Pankhurst versuchte, sie wieder in die eigenen Reihen zurückzubringen, nicht zuletzt, weil sie fand, es schade dem Ruf ihrer Familie, wenn ihre Tochter in den Slums wohne. Aber Silvia blieb ihrer Überzeugung, daß es keinen echten Feminismus ohne soziales Engagement geben könne, und der Organisation, die sie gegründet hatte, treu. Die militanten

Unternehmungen, die Emmelyne Pankhurst befürwortete, demonstrierten, daß auch die übrigen Suffragetten eigentlich schon gegen die Gesellschaft kämpften. Denn Gleichberechtigung – für Frauen oder für Arbeiter – konnte es nur in einer anderen Gesellschaft geben. Zuerst aber mußte man die alte zerstören. Die Suffragetten hatten damit begonnen, auch wenn sie sich dies gar nicht einzugestehen wagten.

Der Erste Weltkrieg brachte eine Unterbrechung im Kampf. Die Suffragetten stellten sich als Patriotinnen dem Vaterland zur Verfügung. 1918 bekamen alle Männer über einundzwanzig und alle Frauen über dreißig in England das Stimmrecht. 1928 wurde auch die Diskriminierung nach Alter aufgehoben, und die Frauen wurden mit einundzwanzig, wie die Männer, politisch mündig. Man hütete sich aber, diese Errungenschaft mit dem heftigen Kampf vor dem Krieg in Verbindung zu bringen. Der Krieg hatte das Land so erschüttert, daß ihm auch viele alte Vorurteile zum Opfer fielen. Wahrscheinlich hätte ohne ihn der Kampf der Suffragetten noch viel länger dauern müssen.

In Deutschland ging es friedlicher und gemäßigter zu. Hier sahen die Frauenrechtlerinnen aus dem Bürgertum ein, daß die Benachteiligung der Frauen mit anderen Ungerechtigkeiten in der Gesellschaft zusammenhing und daß man nicht einfach Rechte für die einen erkämpfen konnte, ohne die Situation der andern zu verändern.

Luise Otto Peters, eine Bürgerstochter, forderte 1848 in ihrer berühmten Schrift »Adresse eines Mädchens« bessere Arbeitsbedingungen für Arbeiterinnen. August Bebel, Clara Zetkin, Rosa Luxembourg verfochten die Sache der Frauen zusammen mit der der Arbeiter. Auch in Deutschland erhielten die Frauen das Wahlrecht kurz nach der großen Erschütterung des Ersten Weltkrieges.

Die Gleichberechtigung der Frau vor dem Gesetz war in weniger entwickelten Ländern oft leichter zu erreichen, als in den europäischen. Meistens kam sie automatisch, wenn ein Land unabhängig wurde und sich eine Verfassung gab. Die Befreiung von den Kolonialherren zog die Befreiung der Frau (wenigstens auf dem Papier) nach sich.

Die Schweiz dagegen, die gern die »älteste Demokratie der Welt« genannt wird (sie ist das aber gar nicht), blieb mit dem Frauenstimmrecht hinter allen zurück. Vielleicht hätten auch hier die Frauenrechtlerinnen in ihrem langen Kampf (die ersten Vorschläge für Gleichberechtigung der Geschlechter wurden 1872 anläßlich der Revision der Bundesverfassung gestartet) doch mit drastischeren Mitteln vorgehen sollen.

Frauenwahl- und Stimmrecht heißt aber weder in Helvetien noch anderswo unbedingt echte »Gleichberechtigung«. Orientalische Länder, in denen die Frauen im täglichen Leben eingeschränkt sind wie eh und je, zivilisierte Länder, in denen man heute mit Mühe und Not nur Stück für Stück der im Gesetz verankerten Ungerechtigkeiten allmählich beseitigen kann (Schweiz, USA, Deutschland), führen das deutlich vor Augen. Und irgendein neuer politischer Wind kann schon errungene Emanzipation wieder fast ganz zunichte machen. Deutschland, wo Hitler die Frau zur Küchenhilfe und zur Gebärmaschine für den Staat degra-

dierte, Rußland, wo Stalin eine prüde Ehemoral wieder einführte, sind Beispiele dafür.

Vielleicht gibt es für die Suffragetten, nämlich die reinen »Stimmrechtlerinnen«, nicht mehr viel zu tun. Die Befürworter einer besseren, menschenwürdigeren Gesellschaftsordnung haben aber noch viel Arbeit vor sich.

Verantwortung Den Vergleich habe ich irgendwo gehört. Ich finde ihn so zutreffend, daß ich ihn wiedergeben muß: Eine Mutter, die nicht versucht, ihre Kinder aus einem brennenden Haus zu retten, ist eine Rabenmutter. Irgend etwas stimmt nicht mit ihr. Eine Mutter, die sich nicht um Politik kümmert, ist nichts Außergewöhnliches. Aber sie tut im Grunde dasselbe wie die Rabenmutter, die sich nichts draus macht, ob ihren Kindern das Dach über dem Kopf angezündet wird oder nicht.

Es heißt, die edelste Aufgabe einer Frau sei es, ihren Lieben das Leben angenehm zu machen. Sie »gestaltet« die Welt, in der sie leben. Eine Frau, die sich nicht um Politik kümmert, vernachlässigt diese vornehmste Bestimmung ihres Geschlechts ganz massiv. Das Glück ihrer Lieben hängt nicht nur davon ab, ob sie schmackhafte Abendessen zubereiten und schöne Gutenachtgeschichten erzählen kann; ob sie mithilft, das Geld für ein Auto zu verdienen, und dafür sorgt, daß die Kinder eine gute Ausbildung bekommen. Dazu, daß ihre Söhne nicht im Krieg ihr Leben lassen müssen und daß ihre Enkelkinder später noch irgendwo frische Luft atmen können, kann sie nur beitragen, indem sie versucht, dort mitzudenken, wo es darauf ankommt: in der Politik.

Aber man braucht die Beispiele gar nicht so weit herzuholen: Ob Kinder genug Platz zum Spielen haben und dabei nicht gefährliche Autostraßen in Wohnvierteln ihr Leben ständig bedrohen, ob Schulen ausgebaut werden und Stipendien ausgezahlt, ob Witwen genügend hohe Renten bekommen, wie die Scheidungsgesetze aussehen – all das ist »Gestaltung des Lebens« und all das ist Politik.

Es ist eigentlich verwunderlich, daß Frauen sich nicht schämen, wenn sie im Brustton der Überzeugung sagen: »Ich interessiere mich grundsätzlich nicht für Politik.«

Das Wahlrecht, um das die Suffragetten so bitter zu kämpfen hatten, die politische Gleichberechtigung, die die Schweizer Männer den Frauen vor ganz kurzer Zeit wie ein Geschenk verliehen haben, ist nicht nur ein Recht, es ist auch eine Verantwortung, die jeder Mensch auf sich nehmen muß, der wirklich wie ein erwachsener Mensch leben will. Genauso wie man sein Haus, seine Kleider, seine Finanzen in Ordnung halten muß, ist man auch verpflichtet, mitzuhelfen, die Welt einigermaßen in Ordnung zu bringen, damit man in ihr leben kann.

Wo anfangen? Es ist wahr, auf den ersten Blick scheint Politik etwas Unsympathisches und vor allem Trockenes zu sein. Diese ewigen Diskussionen, diese Reden, dieser Streit um Kleinigkeiten, diese Auseinandersetzungen um Zahlen und Parteien, diese Intrigen und Affären! Es ist begreiflich, daß man sich dafür nicht interessiert.

Harriet-Beecher-Stowe interessierte sich für das Los der Sklaven in ihrer Heimat. Sie nahm persönlichen Anteil am Leiden dieser Menschen, und sie schrieb darüber ein Buch. Ihr Roman »Onkel Tom« löste eine politische Lawine aus, denn die Sklaverei war natürlich ein politisches Problem.

Frauen!
sorgt für
Wohnung
Wohlstand
Wissen
wählt
Deutsche Demokraten!
LISTE 6
HUGO SENSCH
BERLIN SO.16

Bei den meisten Leuten, die sich intensiv mit Politik beschäftigen, gibt irgendein praktisches, sehr oft persönliches Problem den Anstoß dazu. Es kann sein, daß sie eine schwere Jugend gehabt haben und nun nicht einfach darüber jammern, sondern sich Gedanken machen, weshalb es ihrer Familie so schlecht ging. Sie merken dann eines Tages, daß man nicht nur solchen einzelnen Familien helfen müßte, sondern vieles in einem Staat verändern sollte, um das Elend auszumerzen.

Es kann sein, daß sie irgend etwas plötzlich sehr erschüttert, ein Krieg, ein tragisches Unglück, dessen Ursache im Verschulden von Menschen, in falschen oder ungenügenden Gesetzen liegt. Wenn sie finden, sie möchten dazu beitragen, daß so etwas nicht wieder geschehen kann, können sie nicht anders, als sich mit Politik zu befassen.

Die meisten Leute beschäftigen sich mit Politik, weil sie sich um das eigene Wohlergehen Sorgen machen, z. B. um ihr Schicksal im Alter. Pensionskassen, Altersversicherung, Altersheime usw. sind Früchte politischer Auseinandersetzungen.

Lernen In der Schule erhält man wenig Anregung dazu, sich mit politischen Fragen zu beschäftigen. Im Staatskundeunterricht scheint es manchmal so, als hätte Politik wenig mit dem Leben zu tun. Man bekommt den ganz falschen Eindruck, alles sei so gut geregelt und festgelegt, daß man sich nur noch diesen Regeln gemäß zu verhalten habe. In Wirklichkeit geht es aber darum, diese Regeln immer wieder in Zweifel zu ziehen, zu verändern, zu verbessern, den wirklichen Bedürfnissen der Menschen anzupassen.

Am meisten lernt man über Politik, wenn man im täglichen Leben die Augen offenhält und sich immer wieder fragt: Warum das? Warum jenes? Und wenn man sich dann in den Zeitungen, in den Diskussionen im Fernsehen und Radio oder auf Versammlungen anhört, was andere zu einem bestimmten Problem, über das man sich Gedanken macht, zu sagen haben.

Chancen Frauen müssen sich in der Politik vor zwei Dingen hüten, wenn sie ihre Chancen nicht vertun wollen:

1. Man versucht Frauen immer wieder auf den »weiblichen Sektor« abzuschieben (Schule, Soziales usw.). Dabei gibt es diesen Sektor gar nicht, denn alles hängt zusammen, und alles geht jeden an. Oft sind auch in der Politik die sogenannten »weiblichen« Gebiete diejenigen, wo sich nichts Entscheidendes tut.
2. Frauen lassen sich zu leicht beeinflussen und einschüchtern. Sie glauben, sie wüßten nicht, wie man wirklich Politik macht, und lassen sich dazu verleiten, gegen ihre Überzeugung zu handeln. Sie meinen, sie müßten erst lernen, wie man »realistisch« Politik macht. »Realistische« Politik nennt man einfach das, was nicht zu sehr vom Hergekommenen abweicht und was denen dient, die am meisten Einfluß haben. In Wirklichkeit gibt es nicht eine einzig mögliche »realistische« Politik, sondern nur verschiedene Ziele, die man mit politischen Mitteln erreichen kann. Für jeden ist das »unrealistisch«, was der andere, der nicht dasselbe Ziel vor Augen hat, sagt und tut.

Es ist gefährlich, zuerst die »Spielregeln« zu lernen, bevor man etwas zu sagen oder zu tun wagt. Man übernimmt dabei auch allzuleicht die Ansichten, die am verbreitetsten sind.

Frauen haben die Chance, an viele Dinge ganz unbelastet herangehen und zu ganz neuen Überzeugungen kommen zu können. Oft gelingt es ihnen, gerade weil sie Neulinge sind, ei-

nen Unsinn zu durchschauen, den alle andern als realistisch ansehen, weil sie nichts anderes kennen. Ist zum Beispiel die Politik des Krieges, die die Männerwelt seit Jahrhunderten getrieben hat, »realistisch«? Wenn man es so bedenkt, ist es das Verrückteste und Unsinnigste, das man sich denken kann.
Teilnehmen, mitreden, sich nicht einschüchtern lassen und nicht so sehr den Argumenten der Männer als dem eigenen guten Gefühl und der eigenen Überzeugung vertrauen: das könnte ein Rezept für politische Tätigkeit sein.
Und übrigens – wenn man mal drin ist, macht es Spaß, wie alles, was mit Menschen, dem Leben, der lebendigen Wirklichkeit um uns zusammenhängt.

Erziehung

oder Wie man aus Mädchen gehorsame Ehefrauen macht

Rechte nützen einem nichts, wenn man sie nicht ausüben kann. Unwissende und ungebildete Menschen haben es schwerer, ihre Rechte zu kennen, sie zu nutzen und sie unter Umständen auch zu verteidigen. Je weniger man weiß, je weniger man seinem eigenen Urteil vertrauen kann, desto leichter läßt man sich irreführen.

Kinder kann man nur mit dem Buhmann schrecken, solange sie nicht wissen, daß es keinen Buhmann gibt und daß man nicht einfach glauben darf, was die Erwachsenen sagen.

Man kann allen Bürgern in einem Land das Stimmrecht geben und doch über ihre Köpfe hinweg Entscheidungen treffen, wenn man ihnen keine Gelegenheit gibt zu erfahren, worüber sie zu entscheiden haben.

Man kann jemandem die Erlaubnis zur Ausübung eines anspruchsvollen Berufs geben, man kann ihm zum Beispiel sagen: »Jetzt bist du ein Musiker.« Das nützt ihm aber wenig, wenn er noch nie ein Instrument in den Händen gehalten hat. Man müßte ihn eben vorher die Technik des Spielens lehren und ihm die Geheimnisse der Tonkunst beibringen.

Wer ein freies Leben führen will, muß auch Entscheidungen treffen können. Sonst kann er die Verantwortung für sich selbst nicht übernehmen, fürchtet sich mit Recht davor und bleibt lieber im Schutz und unter der Vormundschaft von jemand anderem.

Gerechtere Gesetze und politische Rechte haben das Leben der meisten Frauen bis heute nicht sehr stark zu verändern vermocht. Viele wußten und wissen mit den Freiheiten und Rechten einfach nichts anzufangen, ja sie fürchten sich sogar vor der Verantwortung und der Freiheit, wie ein notorischer Nichtschwimmer sich vor dem Wasser fürchtet.

Erziehung und Bildung sind Vorbedingungen für die echte Befreiung des Menschen, vielleicht sogar die einzige Möglichkeit dazu. Im technischen Zeitalter – erst recht jetzt im wissenschaftlichen Zeitalter – ist der alte Spruch »Wissen ist Macht« besonders bedeutungsvoll geworden. Emanzipation ist eine Frage der Erziehung. Mary Wollestonecraft hat das schon ganz klar gesehen. Aber diese Erkenntnis ist nicht nur für die Frauen wichtig. Sie gilt für alle irgendwie unterdrückten und zu kurz gekommenen Menschen – von den leibeigenen Bauern im alten Rußland, deren Nachkommen heute geschulte Bürger sind, bis zu den unterentwickelten Völkern, die sich erst für ihre Rechte und Freiheiten wehren können, wenn sie über ähnliche Kenntnisse und Fertigkeiten verfügen wie die Europäer, von denen sie beherrscht wurden und noch werden.

»Als eine Frau lesen lernte, trat die Frauenfrage in die Welt.«
Marie von Ebner-Eschenbach

Man hat die Menschen schon immer für die Rolle, die sie im Leben übernehmen sollen, erzogen. Gewisse kriegerische Indianerstämme machen durch Härte und Unbarmherzigkeit ihre Jungen zu streitsüchtigen, immer kampfbereiten Männern. Bei friedliebenden Naturvölkern werden Kinder durch viel Nachgiebigkeit und Zärtlichkeit zu sanften, verträglichen Erwachsenen erzogen. Im Mittelalter bestimmte man schon Kinder zu Priestern oder Rittern und züchtete die Eigenschaften in ihnen, die sie später für diese Berufe brauchten. Buddhistische Mönche und die Lamas in Tibet verbringen bereits ihre Jugendzeit in einem Kloster, damit sie in ihrem Fühlen und Denken ganz zu einem Teil dieser Welt werden. Sklavenkinder hat man von jeher zu Sklaven erzogen und Fürstenkinder zu Königen. Je nach dem Ziel der Erziehung bedeutet »gut und brav sein« hier das, dort gerade das Gegenteil. Gut erzogene Kinder sind jene Kinder, die dem Muster, nach dem man sie formen möchte, am besten entsprechen. Je nachdem lobt man sie für etwas anderes: für Gehorsam oder für Selbständigkeit, für Vorwitzigkeit oder für Zurückhaltung, für Sanftheit oder für Aggressivität. Es ist mit der Erziehung – auch wenn die Erzieher selbst das nicht wahrhaben wollen – immer ein bißchen so wie mit der Dressur von Hunden: Es kommt ganz darauf an, was einem grad dient, ein freundlicher Gefährte oder ein bissiger Wächter, ein eifriger Jäger oder ein schmiegsames Schoßhündchen.
Die Art, wie man durch die Jahrhunderte von der Erziehung der Mädchen sprach und wie man es damit hielt, erinnert sehr stark an solche Dressur. Mädchen wurden fast immer ganz anders erzogen als Jungen. Hier hieß es wirklich: Was man bei dem einen gern sieht, ist beim andern verpönt. Der eine (der Knabe) sollte ja später die Rolle des Herrn übernehmen, der andere aber (das Mädchen) diejenige seines gefälligen Anhängsels, seiner »Zierde« und seiner Dienerin.
Dieses Bild von der Frau ist so tief verwurzelt, daß auch die fortschrittlichsten Denker es nicht überwinden konnten und ihre heiligsten Grundsätze vergaßen, wenn sie von Mädchenerziehung sprachen. Rousseau ließ sein Glaube, daß jeder Mensch »frei geboren« sei und daß man in der Erziehung ganz der Natur zu folgen habe, da ganz im Stich. Er räumte zwar ein, daß die Natur es so eingerichtet habe, daß auch die Frauen »denken, urteilen, lieben, sich Kenntnisse erwerben und ihren Geist so gut wie ihren Körper pflegen«. Aber als Mann, der die Annehmlichkeiten kannte, die eine treu ergebene weibliche Dienerin liefern konnte, fand er doch, daß die Erziehung der Frauen »auf die Männer bezogen« sein müsse und daß dabei Gehorsam und Gefügigkeit das Wichtigste seien. Mädchen sollten die Fähigkeit erwerben, einen unvollkommenen Ehemann zu ertragen, ihm gefügig zu sein und ihm zu gefallen. Ihre Studien müßten sich also ganz auf das Praktische beziehen. Wenn Rousseau findet, daß die Frauen sich nicht »mit Metaphysik befassen« sollten und »das Erforschen der abstrakten und spekulativen Wahrheiten, der Prinzipien und Axiome der Wissenschaft« nicht ihre Sache sei, so stellt er ein ganz brauchbares Programm zur Erziehung von Untertanen

auf, die sich die wichtigsten Voraussetzungen zur Teilnahme an der abendländischen Kultur nicht erwerben dürfen.
Rousseau gilt als Erneuerer der Erziehung und als Erfinder eines neuen Menschenbildes. Er ist einer der Heiligen am Himmel der Pädagogik. Deshalb hat seine Auffassung von Mädchenerziehung viel Unheil angerichtet. Wer nach ihm versuchte, für die Frau eine gleichwertige Bildung wie für den Mann zu verlangen, tat das oft nur mit halbem Herzen.
Die Gräfin Rémusat, eine Palastdame der Kaiserin Josephine, fand zwar, daß die Erziehung der Frau... »von der des Mannes nicht wesentlich, wenigstens nicht hinsichtlich der Grundsätze abweichen« dürfe, weil sie... »mit denselben Mitteln ausgerüstet ist, die Bedingungen ihres Daseins zu erkennen und zu erfüllen«. Aber sie machte doch Einschränkungen, offenbar wider ihre eigene Überzeugung: »Als intelligentes Geschöpf ist das Weib vom Manne nicht verschieden. Sie besitzt die nämlichen Fähigkeiten, ohne Zweifel in geringerem Grade, aber sie besitzt sie dennoch, und das ist genug, um zu verdienen, daß man sie übe.« Die Gräfin unterstellte die Ausbildung der Vernunft bescheiden dem Ziel, daß sich die Frau aus Vernunft »ihrer Natur anbequeme« und auch in bezug auf die Ehe von allen Illusionen frei bleibe: »... wenn das Schicksal die Hoffnungen des Herzens und der Vernunft verraten sollte, so wäre das Opfer doch vorbereitet auf sein Los.«

»Ein Frauenzimmer, das denkt, ist ebenso ekel wie ein Mann, der sich schminkt.«

G. E. Lessing

Frauen sollen also aus Klugheit auf ihre Freiheit verzichten können und ihre Vernunft dazu gebrauchen, ein ungerechtes Schicksal zu ertragen. Solche Sätze sind voll zynischer Resignation. Es wundert einen nicht, daß man der Gräfin vorwarf, sie verlasse ihr eigentliches Feld, nämlich die Erziehung, und löse die »Frauenfrage« aus.
Johann Amos Comenius, einer der größten Pädagogen der abendländischen Geschichte, hatte zwar lange bevor Rousseau seine verhängnisvollen Theorien veröffentlichte, eine gleichwertige Erziehung für Mädchen wie für Jungen gefordert:
»... Auch ließe sich keine ausreichende Begründung dafür geben, das schwächere Geschlecht von den Studien der Weisheit, weder von den in lateinischen noch von den in Muttersprache vermittelten, insgesamt auszuschließen, denn sie sind in gleicher Weise Gottes Ebenbilder, in gleicher Weise der Gnade und des Reiches künftiger Zeiten teilhaftig, in gleicher Weise, ja oft mehr als unser Geschlecht mit einem lebhaften und für die Weisheit empfänglichen Geiste begabt, ihnen steht gleicherweise der Zugang zu Höchstem offen, denn Gott selbst hat sie oft herangezogen zur Herrschaft über Völker, zu heilsamer Beratung von Königen und Fürsten, zur Heilkunde und zu anderen, der Menschheit heilsamen

Zwecken, auch zum prophetischen Amte und zur Ermahnung von Priestern und Bischöfen. Warum sollten wir sie zum Abc zulassen und von den Büchern hernach fortjagen? Fürchten wir etwa die weibliche Unbedachtsamkeit? Je mehr wir den Gedanken Beschäftigung geben, um so weniger Raum wird solche Unbedachtsamkeit finden, die doch nur im unausgefüllten Verstande entsteht...«

»Wenn man in der Geschichte so wenige geniale Begabungen unter den Frauen findet, so kommt es daher, daß die Gesellschaft ihnen jedes Ausdrucksmittel versagt. Ein kluges Mädchen von zehn Jahren ist lebhafter und geistig durchgebildeter als sein Bruder; mit zwanzig Jahren ist aus dem jungen Burschen ein Mann von Geist geworden und aus dem jungen Mädchen eine große, linkische Törin, die schüchtern ist und Angst vor einer Spinne hat. Schuld daran ist die Erziehung, die sie erhalten hat. Alle genialen Begabungen, die als Frauen auf die Welt kommen, sind für das Glück der Allgemeinheit verloren. Die schwerste Behinderung, mit der sie fertig werden müssen, besteht in der Erziehung, durch die sie abgestumpft werden.«

Stendhal

Mit dieser letzten Feststellung hat im Grunde schon Comenius, 200 Jahre vor der Gräfin Résumat, die »Frauenfrage« angeschnitten.
Wie er, stellt später auch der französische Theologe und Pädagoge Fénelon fest: Weil man den Mädchen »tüchtige Nahrung des Geistes« verweigere, so wüchse in ihnen ein »ungestümes Verlangen nach eitlen und gefährlichen Gegenständen«.
Die Erkenntnis, daß die vielgeschmähte, vielverachtete und je nachdem vielgefürchtete Natur der Frau ein Resultat der Erziehung sei, ist also sehr alt. Die Erkenntnis allein nützt eben nichts. Gefühle, Vorurteile und vor allem der Egoismus sind auch bei Menschen, die die Weisheit mit Löffeln gefressen zu haben scheinen und wandelnde logische Systeme sind, doch stärker als die Vernunft.
Bei Rousseau kann man es noch hinnehmen, daß er sich hinreißen läßt, bei Immanuel Kant, dem Kritiker der »reinen Vernunft«, stimmt es schon trauriger, wenn er dem Vorurteil, die Frau verliere alle Weiblichkeit, wenn sie sich ernsthaft mit geistigen Dingen beschäftige, ganz unumwunden huldigt. Sie soll, so findet er in recht lächerlicher Überheblichkeit, »... abstrakte Spekulationen oder Kenntnisse, die nützlich oder trocken sind, dem emsigen, gründlicheren und tiefen Verstande« (der Männer natürlich) überlassen. Der alte Junggeselle, der wohl recht interessante Gedankenkunststücke fertigbrachte, sich aber kaum aus seiner Heimatstadt herausbewegte und sein Leben lang nie Zeit für Frauen hatte,

setzte seinen berühmten Namen unter Aussprüche wie diesen: »Was die Welt sagt, ist wahr, und was sie tut, gut, ist ein weiblicher Grundsatz.« Offenbar war für ihn, der sich eingehend mit der Erkenntnisfähigkeit des menschlichen Geistes auseinandersetzte, einfach klar, daß die Frau keinen solchen Geist besitzt oder, besser, daß verhindert werden soll, daß sie ihn je erwirbt.

Mit Sentimentalität kann man dasselbe erreichen wie Kant mit seiner philosophischen Kälte. Carl Wilhelm von Humboldt, der »Erfinder« des Gymnasiums, spricht von der »holden Weiblichkeit«, wenn er den Mädchen nicht dieselbe Erziehung wie den Jungen gönnt. Und ganz naiv verraten sich Dichter wie Ernst Moritz Arndt: »Glücklicher Mann, dem ein Weib ins Haus zieht, deren frommes Gemüt eine unbeschriebene Kindertafel ist.« Gewiß, von einem solch »frommen Gemüt« kann weder das Selbstbewußtsein des Mannes dadurch strapaziert werden, daß seine Gattin ihn mit ihrem Geist in den Schatten stellt, noch läuft er Gefahr, daß seinen Befehlen widersprochen werden könnte. Zudem kann man es in der Liebe bei romantischer Träumerei bewenden lassen und braucht sich nicht mit einer andern ausgereiften Persönlichkeit auseinanderzusetzen.

Der deutsche Pfarrer Johann Michael Sailer gibt ganz unumwunden zu, daß die Frau zu geistigen Leistungen genauso befähigt ist wie der Mann, ja, daß sie ihn darin oft sogar übertreffen kann. Er findet es aber trotzdem falsch, wenn sie diese Fähigkeiten entwickelt. Für ihren »Beruf« brauche sie sie ja nicht, meint er und warnt: »... sobald das Weib außer dem Hause glänzen, in Versammlungen außer dem Hause gefallen, in der großen Welt gelten will, hat es den Charakter des Weibes verleugnet.«

Auffallend viele Theologen denken so. Das kommt natürlich noch von Paulus her und seinen frauenfeindlichen Aussagen, die in der Bibel verewigt sind. Im Judentum und im Christentum ist die Frau nicht ein Individuum, das sich seinen eigenen persönlichen Gesetzen gemäß entfalten darf, sondern ein Wesen, das dem Manne zu ganz bestimmten Zwecken dienen soll. Für die Juden bedeutet Bildung das A und O ihrer Religion, und die Gelehrsamkeit ist bei ihnen viel geachteter als bei uns. Aber auch sie schlossen die Frauen von der Bildung aus: »Wer seine Tochter im Gesetz unterrichtet, der ist dem gleich, der sie in Torheiten unterrichtet.«

In diesem Sinne fährt man bis ins 19. Jahrhundert hinein munter fort. Und da wird es eine Zeitlang nur noch schlimmer. Auch dort, wo scheinbar für die Mädchenbildung etwas getan wird, in den ersten Mädchenschulen, die eröffnet werden, hütet man sich davor, den Geist der weiblichen Zöglinge zu sehr zu strapazieren. Sie werden für ihren »vorbestimmten« Beruf vorbereitet. Man erzieht sie zur Bescheidenheit und lehrt sie, darauf zu verzichten, mit dem Manne zu konkurrieren.

»Wir hören im Ton höflicher Langeweile selbst der brillantesten unter ihnen zu, da wir ja wissen, daß ihr Geist in mehr oder weniger glänzender Weise nur Ideen zurückstrahlt, die von uns kommen.«

Claude Mauriac

Wenn die Frauen nun begannen, ihre Rechte zu fordern, so mußten sie auch da ansetzen. Da und dort tauchen nun immer wieder Stimmen auf, die in der Bildung nicht eine Entartung der Frau sehen, sondern im Gegenteil finden, sie sei erst, wenn sie sich und all ihre Fähigkeiten voll entwickeln könne, eine Zierde ihres Geschlechts. Der Philosoph Friedrich Schleiermacher sieht die Zusammenhänge ganz klar: »Die Differenz des Geschlechts läßt sich subsumieren unter die Differenz des Berufs. Das weibliche Geschlecht hat im Staat einen besonderen Beruf. Jenes Zurücktreten beschränkt sich nur darauf, daß der Staat kein Interesse daran hat, im weiblichen Geschlechte die Entwicklung hervorzurufen, die denjenigen notwendig ist, die im Staate leitend auftreten. Dasselbe werden wir von der kirchlichen Gemeinschaft sagen...«
Friedrich Schleiermacher sieht die Zeit voraus, da die Frau in der Öffentlichkeit auftreten und auch im Staate Verantwortung zu tragen haben wird. Er glaubt, dann werde ihre Erziehung ganz von selbst der des Mannes angeglichen werden. Für ihn verschwindet die »Knechtschaft des Weibes« mit der »höhern Kulturstufe« und somit mit höherer Bildung des Menschen. Als letztes seiner zehn Gebote für Frauen setzt er: »Laß dich gelüsten nach der Männer Bildung, Kunst, Weisheit und Ehre.«
In der deutschen Frauenbewegung beschäftigte man sich sehr mit der Bildungsfrage. Man fand es falsch, daß Männer die Mädchenbildungsanstalten leiteten und die Lehrpläne bestimmten und Frauen als Lehrerinnen nur auf den untersten Stufen zugelassen waren. Mädchenbildung, in der die Männer einfach ihr Bild von der Weiblichkeit verwirklichten und sich so Wesen heranzogen, die ihren Vorstellungen von der idealen Frau entsprachen, war keine echte Mädchenbildung. Wenn die zukünftigen Ehefrauen gebildetere Gefährtinnen und belesenere Dienerinnen sein würden, würde dadurch doch nur der alte Zustand der Abhängigkeit gefestigt und gekittet. Man kämpfte deshalb gegen eine speziell weibliche Fächerauswahl. Warum sollte man in einer Mädchenschule nicht alles lernen können, was Jungen auch lernten?
Es war auch wichtig, daß die Lehrerinnen besser bezahlt wurden, denn die Frauen sollten ihre eigene Erziehung selbst in die Hand nehmen. Man machte Pläne für eine Frauenuniversität und setzte gegen Ende des 19. Jahrhunderts durch, daß Real- und Gymnasialkurse für Frauen eingeführt wurden. Aber noch 1871 in Heidelberg und 1886 in Preußen verbot man durch spezielle Beschlüsse den Frauen den Zutritt zur Universität, während in der Schweiz schon die ersten Frauen in den Vorlesungen saßen. Die Universität Zürich hatte ihnen 1864 ihre Tore geöffnet.

Allmählich gaben in Europa und Amerika immer mehr Universitäten das Studium für Frauen frei, und nach dem Ersten Weltkrieg war diese Zurücksetzung endgültig überwunden.
Noch immer sind aber so wenige Mädchen an den Universitäten zu finden – und das auch in der Schweiz, wo Frauen zuerst zum Studium zugelassen wurden –, daß man wirklich meinen könnte, sie seien von Natur aus doch weniger begabt. Noch immer versäumen viele Frauen, das zu entwickeln, was am Menschen das Menschlichste ist: den Geist. Sie versäumen es, weil Meinungen und Vorurteile in den Köpfen und im Gefühl der Menschen, der Frauen und der Männer, immer noch weiterleben.

Niemand wagt mehr – wie Rousseau – im Ernst zu verlangen, daß man eine Frau nur dazu erzieht, eine möglichst angenehme und nützliche Gefährtin für den Mann zu sein. Man fordert heute überall Chancengleichheit für die Mädchen. Aber vieles bleibt dabei Theorie. Mädchen bekommen noch immer nicht dieselbe Ausbildung wie die Jungen.
Man braucht nur im Geist ein paar befreundete Familien mit erwachsenen Kindern an sich vorbeiziehen zu lassen: Die Berufe der Jungen in der Familie? Und die der Mädchen? Und nun kann man sich in der Vorstellung alles genau umgekehrt denken: Wie sähe es aus, wenn die Jungen den Beruf ihrer Schwester erlernt hätten und die Mädchen den ihres Bruders?
Die Schwestern von Ärzten werden Krankenschwestern. Wenn der Bruder Ingenieur ist, ist seine Schwester Sekretärin, und wenn es beim Knaben noch zu einer Lehre reicht, so bleiben die Mädchen derselben Familie meist ungelernte Arbeiterinnen.
Sind die Brüder alle fähiger und gescheiter? Gewiß nicht. Sind die Eltern schuld? Niemand würde wagen, ihnen einen Vorwurf zu machen. Sie würden sicher alle beteuern, daß sie den Mädchen keine Hindernisse in den Weg gelegt hätten, wenn diese Mädchen wirklich eine gleichwertige Ausbildung wie ihre Brüder gewählt hätten. Daß sehr viele Mädchen gar nicht dazu kommen, an so etwas zu denken, liegt an den Hindernissen, die Eltern und die ganze Umwelt in den Mädchen selbst schon früh aufgebaut haben, meistens ohne daß sie es merkten.
Wo die Schulen noch so rückständig sind, wie in gewissen Gebieten der Schweiz, gibt es auch noch äußere Hindernisse. Hier kommen die Mädchen in wichtigen Fächern (z. B. Mathematik, naturwissenschaftliche Fächer) zu kurz, weil sie Handarbeits- und Hauswirtschaftsunterricht nehmen müssen. Vielerorts haben sie keine Möglichkeit (wenn ihre Eltern nicht genug Geld haben, um sie in eine Privatschule zu stecken), das Gymnasium zu besuchen, weil es nur Gymnasien für Knaben gibt.
In der Schweiz kennt man auch die unsinnige Einrichtung des obligatorischen Hauswirtschaftsunterrichts für Mädchen. Nichts gegen Hauswirtschaftsunterricht. Aber warum für alle Mädchen? Und warum nicht auch für die Knaben? Es wäre ganz interessant, mal einem zuständigen Lehrer oder Schuldirektor die Frage zu stellen, was denn Kochkunst und Sockenstopfen mit dem Geschlecht zu tun hat. Wenn er davon spricht, daß man ja damit rechnen müßte, daß Mädchen mal heiraten würden, dann kann man auch da weiterfragen: Was hat Heiraten mit dem Beruf zu tun? Hat er ihn auch gewechselt, als er heiratete? Was würde er, der Vielbeschäftigte

tun, wenn seine Frau sich geweigert hätte, eine Hausfrau zu werden, weil sie auch eine Karriere vor sich gehabt hätte wie er?

Selbstvertrauen Es gibt keine »weiblichen« und keine »männlichen« Beschäftigungen. Man muß aufpassen, daß man sich von solchen Vorurteilen nicht beeinflussen läßt. Männer finden Stricken für sich selbst lächerlich und unzumutbar, und sie stellen sich auch entsprechend ungeschickt an, wenn sie je Nadeln in der Hand halten. Dabei war Stricken ursprünglich ein typisch männliches Handwerk. Es wurde ausgeübt wie das des Schuhmachers oder des Schneiders, und es gab auch Strickerzünfte. Heute scheuen sich die Männer nicht, neben allen Arten von Textilien auch Stricksachen herzustellen, nur natürlich immer gegen einen entsprechenden Lohn und im Stile unserer Zeit, mit Maschinen und in Großbetrieben. Eine »weibliche« Beschäftigung ist Sockenstricken von Hand nur, weil es nicht einträglich, nicht rationell ist und weil man damit nicht Reichtum und Macht erringen kann.

Man muß sich vor Augen halten, daß die »weiblichen« Beschäftigungen immer die niedrigen und unrentablen sind. Dann ist es nämlich auch leichter, genau herauszufinden, weshalb man einen Beruf gern ergreifen möchte. Weil er »typisch weiblich« ist? Oder weil man wirklich Spaß daran hätte? Könnte es sein, daß man gewisse Fähigkeiten und Talente, die man hat, »vergißt«, weil man überzeugt davon ist, dies seien »männliche Fähigkeiten«?

Oft probieren Mädchen etwas gar nicht aus und »wissen« von vornherein, daß sie sich dafür nicht eignen und daß es ihnen nicht Spaß macht. Man kann auf diese Weise gerade die Talente in sich brachliegen lassen, die am vielversprechendsten sein könnten, und damit sein Leben und seinen Beruf gründlich verfehlen.

Jungen können von »Natur« aus nichts besser als Mädchen, und umgekehrt. Man muß versuchen, sich nicht einschüchtern zu lassen. Viele Mädchen haben von vornherein das Gefühl, daß das, was ein Mann oder ein Junge sagt, wichtiger und richtiger sei. Oft sind die Schulvorsteher von Mädchenschulen (was für ein Unsinn solche speziellen Schulen für Mädchen sind, weiß jedes Mädchen, das eine solche Schule besucht hat) Männer. Warum eigentlich? Unser Streifzug durch die Pädagogik der Vergangenheit hat uns gezeigt, daß Männer sich immer anmaßten, die Frauen zu ihren Zwecken zu verwenden, und sie dafür erziehen. Warum weiß auch heute noch ein männlicher Schulvorsteher mehr als eine Frau darüber, was ein Mädchen in seiner Ausbildung braucht? Fragt ihn mal!

Die Perle des Chefs

oder Warum »Frauenarbeit« von Frauen verrichtet wird

Die Schlagzeile eines Stelleninserats: »Möchten Sie die rechte Hand des Chefs sein?« Man braucht den weiteren Text gar nicht zu lesen, man weiß sofort, daß da eine Stelle für eine Frau angeboten wird. Auch wenn es heißt: »Praxishilfe gesucht« oder: »Arbeiten Sie gerne im Empfang?«, würde es sich kein Mann einfallen lassen, sich auf dieses Stellenangebot zu melden. Diktate aufnehmen, für den Chef Besucher empfangen, seine Gedächtnisstütze, seine Organisatorin, Mädchen für alles sein, ihn von dem beschwerlichen Kleinkram des Berufes befreien, das ist Frauenarbeit. Die Sekretärin erledigt alles, was dem Chef zu zeitraubend, zu umständlich, zu mühsam ist. Sie schreibt nieder, was er sich ausdenkt, sie leitet weiter, was er befiehlt, sie inspiriert ihn und erinnert ihn an »das Wichtige«. Sie ist unentbehrlich für ihn, wenn sie eine gute Sekretärin ist. Wenn er Erfolg hat, dann freut es sie auch. Nur, es ist bei aller Mühe, die sie gehabt hat, nicht ihr Erfolg. Sie hat nur »geholfen«, daß es soweit kam.

Hübsche Beine fürs Vorzimmer Alexandre Dumas, der Sekretär war, bevor er als Romanschriftsteller Erfolg hatte, prophezeite, die Frauen würden alle Weiblichkeit verlieren, wenn sie nur den Fuß in ein Büro zu setzen wagten. Zu seiner Zeit arbeiteten Frauen als Dienstboten – die ärmeren machten die grobe Hausarbeit, feinere Damen, die sich gezwungen sahen, ihren Lebensunterhalt selbst zu verdienen, gingen als Gouvernanten, Hauslehrerinnen und Gesellschafterinnen. Die Sekretärin von heute ist all das für ihren Chef: Dienstmädchen und Gesellschafterin, und oft sind auch ihre weiblichen Vorzüge beruflich gefragt – je nach Bedarf ist sie auch ein Ersatz oder eine Ergänzung seiner »besseren« Hälfte.
Jede Sekretärin ist stolz darauf, wenn sie all die Eigenschaften vorzeigen kann, die früher einem Hausmädchen gut anstanden: Anpassungsfähigkeit, Diskretion, Pünktlichkeit und Hilfsbereitschaft. Wie ein vorbildlicher Dienstbote vergißt sie die eigenen Interessen und Ansichten und vertritt ganz und gar jene des Chefs. Sie identifiziert sich mit ihm.
Am Sekretärinnenberuf zeigt sich, welche Rolle die Frau im Berufsleben fast immer spielt, genau dieselbe wie in einer patriarchalischen Ehe: Dienerin und Stütze des Mannes (des Chefs).
Die Situation ist für sehr, sehr viele berufstätige Frauen dieselbe: Sie führen als Krankenschwestern ehrfurchtsvoll die Anweisungen ihres männlichen Chefs, des Arztes, aus; sie waschen als Gehilfinnen und Assistentinnen die Reagenzgläser des (männlichen) Naturwissenschaftlers; sie nähen als Näherinnen die Kreationen, die der Couturier erdacht hat; sie verkaufen als Ladenmädchen in den

Warenhäusern die Waren, die der (fast immer männliche) Industrielle in seinen Fabriken produziert; sie servieren die Getränke, die der Wirt in seinem Lokal den Gästen verkauft.
Traumberufe wie etwa derjenige der Stewardeß zeigen es deutlich: Man muß im Beruf die gleichen Qualitäten haben wie die Hausfrau: Lächeln und Sex-Appeal sind eine wichtige Zugabe zu all den Leistungen, die keinen anderen Zweck haben, als jemand anderem, hier den Gästen, dort dem Mann, das Leben einfacher und angenehmer zu machen.
Der Mann erfindet, denkt, produziert und macht Karriere, und die Frau hilft ihm dabei, zu Hause und im Beruf. Wenn er sie nicht geheiratet, sondern nur angestellt hat, so ist der einzig wichtige Unterschied der, daß er ihr einen festen Lohn für ihre Dienste bezahlt.
Den Frauen stehen heute theoretisch fast alle Berufe offen. Die Statistiken zeigen aber, daß das nicht heißt, daß sie gleichgestellt sind. Je höher es in der Stufenleiter hinaufgeht, desto weniger Frauen findet man. Wo man denken, entscheiden und Verantwortung tragen muß, wo man Macht über Menschen und Geld hat, sind fast nur noch Männer am Werk. Ist das so, weil Frauen immer die »leichtere« Arbeit zugewiesen bekommen? Aber eine Krankenschwester braucht doch ihre Muskeln viel mehr als ihr Chef, der Arzt; eine Putzfrau kommt viel eher außer Atem als der Herr, der tagsüber am Schreibtisch, den sie poliert, per Telephon Geschäfte macht. Frauenarbeit ist nicht weniger anstrengend als Männerarbeit, aber weniger wichtig, weniger lohnend, weniger interessant und vor allem viel weniger angesehen.
Frauen machen das, was man auf englisch »labour« nennt. Mit »labour« bezeichnet man alle Arbeit, die immer getan werden muß, damit man überhaupt einigermaßen leben kann oder damit andere Leute ungestört wichtigere Arbeiten verrichten können. Es entsteht dabei nichts Neues: ein Straßenkehrer kann jahrein, jahraus arbeiten, und doch kann er nie auf ein »Werk« zurückblicken. »Labour« ist auch das, was wir als »entfremdete Arbeit« kennengelernt haben: Man stellt z. B. etwas nach den Plänen und dem Willen anderer Menschen her, setzt aber dabei nur seine Arbeitskraft ein und kann nicht selber planen, entscheiden, mitdenken.
»Work« dagegen nennen die Engländer all das, was wirklich produktiv ist, die »Arbeit«, wie sie der Wissenschaftler, der Künstler, der Modeschöpfer, der Unternehmer leistet. Wer solche Arbeit vollbringt, kann nach einiger Zeit auf Resultate zurückblicken, er hat »Werke« geschaffen. Es ist etwas entstanden, die Arbeit ist ein wichtiger Teil des Lebens und der Persönlichkeit dessen, der sie tut.

»Schon der Anblick der weiblichen Gestalt lehrt, daß das Weib weder zu großen geistigen noch körperlichen Arbeiten bestimmt ist. Das Weib ist ein von Natur aus minderwertiges Geschöpf, das auch geistig ebenso tief unter dem Manne steht und

ebenso moralisch. Die Verehrung der Frau ist ein Greuel.«
Schopenhauer

Die Arbeit eines Direktors, eines Managers ist »work«, die Arbeit einer Sekretärin ist »labour«. Aber – wird man da einwenden – die Frauen haben doch auch Möglichkeiten, es gibt doch auch Frauen, die... Doch die statistischen Zahlen zeigen ganz deutlich: Bis heute bestätigen die Ausnahmen nur die Regel. Bei den Frauen ist es ähnlich wie bei den Schwarzen in Amerika: Ein schwarzer Universitätsprofessor kann nicht darüber hinwegtäuschen, daß die meisten Schwarzen gezwungen sind, ganz minderwertige Arbeit zu leisten. Die Tatsache, daß es weibliche Börsenmakler und Forscher gibt, ändert nicht viel daran, daß fast alle Frauen sonst nicht eigenständig arbeiten, sondern auch im Beruf Stütze des Mannes sind. Aber ändert sich das nicht doch? Und wie ändert es sich?

»Leichte Arbeit« ist nicht leichter Aus Männerberufen können im Laufe der Zeit Frauenberufe werden und umgekehrt. In der Sowjetunion sind Frauen nicht Krankenschwestern, sondern Ärztinnen. Aus einem typischen Männerberuf ist dort ein typischer Frauenberuf geworden. Aber in Rußland genießt der Arztberuf viel weniger Ansehen als bei uns. Man kann auch nicht viel Geld damit verdienen. Überdies sind die meisten Spitzenämter doch wieder mit Männern besetzt, und viele Ärztinnen sind kaum mehr als Krankenschwestern. Bei uns kann man das Umgekehrte beobachten: Der Beruf der Krankenpflegerin wird immer anspruchsvoller, sie muß immer kompliziertere Apparate bedienen und immer schwierigere Behandlungen durchführen. Man versucht nun immer mehr, männliche Pfleger zu bekommen. Der Beruf gewinnt an Ansehen, die Löhne steigen. Er ist kein ausgesprochener Frauenberuf mehr.
Es gibt Industriezweige, die fast nur Frauen beschäftigen. Die Arbeit, die dort zu erledigen ist, erfordert meistens große manuelle Geschicklichkeit, und oft (etwa an Fließbändern) muß sie sehr schnell vor sich gehen. Frauen sind im allgemeinen mit den Händen geschickter und flinker als Männer, sie eignen sich deshalb besser für solche Arbeiten. In Betrieben, in denen hauptsächlich oder ausschließlich Frauen beschäftigt sind, werden aber die schlechtesten Löhne bezahlt. Obschon die Arbeit sehr anstrengend ist, wird sie als »leichte Arbeit« bewertet (weil sie keine große Körperkraft erfordert, man keine Lasten heben muß usw.) und entsprechend schlecht bezahlt.
Zwar haben nun die meisten Länder (nach 21jährigem Hin und Her 1972 auch die Schweiz) das Abkommen Nr. 100 der Internationalen Arbeitskonferenz unterschrieben. Nach diesem internationalen Vertrag müssen Männer und Frauen gleichen Lohn für gleiche Arbeit erhalten. Dies ist aber in Wirklichkeit sehr schwer durchzusetzen. Nur in krassen Fällen, wenn die Frauen am gleichen Arbeitsplatz wie der Mann für dieselbe Arbeit viel weniger bekommen (wie das in der Schweiz zum Beispiel in gewissen Betrieben noch der Fall ist), kann man aufgrund dieser Konvention etwas dagegen unternehmen. Meistens aber ist die Ungerechtigkeit versteckt hinter verschiedenen Berufsbezeichnungen (ein Unter-

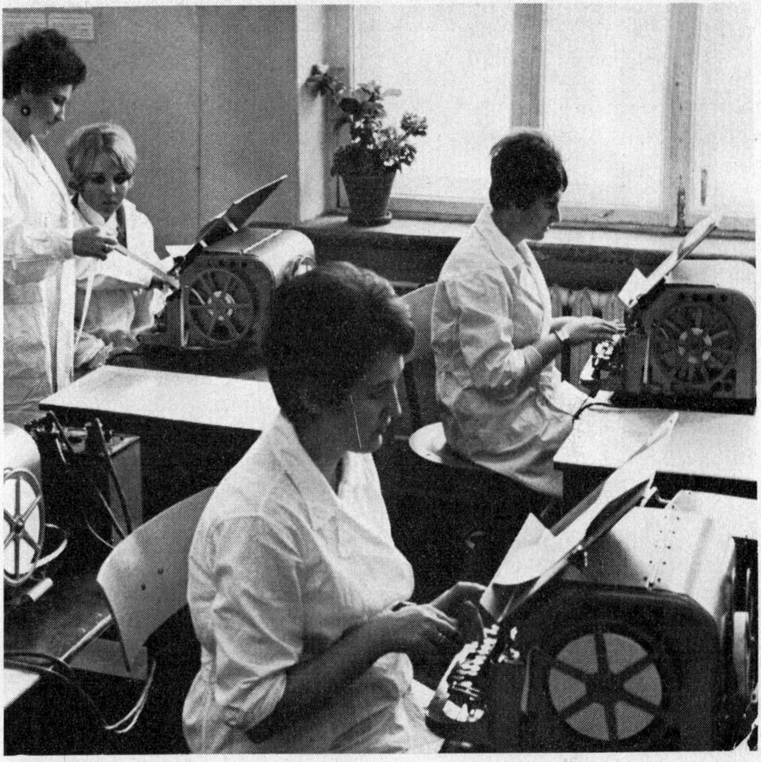

schied zwischen zwei Arbeitsplätzen läßt sich immer finden).
Benachteiligungen, die dadurch entstehen, daß die Frauen es im allgemeinen schwerer haben, in höhere Posten aufzusteigen und so zu einem besseren Lohn zu kommen, sind mit diesem Abkommen ebenfalls noch nicht beseitigt.

Ein Leben lang »Sollen die Frauen arbeiten oder nicht?« Viele Artikel in Zeitungen und Zeitschriften behandeln diese Frage so, daß man meinen könnte, Frauenarbeit sei etwas wie ein Luxus, ein Hobby, ein Mittel zur Emanzipation allenfalls und Frauen könnten sich diesen Luxus nach Belieben leisten. Man tut so, als ob jede Frau einen sicheren Platz am häuslichen Herd im Hintergrund hätte, wohin sie sich zurückziehen kann, und, wenn sie doch arbeitet, sich nur ihrer wahren Aufgabe entziehen würde. Deshalb finden es viele Leute nicht weiter schlimm, daß man die Frauen im Beruf benachteiligt. Auch viele Frauen und Mädchen stört das nicht. Vor allem die jungen glauben nämlich sehr oft, ihre Berufstätigkeit sei nur ein vorübergehendes notwendiges Übel, etwas, das gar nicht

eigentlich zu ihrem Leben gehört und dem man auch bald wieder entfliehen kann. Sie begnügen sich mit einer schlechten oder auch gar keiner Ausbildung. Sie bemühen sich nicht sehr darum, Erfolg im Beruf zu haben, und sie finden es nicht so wichtig, ob ihnen die Arbeit Spaß macht oder nicht. Selten wehren sie sich wie die Männer für besseren Lohn und für bessere Arbeitsbedingungen. Sie nehmen alles, was ihnen im Beruf begegnet, einfach hin, ohne zu fragen, warum das so ist.
Das ist aber deshalb schlimm, weil es gar nicht stimmt, daß die meisten Frauen sich die Frage »Soll ich arbeiten oder nicht?« stellen. Viele haben gar keine Wahl. Sie müssen nämlich arbeiten. Sie sind entweder ledig, geschieden oder verwitwet, oder sie haben einen Mann, der für eine große Familie zu wenig verdient. In Deutschland lebt jede vierte Mutter, die arbeiten geht, ohne Ehemann.
Die meisten jungen Mädchen stellen sich ihre Zukunft falsch vor. Sie sehen sie in rosigem Licht. Oft denken sie nur bis zu dem Tag voraus, da die Hochzeitsglokken erklingen. Tausende, die glauben, sie würden einfach einmal Mutter und Hausfrau sein, merken dann – ob verheiratet oder nicht – zu spät, daß sie im Berufsleben bleiben müssen. Sie sind schlecht ausgebildet und schlecht vorbereitet. Sie haben nicht den Beruf, der eigentlich ihren Fähigkeiten entspricht, und müssen für schlechten Lohn eine Arbeit tun, die ihnen nicht gefällt. Viele haben dazu auch noch ein schlechtes Gewissen, weil man ihnen einredet, eine rechte Mutter arbeite nicht, wenn sie ihre Kinder nicht vernachlässigen wolle.
Nach der Arbeit müssen die meisten Frauen noch den Haushalt erledigen – die wenigsten Ehemänner übernehmen ihren Teil der Hausarbeit. Viel mehr Frauen als Männer sind krank, weil sie im Beruf überfordert werden, weil sie nicht zufrieden mit ihrer Arbeit sind, weil sie viel zu viele Sorgen haben und zu wenig Zeit für sich selbst. Es ist verständlich, daß sich diese Frauen danach sehnen, zu Hause bleiben zu können. Aber das ist ein Wunsch, keine Lösung. Die richtige Lösung für sie wären bessere Arbeitsbedingungen, bessere Löhne, eine Arbeit, die ihnen entspricht. Der Schlüssel dazu? Die gute Ausbildung, die sie verpaßt haben und die sich jetzt zwischen Familienverpflichtungen und Geldverdienen kaum mehr nachholen läßt. Daß Frauen Hilfs- oder nur Teilzeitarbeit verrichten, daß sie es oft versäumen, sich für ihre Rechte einzusetzen und zu wehren (oft auch weil sie überlastet und eingeschüchtert sind), das rächt sich auch dann, wenn Arbeitsplätze rar werden. Wenn die Zeiten wirtschaftlicher Hochblüte vorbei sind, da man jede Arbeitskraft dringend benötigt, werden (neben den Ausländern) die Frauen zuerst entlassen. Das zeigt sich auch jetzt wieder. Dieselbe Wirtschaft, die vorher noch mit verführerischen Annoncen Frauen angeworben hat, stellt kaltblütig ihre weiblichen Arbeitskräfte auf die Straße und hat kaum noch gute Lehrstellen an Mädchen zu vergeben. Der Mohr hat seine Pflicht getan, der Mohr kann gehen. Frauen, so scheint es, werden als bequeme Lückenbüßer angesehen, die man je nach Bedarf herumschubsen kann. Dabei kommt einem die allgemeine Auffassung, daß die wahre Bestimmung der Frau ja eigentlich nicht in der Berufsarbeit liege, sehr gelegen. Man greift jetzt einfach wieder darauf zurück.

Bildung zur Dekoration Niemand mehr sagt es heute laut, und niemand mehr wagt es den Mädchen einzutrichtern: »Ein Mädchen heiratet ja doch.« Eltern von heute würden sich schämen, mit diesem Argument ihrer Tochter ein Studium zu verweigern oder sie nicht auf eine höhere Schule gehen zu lassen. Und doch gibt es auch heute viel mehr Mädchen als Jungen, die keine Berufsausbildung haben. Die Kurven der statistischen Darstellungen zeigen es klar: Je höher hinauf es geht (Lehre, Mittelschule, Fachschule, Hochschule), desto weniger Mädchen sind dabei. Auf der Universität ist es gerade in der Schweiz, die doch die Frauen als erstes Land zum Studium zuließ, besonders schlimm. Mädchen halten eine angefangene Ausbildung viel weniger oft durch. Der Grund dafür, daß sie sie abbrechen, ist nicht immer die Heirat. Und wenn Mädchen doch immer öfter in höhere Berufe streben, so konzentrieren sie sich auf gewisse Gebiete. Es gibt an der Universität typische Frauenfächer. Zu ihnen gehört alles, was mit Sprachen und mit dem Lehrberuf zu tun hat. In technischen Berufen und in den Naturwissenschaften sind die Mädchen selten. Warum? Da muß man wieder an die Rollenverteilung im Berufsleben denken, wie wir sie am Beispiel der Sekretärin und der Arzthelferin gesehen haben.

Wir leben in einer technischen Zivilisation, und die Wissenschaft formt mit ihren Entdeckungen unser Leben, unsere Umwelt immer mehr. Technik, Wissenschaft und Wirtschaft gestalten unsere Welt. Wer in diesen drei Gebieten bewandert ist, hat in unserer Gesellschaft die Macht in den Händen. Gibt es wirklich nur deshalb so wenig Mädchen, die Ingenieurinnen, Wirtschaftswissenschaftler, Biologinnen, Physikerinnen, Mathematikerinnen, Politologinnen werden, weil ihnen die Geisteswissenschaften, d. h. Sprachen, Literatur, Kunstfächer, mehr liegen? Bestimmt nicht. Aber diese Wissensgebiete passen am ehesten zu der angestammten Rolle der Frau im Patriarchat.

Die Sekretärin nimmt dem Chef die niedrige Arbeit ab, dekoriert sein Büro mit ihrer adretten Erscheinung und »labt« ihn in hektischen Stunden mit dem Kaffee, den sie braut; die Hausfrau nimmt dem Ehemann all die Arbeit ab, die jeder Mensch verrichten muß, um sich zu ernähren, um anständig zu wohnen und sich zu kleiden. Sie dekoriert sein Heim mit ihrer netten Erscheinung und »labt« den abgespannten Herrn mit »Liebe«; die intelligente Frau, die sich in Geisteswissenschaften ausbildet, hilft in der Erziehung mit, die zukünftigen Wissenschaftler und Techniker, Geschäftsleute und Politiker auch für die »schönen Dinge des Lebens« zu begeistern. Sie ist für ganz anspruchsvolle Herren eine Gattin, die nicht nur optisch dekorativ ist, sondern den Ehemann auch mit anderem »laben« kann als nur mit körperlichen Reizen.

Die »wirkliche« Arbeit, die Macht und Verantwortung mit sich bringt, die Arbeit, die über das Schicksal des Menschen, ja heute sogar der Erde entscheiden kann, die behält sich der Mann immer noch vor. Warum kann er das? Keine Gesetze verbieten den Frauen doch heute, dasselbe zu tun wie er? Sie drängen sich offenbar freiwillig zu den weiblichen Arbeiten, zu den weiblichen Wissensgebieten. Sie scheinen von sich aus keinen Wert auf eine Karriere zu legen oder auf die Übernahme eines verantwortungsvollen Postens. Sind Frauen doch anders, von

Natur aus anders? Mehr dazu geeignet, niedrige Arbeit zu verrichten, dem Mann beizustehen, zu seinem Wohlgefallen zu leben, und weniger dazu, ihren eigenen Weg zu gehen, Verantwortung zu tragen, die Welt bewußt mitzugestalten?

Kluge Mädchen werden dumm Die Frage, warum die Frauen auch heute, da sie rechtlich gleichgestellt sind, immer noch das Fußvolk unter den Erwerbstätigen ausmachen und so oft ihre besten Chancen nicht nützen, haben sich auch Forscher gestellt. Sie haben versucht, herauszufinden, wo der Grund dafür liegen könnte.

Sie fanden, daß Mädchen sich körperlich und geistig im Kindesalter im allgemeinen schneller und besser entwickeln und daß sie in der Schule besser abschneiden und im Durchschnitt wahrscheinlich auch intelligenter sind. Dies gilt aber nur während der Kindheit, bis zu dem Augenblick, da Mädchen merken, daß sie Frauen sind: bis zur Pubertät. Dann ändert sich das Bild. Die Knaben überflügeln die Mädchen, diese bleiben bis auf wenige Ausnahmen zurück. Aus lustigen, lebendigen und gescheiten kleinen Mädchen werden jetzt plötzlich die kichernden jungen Dinger voller Minderwertigkeitskomplexe, die nichts anderes mehr im Kopf haben (so pflegen zumindest ältere Leute zu sagen) als Jungen und Kleider und Popstars, die sie anschwärmen können.

»Weil die Frauen keine Gedankentiefe und keine Logik besitzen, können sie nicht zu Großem bestimmt sein.«

George Sand

Was ist passiert? Eine so plötzliche Wandlung muß doch irgendeinen Grund haben. Schuld an dieser Wandlung, so fand man heraus, ist etwas, das man eine »seelische Barriere« nennen kann – ein Hindernis im Mädchen selbst. Ein solches Hindernis ist so wirksam wie alle äußeren Hindernisse. Es ist etwas Ähnliches wie das Gewissen. Und es ist wie das Gewissen entstanden: durch die Erziehung und die Erfahrungen in der Kindheit.

Ein Kind, das oft eins auf die Finger bekommen hat, wenn es beim Naschen erwischt worden ist, hört mit der Zeit auch auf zu naschen, wenn es niemand sieht. Statt des Erwachsenen, der aufgepaßt hat, paßt nun das Gewissen auf. Nun sagt im entscheidenden Moment nicht mehr außen, sondern innen jemand »Halt«, wenn das Kind wieder naschen will.

Wenn das Gewissen gut entwickelt ist, wirkt es sogar da, wo der Mensch ganz bewußt etwas tun will, was früher verboten war, was er jetzt aber nicht mehr für schlecht hält. Jedenfalls bewirkt es, auch wenn er seine Meinung vollkommen geändert hat, immer noch, daß er im entscheidenden Augenblick zögert, daß er nicht mit ganzem Herzen dabeisein kann, daß es ihm immer noch nicht ganz wohl dabei ist. Menschen, die in einer Familie aufgezogen wurden, in der alles, was mit der Sexualität zusammenhängt, für böse und schlecht gehalten wurde,

haben als erwachsene Menschen, wenn sie längst erkannt haben, daß Sexualität weder böse noch schlecht ist, oft Mühe, sich nicht schlecht und schuldig zu fühlen.
Eine solche »seelische Barriere« scheint bei den meisten Frauen zu wirken, wenn sie etwas tun wollen, das als »männlich« gilt. Kleine Mädchen können sich, wenn sie Abenteuerbücher lesen wie die Knaben, ganz gut vorstellen, sie seien Livingstone in Afrika oder sie nähmen am Kampf um den Südpol teil. Können sie nicht genausogut laufen wie Jungen, genausogut klettern, und überhaupt, wo ist der Unterschied? Dann, wenn sie größer werden, merken sie plötzlich, daß sie Frauen sind, und alles um sie herum – früher waren es vor allem die Mütter, heute sind es die Reklamen und die Modezeitschriften, die Groschenromane und die Filmstarreportagen – zeigt ihnen, wie eine Frau sein muß, um Erfolg zu haben. Erfolg bedeutet im Grunde: Liebe. Ein berühmter Mensch findet im Ruhm die Sympathie, die Bewunderung, die Bejahung von Tausenden von Menschen. Jeder Mensch aber braucht ein bißchen von der Bestätigung, die dem großen Star in Fülle zukommt: Er braucht die Anerkennung von wenigstens einem Menschen. Er braucht Liebe.
Das Mädchen merkt nun, daß es im Gegensatz zum Jungen als Frau nicht Liebe erntet, wenn es versucht zu sein wie Shackleton oder wie Einstein. Es merkt schon früh, daß es im Gegenteil riskiert, für überdurchschnittliche Leistungen nicht belohnt, sondern bestraft zu werden.
Es gibt wenige Beispiele von Frauen, die ihren eigenen Weg gesucht haben. Viele von ihnen, vor allem diejenigen, die sich auf Gebieten ausgezeichnet haben, die als »männlich« gelten, wo man Verantwortung tragen und entscheiden muß, werden oft in einem seltsamen Licht dargestellt, so daß man sie eigentlich nicht nachahmen möchte.

Köpfchen haben bringt kein Glück Ein Junge kann sich ein Beispiel nehmen an Napoleon und Scott, dem Bezwinger des Südpols, am Flieger Charles Lindbergh und an Albert Einstein. Und ein Mädchen? Wenn man in der Geschichtsstunde von Elisabeth I. spricht, von einer Frau, die als Herrscherin überragend war, wird auch erzählt, daß sie eigentlich keine normale, weibliche Frau war und deshalb auch kein Glück bei den Männern hatte. Der Lebenswandel von Katharina der Großen scheint gar nicht nachahmenswert, und Königin Christine von Schweden, die Hochgebildete, war bestimmt auch keine »richtige« Frau. George Sand trug Männerkleider und liebte recht unmännliche Jünglinge, und Madame Curie war ein Genie – aber wer möchte sich mit ihr vergleichen, sie war doch im Grunde ein bemitleidenswerter Blaustrumpf und hatte bestimmt nicht viel vom Leben. Und war Madame de Staël nicht häßlich und hatte kein Glück in der Liebe? Napoleon mochte sie nicht, er, der große Frauenheld. Ruhm und Intelligenz scheinen all diesen Frauen im Privatleben nichts genützt zu haben, im Gegenteil.

»Eine gescheite Frau hat Millionen geborener Feinde: alle dummen Männer.«

Marie von Ebner-Eschenbach

Da ist es doch bei den berühmten Männern ganz anders. Die meisten wurden von den Frauen umschwärmt, gerade weil sie berühmt waren und Außerordentliches leisteten. Wenn Napoleon nicht so viele Schlachten gewonnen hätte, wer hätte sich dann wohl in diesen zu kurz geratenen korsischen Offizier verliebt? Die Frau, die der kleine, dicke und immer geschmacklos gekleidete Balzac schließlich doch noch bekam, verliebte sich in seinen bekannten Namen und nicht in sein Gesicht, das sie ja, Tausende von Kilometern entfernt von ihm lebend, gar nicht kannte. Hatte Madame Curie dagegen nicht gerade schrecklich Glück, daß sie in einem Studienkollegen einen Mann fand, der ihr wissenschaftlich fast ebenbürtig war und sie überdies auch als Frau noch anziehend fand? Für sie gab es doch wohl unter den Männern recht wenig Auswahl. Ein anderer hätte sich daran stoßen können, daß sie sich so sehr mit »unweiblichen« Dingen befaßte und sich davor gefürchtet, im Schatten ihres Ruhmes leben zu müssen.
Wenn man jung ist, ist es schwer, ohne ein Vorbild, mit dem man sich identifizieren kann, zu leben. Mädchen finden fast keine Vorbilder, die sie dazu anregen könnten, nach Erfolg zu streben und sich durch irgendeine anspruchsvolle Tätigkeit auszuzeichnen. Aus der Geschichte und aus den Romanen und Theaterstücken, die es liest, aus den Zeitungsberichten über Filmstars lernt das Mädchen, daß eine Frau, die geliebt und von den Männern bewundert werden will, vor allem schön sein muß. Sie kann kapriziös und launisch, sie darf sogar gescheit sein und talentiert, aber es ist immer besser, wenn sie außer ihrer Schönheit ihre Begabungen für sich selbst nicht ausnützt, sondern einen Mann mit ihnen unterstützt, ihn inspiriert, seine Muse, seine treue Gefährtin ist. Wenn sie auf eigene Faust etwas beginnt, wenn sie sich selbst zu verwirklichen sucht, dann wird sie meistens bestraft: mit Häßlichkeit wie Madame de Staël, mit Unglück in der Liebe wie Annette von Droste-Hülshoff.

»Die Geister unter den Weibern haben keine Leiber und die Leiber keine Geister.«

Grillparzer

Ein Mädchen, das erwachsen wird und spürt, daß es eine Frau ist und daß ein Charles Lindbergh und ein Albert Einstein ihm keine Vorbilder sein können, hat Angst davor, bestraft zu werden, wenn es versucht, wie ein Mann zu leben, bestraft durch kleinere Heiratschancen und durch Feindseligkeit der Männer, von denen es Liebe und nicht Neid oder gar Haß ernten möchte. Es spürt, daß die Männer den Erfolg einer Frau vor allem dann nicht gern sehen, wenn sie selbst von ihr überflügelt werden. Es weiß, daß man allgemein der Meinung ist, Frauen, die im Beruf oder in der Schule außergewöhnlichen Erfolg hätten, seien eigentlich nicht so richtig weiblich und müßten dies eben auf andere Weise wettmachen. Bei Männern ist der Erfolg im Beruf immer eine der Bedingungen für den Erfolg in der Liebe. Jedenfalls erhöht ein Titel, ein hohes Einkommen, ein bißchen Ruhm die Heiratschancen eines Mannes. Bei Frauen ist das nicht so.

Angst vor dem Erfolg Es ist ganz klar, daß man sich nicht unbedingt sehr anstrengt für etwas, von dem man weiß, daß es nicht nur positive Folgen haben kann. Mädchen und Frauen haben deshalb eine seelische Barriere, sie haben »Angst vor dem Erfolg«. Oder besser, für sie gibt es zwei verschiedene Arten von Erfolg im Leben: den im Beruf und den in der Liebe. Beide scheinen sich zu widersprechen und sich gegenseitig auszuschließen. »Typisch weibliche« Eigenschaften – Nachgiebigkeit, Bescheidenheit, Mangel an Fähigkeit zu logischem Denken, Mangel an Ehrgeiz, Naivität – sind nicht von Nutzen, wenn man Erfolg im Beruf anstrebt. Eine Frau, die Karriere macht, wird daher auch immer verdächtigt, sie sei hart, aggressiv, also »unweiblich« und deshalb nicht liebenswert.

Die meisten Mädchen glauben wirklich, sie müßten wählen, und diese Wahl ist unmenschlich: Beruf oder Liebe, Karriere oder Familie, etwas erfinden, ein Werk erschaffen oder Kinder haben. Aber kann man da wählen? Kann nicht beides, je nach Begabung und Veranlagung eines Menschen, für sein Lebensglück unentbehrlich sein?

Die »Angst vor dem Erfolg«, so haben Psychologen entdeckt, wirkt sich auch bei Mädchen und Frauen aus, von denen man wirklich glauben müßte, sie hätten sie auf dem Weg zum beruflichen Erfolg überwunden. Studentinnen eines amerikanischen Colleges, in das nur die begabtesten Schüler aufgenommen werden, wurden getestet. Sie mußten in einem Aufsatz etwas über ein Mädchen mit dem Namen »Anne« erzählen, von dem die Tester ihnen sagten, es hätte das beste Examen seines Semesters gemacht, besser als alle männlichen Studenten. Mehr als die Hälfte der Studentinnen gaben zu verstehen, daß sie Anne nicht unbedingt bewunderten, sondern eher ein wenig bedauerten. Viele zweifelten daran, daß Anne hübsch sei, Erfolg bei Männern und einen festen Freund, der sie liebte, haben könnte. Andere sagten gleich voraus, daß Anne doch ihren Beruf zugunsten ihres Freundes oder ihres Mannes aufgeben würde, und einige meinten einfach, Anne oder die Examinatoren hätten sich getäuscht, Anne sei in Wirklichkeit gar nicht die Beste.

Bei männlichen Studenten machte man den gleichen Test mit dem erfundenen Studenten »John«. Hier waren fast alle Darstellungen positiv. Man beschrieb, wie John sich freut, wie er bald ein nettes Mädchen findet und heiratet, wie er Zukunftspläne macht und weitere Erfolge einheimsen möchte. Der Unterschied zwischen den Antworten der Mädchen und der Jungen war sehr groß. Bei den Mädchen hatte die »Angst vor dem Erfolg« sehr viele Antworten geprägt.

»Ein Mann kann als ein großer Geist vor dem Herrn gelten und dabei wie ein Vagabund angezogen sein. Eine Frau muß schon sehr berühmt sein, um es sich leisten zu können, den Unterrock hervorschauen zu lassen.«

Jane Thornton

Die seelische Barriere muß vielen dieser Mädchen in ihrem späteren Studentenleben sehr geschadet haben. Bei wirklich schweren Aufgaben, wenn man zum Beispiel ein wichtiges Examen bestehen muß, braucht man allen Mut und alle Kraft und vor allem die Überzeugung, daß man unbedingt durchkommen will und muß, damit man sich richtig auf die Arbeit konzentrieren kann. Wenn man nur halb daran glaubt, daß dieser Erfolg einem wirklich Glück bringt, wenn man sich ein bißchen fürchtet davor, kann man dann mit voller Kraft darauf hinarbeiten?

Berufswahl Das beste Mittel dazu, da nicht fehlzugehen, ist, sich sein zukünftiges Leben vorzustellen: nicht nur mit zwanzig, sondern mit dreißig, mit fünfzig Jahren. Wer möchte man dann sein, was möchte man dann tun?

Die meisten jungen ledigen Frauen – das zeigt eine Untersuchung aus Deutschland – stellen sich immer noch darauf ein, daß sie nach ihrer Heirat oder nach dem ersten Kind nicht mehr arbeiten. Viele von ihnen täuschen sich. Entweder müssen sie dann trotzdem weitermachen, oder sie haben ihre Ansicht geändert und **wollen** arbeiten. Ein Mann, der einen freiwillig ein Leben lang ernährt, ist eine unsichere Lebensversicherung, vor allem dann, wenn dieser Mann noch gar nicht in Sicht ist. Der Hausfrauenberuf behagt auch nicht allen fürs ganze Leben, Kinder sind bald groß, und man hat noch viel Zeit vor sich. Die Liebe ersetzt nicht den Beruf und der Beruf nicht die Liebe.

Nochmals: Wer bin ich mit fünfzig? Junge Mädchen neigen dazu, sich nur als junge Frauen zu sehen. Viele Berufe sind nur deshalb verlockend, weil sie etwas mit dem Aussehen, mit dem Spiel der weiblichen Attraktivität zu tun haben. Man muß aufpassen, daß man beim Selbstgespräch vor dem Spiegel nicht auf sein eigenes hübsches Gesicht hereinfällt oder auf das Traumbild, dem man gleicht und das eigentlich wenig zu tun hat mit dem Menschen, der man ist.

Alle Mädchen wollen irgendeinmal Mannequin, Schauspielerin oder Hostess werden. Schönheit, Bewunderung der andern, all das gehört zum Leben einer Frau, wenn sie jung ist, es vermag aber nie das ganze Leben auszufüllen.

Je mehr Ansprüche ein Beruf an das stellt, was in einem hübschen Kopf drin ist, desto mehr verspricht er auf lange Zeit hinaus Spaß zu machen und nicht langweilig zu werden. Die meisten Mädchen nützen ihre besten Fähigkeiten nicht wie Jungen aus, sondern bleiben an der unteren Grenze ihrer Talente. In einem Beruf, in dem beide Geschlechter arbeiten (z. B. Krankenpflegerin, Lehrerin), sind deshalb die Mädchen an Begabung den Männern meist überlegen. Jungen mit den gleichen Fähigkeiten wie diese Mädchen haben einen anspruchsvolleren Beruf gewählt. Deshalb: Was Talente und Intelligenz anbelangt: Sich nicht zu wenig zumuten!

Lebensplan Mit dem Beruf wählt man zu einem ganz großen Teil das Leben, das man führen will. Der Bekanntenkreis, die Dinge, mit denen man sich beschäftigt, auch der Ort, wo man lebt, werden durch den Beruf bestimmt.

Oft läßt man sich zu sehr von Überlegungen leiten, die erst in zweiter Linie berücksichtigt werden sollten: Verdienstmöglichkeiten, Sicherheit, Prestige. Gerade gutmeinende Eltern bringen immer solche Gründe vor, wenn sie gegen »unvernünftige Berufswünsche« ankämpfen wollen. Aber hier hat es eben mit der »Vernunft« auch wieder seine Bewandtnis. Arbeitet man, um zu leben, oder lebt man, um zu arbeiten? Das Richtige, das Ideale (so muß man es nennen, weil nur wenige Menschen es erreichen) wäre wohl, daß man lebt, wenn man arbeitet, daß die Arbeit etwas ist, das man im Leben sowieso tun wollte und das einem dann günstigerweise auch noch erlaubt, den Lebensunterhalt zu verdienen. Daran, daß das eigentlich die menschenwürdigste Art zu leben wäre, muß man bei der Berufswahl denken, sich also nicht von »vernünftigem Denken«, von »vernünftigen Argumenten« einschüchtern und von einer langen Ausbildung abschrecken lassen. Das Wichtigste ist, daß einem der Beruf wirklich Spaß macht und daß dieser Beruf nicht nur zu dem jungen Mädchen paßt, das man ist, sondern auch zu der Frau, die man einmal sein wird.

Berufe, die viele Möglichkeiten bieten, etwas Neues anzufangen, die Beschäftigung zu variieren, sich zu spezialisieren, sind am günstigsten. Man weiß ja nicht, wie sehr man sich noch verändert. Eine Ehe kann, so sieht man heute immer mehr ein, nicht immer ein ganzes Leben dauern. Auch die Vorliebe für eine bestimmte Beschäftigung nicht. Aber es ist oft so, daß etwas erst richtig interessant wird, wenn man sich gut eingearbeitet hat.

Apropos Heirat und Beruf: Statistische Untersuchungen in Deutschland haben gezeigt, daß man nicht – statt einen guten Beruf zu ergreifen – auf eine gute Heirat hoffen kann. Männer mit hohem Einkommen heiraten heute nämlich auch vorwiegend Mädchen, die Erfolg im Beruf haben und viel verdienen. Mädchen, die auf der untersten Stufe der Berufstreppe stehenbleiben, kommen auch durch Heirat nicht höher. Oft ist es dann so, daß sie ihr Leben lang einen unbefriedigenden Beruf ausüben müssen, weil ihr Mann zu wenig verdient, um die Familie ernähren zu können.

Doppelberuf Ein großes, ungelöstes Problem in unserer Gesellschaft ist das der berufstätigen Mutter mit Kindern. Dieses Problem wird immer dringender und wichtiger und auch immer schwieriger. Wenn das Machtverhältnis zwischen den Geschlechtern wirklich beseitigt werden soll, wenn Frauen nicht mehr abhängig und wehrlos sein sollen, dann kann keine Frau in Zukunft auf das Recht und die Fähigkeit, sich selbst den Lebensunterhalt zu verdienen, verzichten. Andererseits ist es – und wenn es noch so gute Krippen und Kindergärten gibt – einfach unsinnig, die eigenen Kinder, wenn sie noch klein sind, anderen Leuten zur Erziehung zu überlassen. Wozu hat man denn Kinder, wenn andere sich an ihnen freuen sollen und man kaum Gelegenheit hat, eine der schönsten und intimsten Beziehungen zu erleben, die es unter Menschen überhaupt gibt? Vor falschen Lösungen, die heute noch und noch angeboten werden, muß man sich hüten und versuchen, die menschlichste zu finden. Die mensch-

lichste ist die, die nicht nur der Frau ermöglicht, ihre Talente zu entwikkeln, finanziell selbständig zu werden, Karriere zu machen und sich von der Versklavung in dienenden Beschäftigungen und in einem Doppelberuf zu befreien. Sie muß auch dem Mann möglichst wiedergeben, was er in der Industriegesellschaft immer mehr verliert: das Recht auf seine Kinder, das Recht, Vater zu sein. Warum soll eigentlich der Mann, weil er allein die Familie ernähren muß, auf etwas so Elementares wie das Recht, seine eigenen Kinder zu erziehen, verzichten?
Die menschlichsten Lösungen sind deshalb die, die die Arbeit zwischen Mann und Frau neu zu verteilen suchen und jedem gleich viel von beidem zuteilen: Familienleben und Leben draußen im Beruf.
1953 entwarf Ashley Montague einen utopischen Alltagsplan für eine neue Gesellschaft. Für Ledige sah er acht Stunden Arbeit täglich vor, für Verheiratete, ob Mann oder Frau, noch vier. Immer fünf Ehepaare würden dann zusammen in einem Haushalt leben, und jedes Paar müßte einmal in der Woche die Hausarbeit besorgen. Als eine weitere Lösung erwog er die Arbeitsstufung, bei der die einen von 7 bis 14 Uhr, die andern von 10 bis 17 Uhr arbeiten. Bei beiden Vorschlägen gäbe es für beide Geschlechter die Möglichkeit, sich mit der Familie zu beschäftigen. Die FDP in Deutschland hat in ihrem Emanzipationsprogramm die 30-Stunden-Woche für beide Geschlechter vorgeschlagen. In Schweden bereitet man heute in den Schulen und in Kursen (Hauswirtschaft, Kochen, Babypflege, Handarbeiten) Jungen und Mädchen genau gleich darauf vor, die Pflichten im Haus zu übernehmen. Hier wird es für beide Geschlechter möglich, frei zu wählen, was sie tun wollen. Es ist nicht undenkbar, daß die Rollen ganz vertauscht werden und der Mann (freiwillig) zu Hause bleibt. Man hat auch Versuche damit gemacht, daß man einem Ehepaar zusammen einen einzigen Job gab, beide arbeiteten abwechselnd. Allerdings ist das nur in ganz wenigen Berufen möglich.
Die eleganteste Lösung, daß man sich in alle Aufgaben in der Familie teilt (Geld nach Hause bringen und die Pflichten im Haus selbst), scheitert immer wieder an den Anforderungen, die im Berufsleben gestellt werden. Fast alle Berufe setzen voraus, daß ein Mensch ihnen seine ganze Arbeitszeit widmet und nichts anderes mehr daneben tut. Dafür kann er dabei auch für eine ganze Familie Geld verdienen.
Doch da müßte man ansetzen: Man müßte den Zwang, so viel zu leisten für so viel Geld, wie das heute üblich ist, aufheben. Wenn Familienväter nicht mehr für die ganze Familie sorgen, genügt auch weniger Arbeit für weniger Geld. Wenn es nur noch einen Vierstundentag für alle gibt, dann ist niemand mehr benachteiligt, die Frauen nicht, die einen Teil ihres Lebens der Familie widmen wollen, und die Männer nicht, die nun dasselbe tun können, ohne gegenüber ihren Rivalen im Beruf ins Hintertreffen zu geraten. Auch die Studien, die Ausbildung in Lehrberufen usw. könnte man in Etappen aufteilen, so daß Frauen und Männer ihr ganzes Leben lang neben Beruf und Familienpflichten sich noch weiter ausbilden könnten.
Ein vom Staat bezahltes Babyjahr (oder, wie in Schweden, drei Monate Babyurlaub für Mutter oder Vater mit Lohnvergütung), die Garantie für Frauen, die der Kinder wegen eine Karriere unterbrechen, daß sie nachher am gleichen Ort, in der gleichen Stellung weitermachen können, all das sind auch Lösungsvorschläge, die man in Betracht ziehen muß.

Ehe

oder Nach dem Happy-End geht die Geschichte weiter

Die schöne junge Prinzessin im Märchen ist endlich, endlich glücklich, wenn der Prinz sie heiratet. Mit der Hochzeit ist aber auch das Märchen zu Ende: »... und sie lebten glücklich und in Freuden ... Und wenn sie nicht gestorben sind, so leben sie noch heute«, heißt es. Und dann nichts mehr. Wirklich nichts?
Kleine Mädchen sollten eigentlich darauf bestehen, daß man ihnen weitererzählt. Das Märchen war so spannend, so interessant, so herzbewegend bis zu dem Moment, da das Glück da war ... und nun, was geschieht? Gibt es wirklich nichts mehr zu erzählen?
Kleine Mädchen wissen, daß sie nicht Prinzessinnen sind, aber sie möchten alle gerne eine Prinzessin sein. Sie möchten jung und schön und reich sein wie eine Prinzessin und so glücklich werden wie sie, wenn der Prinz sie heiratet. Sie möchten natürlich auch gerne einen Prinzen heiraten oder, wenn's nicht ein Prinz sein kann, auf alle Fälle wenigstens heiraten. Der weiße Schleier, den die Bräute tragen, macht ja auch die unscheinbarsten Mädchen zu Prinzessinnen.
Hier beginnt das Leben, das Glück, die Liebe? – »... und wenn sie nicht gestorben sind ...«

»Die Liebe bleibt im Leben des Mannes nur eine Beschäftigung, während sie das eigentliche Leben der Frau ausmacht.«
Lord Byron

Immer mehr Menschen wohnen in den sogenannten Schlafstädten, in Wohnblocks, in Siedlungen, die ausschließlich dazu gebaut werden, um Wohnungen aufzunehmen. In der Nähe gibt es selten Fabriken, wenige oder keine Werkstätten und Büros. Die vielen Männer, die hier mit ihren Frauen und Kindern eingezogen sind, fahren alle am Morgen zur Arbeit weit weg und kommen erst am Abend wieder. Was tun die Frauen unterdessen? Sie besorgen den Haushalt, sie kümmern sich um die Kinder, sie gehen einkaufen, sie spazieren nachmittags mit den Kindern auf den Spielplatz. Ist das das Leben, das Glück, das der weiße Schleier der Braut angekündigt hat?
Kleine Mädchen denken wie alle Kinder voller Hoffnung an die Zukunft. »Wenn ich erst groß bin«, ist ein Zaubersatz. Wie wird die Welt einem dann offenstehen, was wird man alles sehen, erleben, tun können! Man wird frei sein, nicht mehr von der Erlaubnis der Eltern abhängig. Man wird irgend etwas beginnen können, ohne daß andere einem sagen, was und wie man es anfangen soll. Und nun, wenn

der Prinzessinnentraum erfüllt ist: Was hat sich von all der Hoffnung verwirklicht? Wie sieht das Erwachsensein aus?

»Daß das Weib seiner Natur nach zu Gehorchen bestimmt sei, gibt sich daran zu erkennen, daß eine jede, welche in die naturwidrige Lage gänzlicher Unabhängigkeit versetzt wird, alsbald sich irgendeinem Manne anschließt, von dem sie sich lenken und beherrschen läßt, weil sie eines Herrn bedarf. Ist sie jung, so ist es ein Liebhaber, ist sie alt, ein Beichtvater.«

Schopenhauer

Da scheint sich jedoch für die meisten Frauen kaum etwas verändert zu haben, seit sie selbst kleine Mädchen waren. Sie verbringen genau wie als Kind ihre Tage in einer Wohnung und sind noch öfter und länger darin eingesperrt als die Kinder, denn sie gehen ja nicht zu Schule. Sie sitzen auf dem Spielplatz wie damals, als sie kleine Mädchen waren, nur schauen sie jetzt zu und dürfen keine Sandburg mehr bauen. Sie schieben Kinderwagen, wie sie früher Puppenwagen schoben. Wenn sie einkaufen, bekommen sie dafür Geld von ihrem Mann, wie sie es früher von ihrem Vater bekamen.

Nur wenig ist anders. Als sie klein waren, luden sie die Nachbarskinder zum Spielen zu sich ein. Heute kennen sie den Namen der Frau von nebenan kaum. Da wo sie als Kind wohnten, gab es vielleicht noch einen Mechaniker oder einen Schuhmacher, dem man zugucken konnte, und Hunde und Katzen, die sie beim Namen kannten. Heute tippt im Supermarkt an der Kasse jedesmal eine andere Verkäuferin ihre Einkäufe ab. Hunde und Katzen aber sind im Wohnblock sowieso verboten.

Das ist das Leben, auf das sich kleine Mädchen vorbereiten, wenn sie mit Puppen spielen und vom Hochzeitsschleier träumen. Auf dieses Leben freuen sich all die jungen Mädchen, die sich in einem Büro oder der Fabrik langweilen. Aber wo bleibt denn in diesem Leben all das, was man sich ausmalt, wenn man sich als Kind vorstellt, wie es sein wird, wenn man »erst einmal groß« ist?

In orientalischen Ländern lebten und leben viele Frauen abgeschlossen von der Außenwelt im Harem, im Frauenhaus. Gleicht eine moderne Schlafstadt tagsüber nicht auch einem solchen Harem, einer abgeschlossenen Welt für die Frauen und Kinder? Da sind große Häuser, in kleine Zellen aufgeteilt, und in jeder dieser Zellen macht eine Frau ihre tägliche Arbeit. Männer sieht man tagsüber fast keine, außer dem Briefträger, dem Milchmann und dann und wann einem Hausierer. Aus den Wohnhäusern, von den Spielplätzen wegzukommen ist schwierig. Die Siedlungen befinden sich abseits von den Lebenszentren, den Städten, und die Frauen haben mit Kindern und ohne Auto kaum eine Möglichkeit, wegzukommen. So bleiben sie denn wie die Haremsdamen unter sich. Sie gehen höchstens zum Einkaufen aus und sitzen auf dem Spielplatz und warten darauf, daß der Mann sie einmal in der Woche ausführt.

Beruf: Hausfrau Die Frauen in diesen modernen Harems haben mit dem weißen Schleier den Beruf der Hausfrau gewählt. Es ist derselbe Beruf, den ihre Mütter und Großmütter schon hatten. Aber dieser Beruf ist doch seither ganz anders geworden. Die Großmutter stellte noch all das, was man zum täglichen Leben brauchte, selbst her, oder es wurde von Angestellten unter ihrer Leitung hergestellt. Eine Hausfrau hatte wie ein Handwerker einen »Betrieb«, eine Werkstatt, in dem aus Rohstoffen Dinge hergestellt wurden, die wertvoller waren als das Material, das man dazu verwendete. Die Großmutter war jemand, der wie andere Berufsleute »produzierte«.
Sie machte Konserven aus Nahrungsmitteln, sie zog Gemüse, sie kochte Seife und fabrizierte Kerzen, sie verarbeitete Wolle und Leinen zu Kleidern, und oft hatte sie sogar die Verantwortung für die Kleintierzucht. Ihre Schafe lieferten Wolle, ihre Kaninchen Fleisch, ihre Hühner Eier für den Haushalt.
Die Hausfrau von heute drückt auf Knöpfe, betätigt die Schalter von Maschinen, öffnet Büchsen mit fast fertig vorbereiteter Nahrung. All das, was noch Aufgabe ihrer Großmutter war, erledigen jetzt die Fabriken für sie. Ihr bleibt nur das Auswählen und Herbeischaffen all der Dinge, die ihre Lieben zum Leben brauchen. Die wirkliche Arbeit hat ihr die Industrie, die Technik weggenommen. Unter ihren Händen entstehen kaum mehr neue Dinge, sondern sie kauft diese Dinge im Laden.
Dort, wo ihre Großmutter noch komplizierte Arbeit hatte, geht es für sie einfach, und doch arbeitet sie – vor allem, wenn man denkt, daß ihre Großmutter wahrscheinlich Dienstboten hatte – meistens nicht weniger als diese. Sie muß nun Dinge tun, die früher unbekannt waren.
All die Haushaltsgeräte, die die Arbeit erleichtern, verursachen ihrerseits wieder Arbeit, denn sie müssen geputzt und instand gehalten werden. Wäsche zu waschen, ist zwar viel weniger mühsam als früher, als man sie noch von Hand schlagen und in der selbstgemachten Lauge sieden mußte. Dafür wechselt man Kleider und Bettwäsche heute viel häufiger und hat viel weniger Wäschevorrat. Statt zweimal im Jahr, wie früher auf den Bauernhöfen, wäscht man nun jede Woche. Die Großmutter konnte ihre Kinder den ganzen Tag einfach ums Haus herum spielen lassen. Zu sehen und zu spielen gab es für sie genug, Gefahren waren wenige. Die Frau von heute im Wohnblock muß kleine Kinder fast auf Schritt und Tritt begleiten, denn die Gefahren der Straße sind mörderisch, die Spielplätze sind oft weit weg oder von der Wohnung aus schlecht zu überwachen, so daß man Kinder nicht allein hingehen lassen kann. In den Wohnungen gibt es wenig Platz und wenig Unterhaltung für Kinder, und Mütter müssen ständig darum besorgt sein, daß sie keinen Lärm machen beim Spielen. Der Hausmeister könnte es übelnehmen.
Die Hausfrau von heute braucht Zeit und Kraft für so vieles, was man nicht mehr Arbeit nennen kann. Sie ist abends müde, aber sie weiß oft nicht so recht, wovon. Meist ist nichts da, was unter ihren Händen entstanden und Form angenommen hätte wie die Kerzen, die ihre Großmutter anfertigte, oder die Früchte, die sie selber pflanzte und erntete. Ihre Hände bleiben leer, obwohl sie nicht müßig sind.

Hausarbeit ist Frauenarbeit. Frauen werden als das schwache Geschlecht bezeichnet. Aber Hausfrauenarbeit war nie eine Arbeit für Schwache, zu Großmutters Zeiten nicht und heute nicht. Ein Taxichauffeur (ein männlicher Beruf) verbraucht bei seiner Arbeit in der Minute 2,8 Kalorien, ein Uhrmacher 1,6 Kalorien, eine Hausfrau beim Bodenputzen 6,0 Kalorien; Hemdenbügeln ist – wenn man den Kalorienverbrauch vergleicht – eine körperlich schwerere Arbeit als der Bau einer Mauer. Männer verrichten Hausarbeit nur dann, wenn sie es berufsmäßig tun, wenn sie dafür angestellt und bezahlt werden. Es gibt männliche Fensterputzer, Tellerwäscher, Angestellte von Putzinstituten, Köche, Kellner. Alle diese Berufsleute verrichten Hausfrauenarbeit. Als lächerlich und unwürdig für einen Mann wird solche Arbeit nur dann angesehen, wenn sie zu Hause und ohne Bezahlung gemacht wird. Das Unwürdige daran ist also die Tatsache, daß die Hausfrau, die diese Arbeit verrichtet, in einer Art Leibeigenenverhältnis steht, ohne Anrecht auf Lohn und Selbständigkeit. Wie bei einem Leibeigenen hängt es vom Wohlwollen und Gutdünken ihres Arbeitgebers ab, ob sie für ihre Mühe genügend entschädigt wird.
Hausfrauenarbeit von heute ist zwar leichter geworden, aber auch langweiliger und unselbständiger. Heute planen die Fabriken, was früher die Hausfrau plante. Der Werbechef der Konfitürenfabrik bestimmt, wie die Gläser mit Marmelade aussehen sollen. Der Küchenchef in der Suppenfabrik schmeckt die Soße ab, die die Hausfrau dann nur noch in heißem Wasser auflöst. Die Einkaufschefs der Warenhäuser wählen für sie die Farben der neuesten Kinderkleidchen aus. Kleider selber zu schneidern hat höchstens noch Sinn, wenn man es als Hobby betrachtet. Rentabel ist es – vorausgesetzt, man bewertet die Arbeitsstunden der Hausfrau genauso hoch wie die eines ordentlichen Handwerkers – nicht mehr.
Kauf mich, sagen die glänzenden Dinge in den Regalen des Supermarkts, und sie sind billiger und praktischer und schöner als alles, was man selbst herstellen kann. Um ihre Kassen zu füllen, denken sich die Produzenten all der Herrlichkeit immer neue Dinge aus, die man noch »brauchen könnte«. Die Hausfrauen laden sich die Taschen damit voll und kommen abends müde vom Einkaufen nach Hause.
Wenn man einen Beruf hat, bei dem nichts Sichtbares entsteht, auch wenn man sich noch so abmüht und noch so müde davon wird, bleibt ein Gefühl der Unzufriedenheit zurück. Wenn man täglich dieselbe Arbeit verrichten muß und doch nie weiterkommt (Böden werden immer wieder schmutzig, Mägen wieder hungrig) und man sich fühlt wie der Sisyphos der griechischen Sage, dem der Stein, den er den Berg hinaufschiebt, immer wieder herunterrollt, dann versucht man eben auf andere Art, den Tagen ein neues Gesicht zu geben. Neue Dinge kaufen, sie auswählen, sie zu seinem Besitz machen, das ist eine Beschäftigung, die einem echtes Tun ein bißchen ersetzen kann.
Die Hausfrauen sind heute die wichtigsten Kunden der Industrie. Die ganze Werbung ist auf sie zugeschnitten, denn man weiß, daß sie es sind, die kaufen. Ihre Arbeit besteht heute darin, das zu verbrauchen, was andere produzieren. Hausfrauen sind hauptberuflich »Konsumenten«.

Rama
Sanella
KRONE
Marken

dab

Jeder Mensch hat das Bedürfnis, etwas wirklich Nützliches und Sinnvolles zu tun, etwas aufzubauen, etwas zu erschaffen. Wenn er das nicht kann, dann ist er nicht nur unzufrieden, er hat, ohne daß er es manchmal richtig weiß, auch ein schlechtes Gewissen. Er kann versuchen, es zum Schweigen zu bringen, indem er – wenn er schon nichts wirklich Sinnvolles tun kann – das Nebensächliche aufbauscht und tut, als hänge alles davon ab, daß es möglichst perfekt erledigt wird. Es ist angenehm, in einer einigermaßen sauberen Umgebung zu leben. Aber bei vielen Hausfrauen wird Sauberkeit wichtiger als alles andere. Sie wollen die saubersten Böden und die glänzendsten Spültische, die funkelndsten Fenster und die weißeste Wäsche haben. Und auch hier helfen ihnen die Fabrikanten wieder. Immer neue Putz- und Waschmittel werden erfunden, immer größer werden die Berge von weißem Pulver, das in den Waschmaschinen verschwindet. Es gibt Mittel, die Wolle noch weicher und bunte Wäsche noch bunter machen, Elixiere, die Türklinken in Spiegel verwandeln und Lichtschalter in glänzende Kostbarkeiten. Für die WC-Schüssel und den Spannteppich werden immer neue, noch speziellere, raffiniertere Wunderreiniger geschaffen.
In einer ziemlich verbreiteten Anzeige, in der ein Mittel angepriesen wird, das die Fasern der Wäsche weichmachen soll, tritt als zweites Ich der Hausfrau tatsächlich ihr Gewissen auf und droht ihr mit dem Finger, weil sie nur »gewöhnlich« wäscht. Erst wenn sie das Wundermittel gehorsam gekauft und verbraucht hat, lächelt der Mahner versöhnlich. Nun kann die Hausfrau ruhig schlafen; sie hat ihre Kinder und ihren Mann glücklich gemacht – nicht mit ihrer Hände Arbeit zwar, sondern indem sie das Richtige gekauft hat. Aber kann sie wirklich ruhig schlafen?
Besorgte Mütter waschen ihre Leintücher und Windeln mit chemischen Mitteln bakterienfrei und so weiß wie Schnee – und die Gewässer, die das Trinkwasser für ihre Kinder liefern, ersticken im chemischen Schmutz. Hausfrauen spiegeln sich im blanken Chrom, und das Gift des Chromwundermittels tötet die Fische in den Seen, an denen man sich sonntags erholen möchte. Sie sprühen gewissenhaft ihre Wohnung von Insekten frei, und ihre Angehörigen, deren Gesundheit ihnen so sehr am Herzen liegt, atmen das Gift ein, das nicht nur für Fliegen gefährlich ist. Man könnte sagen, der Beruf der Hausfrau hat sich ins Gegenteil verkehrt: Sie verbraucht heute nur, was ihre Großmutter noch erschaffen hat, in der besten Absicht schadet sie, wo sie nützen möchte. Jedenfalls ist es, wie so vieles in dieser schwierigen Welt, schwierig geworden, Hausfrau zu sein. Wie es sich in den insektenfreien, sauberen Zimmern, wo alles strahlt und glänzt, nur scheinbar gesünder leben läßt, so schimmert auch der traute Lampenschirm im glücklichen Heim, auf das sich die Braut im weißen Schleier so freut, nur scheinbar so traut.

»Die Herzen der Frauen sind wie verschlossene Ziermöbel mit Geheimfächern. Man gibt sich Mühe, sie aufzuschließen, man bricht sich die Fingernägel dabei; und man findet zuletzt, gut verschlossen, einige welke Blumen, ein wenig Spinngewebe, oder überhaupt nichts.«

Flaubert

Aber hinter die Dinge zu sehen, das ist schwer. Wem soll man noch glauben, wenn man den buten Anzeigen nicht glauben darf, die das Alltagsleben durchflattern und die einem die glänzenden Dinge und Wundermittel so unentbehrlich erscheinen lassen? Die Hausfrau, die mit gutem Willen nicht unbedingt nur Gutes schafft, ist ein Beispiel dafür, wie gefährlich es ist, sich führen zu lassen.
Der Mensch hat verschiedene Triebe, die er befriedigen muß, um glücklich und ausgeglichen zu sein. Wird einer dieser Triebe gewaltsam unterdrückt, so kann er krank werden. Hunger ist ein solcher Trieb; wer ihn zu lange nicht befriedigen kann, wird krank und stirbt. Die Sexualität ist ein solcher Trieb. Wer sie unterdrückt oder unterdrücken muß, kann seelisch Schaden nehmen. Mangel an Liebe, unbefriedigte sexuelle Bedürfnisse können den Menschen in seinem Wesen verändern. Man glaubt heute, daß er dann aggressiv und gewalttätig wird. »Make love, not war.«

»Es ist lachhaft und ungerecht, daß der Müßiggang der Frauen mit dem Schweiß unserer Arbeit bezahlt werden muß.«

Montaigne

Ein ebenso wichtiger Trieb wie Hunger und Sexualität ist der nach Betätigung seiner geistigen Kräfte. Jeder Mensch hat schöpferische und geistige Fähigkeiten, jeder Mensch ist von einem starken Bedürfnis nach Ausdruck und von einer großen Neugierde bewegt. Wie stark diese beiden Triebe sind, die nur der Mensch besitzt, wird einem klar, wenn man ein kleines Kind dabei beobachtet, wie es im Spiel die Welt entdeckt und wie es immer Neues erfindet. Das zeigt aber auch die Geschichte der Menschheit. Die geistige Neugier hat den Menschen bis auf den Mond gebracht, sein Schöpferdrang hat viele Kulturen und unzählige Kunstwerke geschaffen.
Seinen schöpferischen Drang und die geistige Neugier kann ein Mensch auf vielfältige Weise befriedigen. Wenn ihm das aber ganz unmöglich gemacht wird, wird er krank. Er verkümmert, wird unglücklich, sein Wesen verändert sich. In den USA, wo viele Tausende von Frauen in einem gutorganisierten Haushalt in den Vororten leben, wo es für jede Arbeit eine Maschine und in jeder Stadt seit Jahren vollgepackte Supermärkte gibt, sind die meisten Drogensüchtigen, Alkoholkranken und Patienten bei den Nervenärzten Frauen. Auch hierzulande bestätigt es jeder Arzt: Bei den Frauen gibt es mehr Menschen mit eingebildeten Krankheiten (sie sind eben seelisch krank und suchen dafür instinktiv Hilfe) oder mit psychosomatischen Leiden (seelisch bedingte, körperliche Krankheit) als bei den Männern.

Werden Hausfrauen krank, weil ihr Dasein im Grunde so schwierig ist und es für sie so wenig Möglichkeiten gibt, etwas Positives zu leisten? Werden Frauen krank, weil sie fühlen, daß die Sauberkeit, in der sie leben, eine falsche Sauberkeit ist und die Sicherheit in den eigenen vier Wänden keine echte Sicherheit? Werden sie krank, weil sie sich nicht wirklich mit ihrem Beruf auseinandersetzen können, da es ihnen an Kenntnissen und Wissen fehlt, weil Kaufen und Putzen keine Lösung für die wirklichen Probleme bringt? Werden Frauen krank, weil sie – ohne Rücksicht auf ihre Neigungen, Talente und Fähigkeiten – alle im selben Beruf landen, in dem so viele von ihnen keinen Raum für ihre geistige Neugier, ihr Bedürfnis nach echter, sinnvoller Betätigung finden?

Beruf: Mutter Aber Frauen sind natürlich nicht nur Hausfrauen, wenn sie heiraten. Sie werden auch Mütter. Daß sie zu Hause bleiben müssen oder dürfen, rechtfertigt sich damit, daß sie die Kinder auf die Welt bringen, die sie dann betreuen müssen. Wenn die Babies »unterwegs« sind und die Frauen mit einem dicken Bauch herumlaufen, wenn winzig kleine Wesen in der Wiege liegen und die Mütter mit den eleganten Kinderwagen auf der Straße vor den Augen der Nachbarinnen paradieren können, sind sie meist sehr stolz auf das, was sie »geleistet« haben. Es scheint fast, als möchten sie auf diese Weise beweisen, daß auch sie etwas Neues, Wunderbares in die Welt setzen können. Problematisch wird es erst, wenn aus den Babies, die man hübsch anziehen und hygienisch ernähren, baden, pflegen und herumtragen konnte, Kinder werden, die ihren eigenen Willen haben, Kinder, die lärmen, trotzen und an all dem Spaß haben, was Erwachsenen ein Greuel ist. Nun beginnt der lange Krieg zwischen Eltern und Kindern, der seinen Höhepunkt findet, wenn aus den Rangen schlaksige Teenager geworden sind, die alles blöd und dumm finden, was die Erwachsenen sagen. Sobald die Babies der Wiege entwachsen sind, werden die meisten Frauen zu geplagten Müttern, nicht nur mit Arbeit überlastet, sondern auch von einem Gefühl des Ungenügens und von einem ähnlich schlechten Gewissen geplagt wie als Hausfrau. Mit der Wiege ist es eben dasselbe wie mit dem Hochzeitsschleier. So wie die Märchen mit der Heirat enden, so ist in den Liebesgeschichten höchstens dann von Kindern die Rede, wenn die junge glückliche Ehefrau errötend ihrem Liebsten gesteht, daß »etwas unterwegs« ist, und er sie gerührt in die Arme nimmt.

Zu spät merken viele Ehefrauen, die unbedingt schwanger werden und ein Baby haben wollen, daß sie eigentlich an Kindern gar nicht so sehr interessiert sind. Aber warum sollten sie auch alle daran interessiert sein? Erzieher sein ist ein Beruf für Leute, die sich besonders gut dafür eignen, mit Menschen umzugehen, sie zu beobachten, sie zu führen. Damit die Arbeit interessant ist und damit sie gelingt, braucht es besondere Kenntnisse und Talente wie für jeden anderen Beruf. Die Wissenschaft hat gerade in unserer Zeit sehr viel Neues über die wunderbare Entwicklung des Menschen herausgefunden. Aber von all dem haben die meisten Mütter keine Ahnung Sie werden für diesen Beruf, den sie ergreifen, ohne zu wissen, was sie da unternehmen, gar nicht ausgebildet. In den Säug-

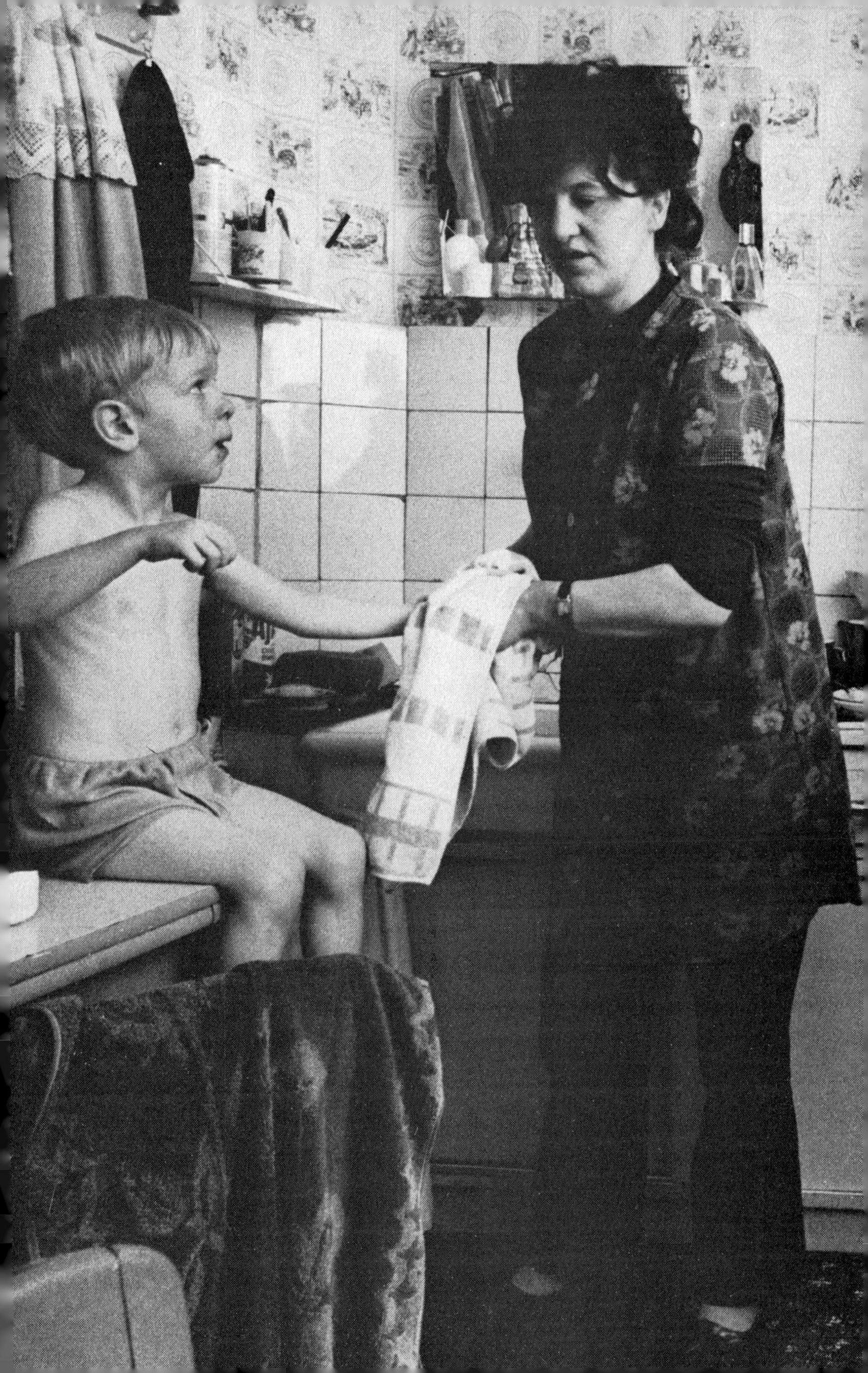

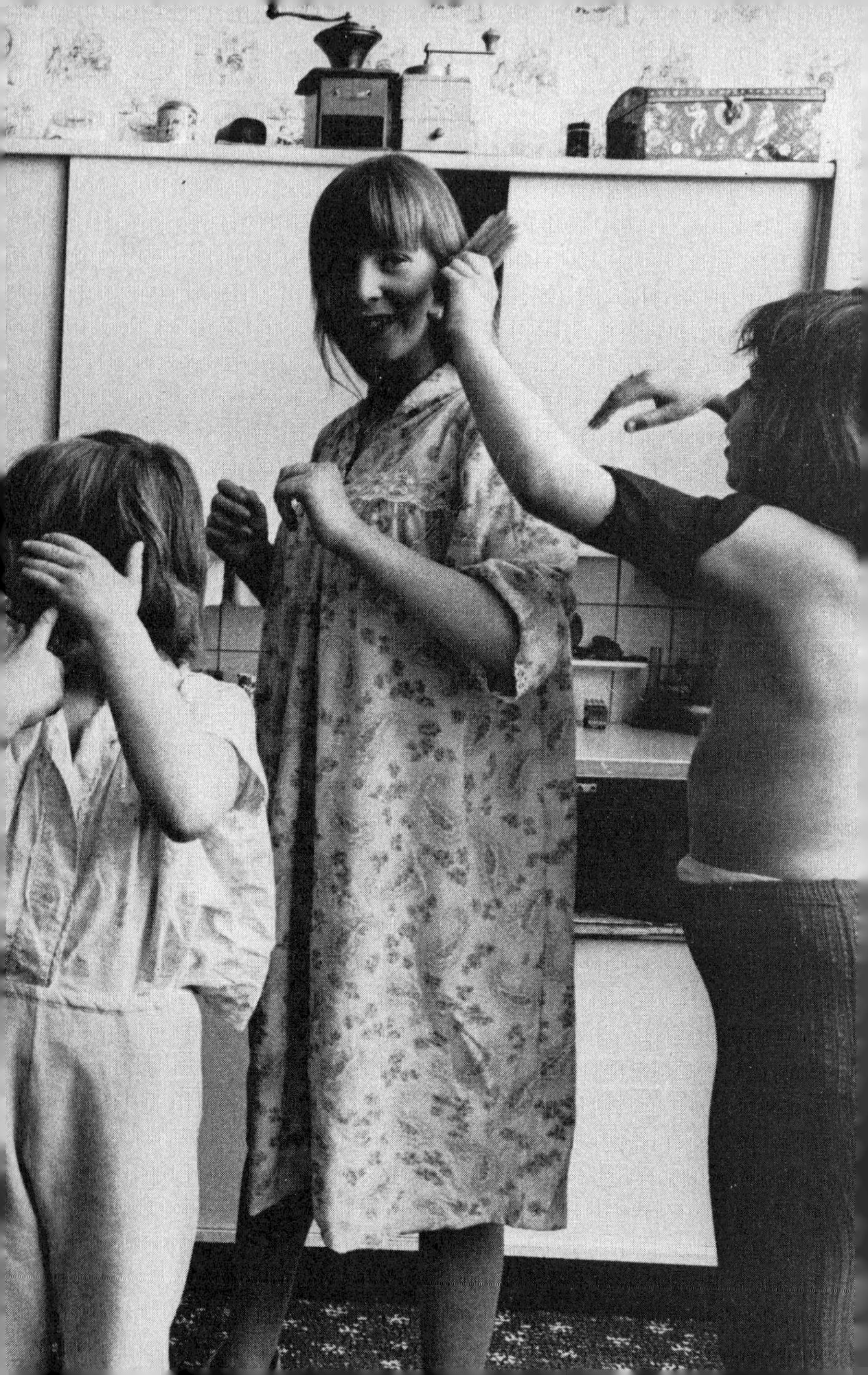

lingspflegekursen lernen sie zwar, Windeln fachgerecht zu falten und Babyflaschen auszukochen. Aber davon, wie man den Geist des Menschen leiten muß, wenn er noch klein ist, wie man seine Seele nähren muß, davon hören sie fast nichts. Man sagt ihnen höchstens, wie man ein Kind dazu bringt, in den Topf zu machen statt in die Hosen oder nachts ruhig zu schlafen. Das übrige überläßt man dem Zufall.

Es ist schrecklich schwer, eine Aufgabe zu erfüllen, von deren Tragweite man nur vage etwas ahnt. Wenn man im dunkeln tappt und doch irgend etwas tun muß, so tut man dies mit Unbehagen und mit schlechtem Gewissen. Schadet man nicht eigentlich mehr, als man nützt? Was für eine Zukunft bereitet man seinen Kindern, die ja diese Zukunft gestalten werden, vor? Die Sicherheit, die unsere Großmütter noch hatten, die an Gut und Böse glaubten und denen eine andersartige Umwelt so viel von der Erziehung der Kinder abnahm, ist verlorengegangen. An Stelle dieser Sicherheit ist nichts getreten, was den Beruf der Mutter wieder sinnvoll machen könnte. – Außer dem Riesenangebot an raffinierten Dingen, an Spielsachen und Kleidern, an Stärkungsmitteln und Supernahrung, die man für seine Kinder kaufen kann, um sein Gewissen darüber ein bißchen zu beruhigen, daß man ihnen nicht zu geben weiß, was sie wirklich brauchen.

Harem Dem modernen Wohnblockharem kann man entfliehen, auch ohne auf alles verzichten zu müssen, was der weiße Hochzeitsschleier zu versprechen scheint: Liebe, Gesellschaft, Kinder, Glück. Eine der wichtigsten Möglichkeiten ist die Arbeit. Wenn man nicht in allem abhängig ist von einem anderen Menschen und sein eigenes Geld, seinen eigenen Kreis von Kollegen, seine eigenen Interessen außerhalb des Haushalts hat, dann ist auch die Vorstadtsiedlung kein Gefängnis.

Es geht darum, aus der Passivität herauszukommen und zu lernen, wie man sich selbst eine Welt schaffen kann. Praktische Lösungen finden sich immer, wenn man die Angst, die die meisten Frauen davon abhält, selbständig zu werden, einmal überwunden hat. Diese Angst ist begreiflich. Sie ist wie die Angst eines Kindes, von dem man plötzlich verlangt, wie ein Erwachsener für sich selbst zu sorgen und selbst zu entscheiden, wie es leben will. Viele Frauen haben keine Gelegenheit gehabt, richtig erwachsen zu werden. Deshalb wehren sich viele gegen alles, was sie selbständiger macht: gegen das Stimmrecht, neue Scheidungsgesetze, gegen Frauenarbeit und neue Formen des Zusammenlebens.

Man kann aus dem Vorstadtharem auch etwas Lebendigeres machen, indem man die Männer wieder mehr miteinbezieht. Wenn es nicht möglich ist, daß sie ihren Beruf – wie früher der Handwerker und der Bauer – in nächster Nähe ausüben, so könnte man sie doch davon befreien, den ganzen Tag in einem Büro oder in einer Werkstatt verbringen zu müssen und nur abends mit der Familie leben zu können. Wenn nicht die ganze Last des Verdienenmüssens auf ihren Schultern liegt, wenn die Frauen ihren Teil dazu beitragen, dann gäbe es für alle mehr Freizeit. Allerdings braucht es dazu auch die Mitarbeit der Wirtschaft.

So wie die Dinge jetzt sind, läßt sich höchstens unter den Frauen einiges machen. Warum sitzt jede Frau zu Hause oder auf dem Spielplatz ihre Nachmittage ab? Man könnte sich doch zusammentun, Ausflüge gemeinsam mit den Kindern organisieren, Museen besuchen, Ski fahren, einen Film ansehen. Gemeinsam lassen sich Transportmittel organisieren, und gemeinsam kann man auch zu Hause mehr machen als ein paar schüchterne Bastelversuche. Man kann in Selbsthilfe viel ändern. Vom gegenseitigen Hütedienst bis zum Ganztagskindergarten und zum Teamwork in der Hausarbeit gibt es viele Möglichkeiten, die Isolierung zu lokkern.

Haushalt Zurück zu Großmutters Kleinbetrieb, das ist nicht der richtige Weg. In der Wirtschaft löst man die Probleme auch nicht dadurch, daß man wieder zur Handarbeit zurückgeht. Die amerikanischen Hausfrauen haben so etwas nach dem Krieg versucht. Sie haben das Brot wieder selber gebacken und alle Arten von Beschäftigungen gefunden – »Verschönerung des Heims«, eine komplizierte Küche und eine ausgebaute Hobbywerkstatt sollten die Hausfrauentätigkeit wieder sinnvoll machen. Das war zur Zeit des »Weiblichkeitswahns«, wie ihn Betty Friedan beschrieben hat. Aber die Frauen, die – oft mit sehr guter Ausbildung – Haushalt und Familie zu ihrem einzigen Lebensinhalt machten, landeten in großer Zahl beim Psychiater.

Nach rückwärts ist kein Weg. Die Tatsache, daß die Industrie der Hausfrau so viel Arbeit abgenommen hat, ist nicht an sich schlecht. Friedrich Engels betonte schon, daß die Befreiung der Frau nur möglich sei, wenn man die Hausarbeit rationalisieren und industrialisieren könne.

Das Schlimme ist heute, daß die Möglichkeiten der Technik und der industriellen Herstellung falsch genutzt werden. Man liefert der Hausfrau fertige Nahrungsmittel und Konserven und versorgt sie mit Haushaltmaschinen und allerlei raffinierten Putz- und Zaubermitteln. Dann aber baut man Wohnungen und Apparate so, daß die eingesparte Zeit gleich wieder zum Polieren von glänzendem Chrom, zum Reinigen von komplizierten Konstruktionen, zum Flicken (wenn das noch geht) oder Neukaufen von Kleidern verwendet werden muß, die viel schneller kaputtgehen als Großmamas selbstgemachte.

Wohnungen zum Beispiel so zu bauen, daß die Böden optimal unempfindlich, die Wände leicht zu reinigen wären und die Küchenarbeit zeitsparend vor sich ginge, wäre schon lange möglich. Wenn aber im Wohnzimmer kein Parkett mehr gebohnert oder kein Spezialbodenbelag mehr mit einem Spezialmittel behandelt werden muß, wenn nicht ein noch raffinierterer Staubsauger den neuen luxuriösen Teppich reinigen muß, ja wer soll denn all die Dinge kaufen, die in den Fabriken hergestellt werden? Wenn man nur rationalisieren würde, wenn man der Hausfrau mit jeder Erleichterung nicht wieder eine Scheinbeschäftigung liefern würde, dann könnte es ja sein, daß sie ihre wichtigste Aufgabe nicht mehr richtig erfüllt, die nämlich, Geld für immer mehr, immer raffiniertere Dinge auszugeben.

Gewiß, um aus diesem Teufelskreis herauszukommen, müßte man Architekten und Produzenten von Haushaltmaschinen dazu bringen, wirklich zur Arbeitseinsparung beizutragen.

Man könnte nicht nur möglichst zweckmäßige Wohnungen bauen, sondern auch die alte, aber gute Idee des »Servicehauses« wieder aufnehmen. In Servicehäusern, wie sie schon zwischen den beiden Weltkriegen in Skandinavien gebaut wurden, wird in einer zentralen Küche gekocht, die Reinigung der Wohnung ist in der Miete inbegriffen, eine große Wäscherei liefert frische Wäsche. Warum eigentlich soll nur die Heizung und die Warmwasserversorgung zentral sein? Es gibt heute bereits Möglichkeiten, Böden so zu konstruieren, daß sie sich selbst reinigen, zum Beispiel durch ein zentrales Absaugsystem.

So optimal rationalisiert würde Hausarbeit etwas, das man neben der eigentlichen Arbeit erledigen kann. Leider ist auch die Idee der Servicehäuser verfälscht worden. Heute werden wieder mehr solche Gebäude gebaut. Aber sie sind so luxuriös gebaut und eingerichtet, daß das Wohnen darin nur für die ganz Reichen in Frage kommt. Und dann kommt es wieder auf dasselbe heraus wie früher, da die Reichen auch die lästige Hausarbeit durch Dienstboten erledigen lassen konnten, während die Ärmeren, die arbeiten mußten, sich abplagten.

Aber auch ohne Servicehaus: Dem Sauberkeitsspleen, wo er unzweckmäßig, übertrieben und sogar schädlich ist, kann man auch so Valet sagen. Man kann aus der Konkurrenz der Hausfrauen um die glänzendere Küche und die weißere Wäsche aussteigen und Hausarbeit bewußt als das nehmen, was sie ist: eine notwendige Arbeit, die aber nicht zum Lebenszweck werden kann. Wenn man sich Dingen zuwendet, die wirklich wichtig sind, weil sie einen wirklich interessieren, dann stören einen auch Stäubchen auf den Möbeln nicht mehr so: Der Zwang, der Eltern und Kinder quält (wie oft sind saubere Böden wichtiger als das natürliche Bedürfnis der Kinder, zu tollen und zu spielen), ist gelockert. Die Energie, die man zum Kauf immer neuer, raffinierterer Putzmittel braucht, könnte man dazu verwenden, sich zu informieren, wie diese Mittel wirken, woraus sie gemacht sind, was ihr wirklicher Nutzen und ihr (eventueller) Schaden ist.

Man könnte auch das eigene Portemonnaie und das des Mannes ein bißchen entlasten, indem man sich gegenseitig von Haushalt zu Haushalt aushilft. Warum steht in jeder Wohnung ein eigener Staubsauger, ein eigener Mixer, eine eigene Rührmaschine? Jede Hausfrau braucht diese Dinge doch immer nur für sehr kurze Zeit? Zu viert käme man doch auch mit einem Exemplar aus... Nur würde das eben voraussetzen, daß man statt nebeneinander miteinander arbeitet...

Kinder Kinder sind kein Lebensinhalt. Kinder dürfen keine Entschuldigung dafür sein, daß man nicht den Mut hat, sich in einem Beruf zu behaupten. Kinder soll man nicht in die Welt setzen, weil andere Leute auch Kinder haben, weil »man« Kinder hat, wenn man verheiratet ist, oder weil man glaubt, man sei erst eine richtige Frau, wenn man ein Kind geboren habe.

Kinder sind etwas Wunderschönes, etwas Hochinteressantes. Ein Kind aufziehen, das kann das spannendste, großartigste Erlebnis sein, das ein Mensch haben kann. Nichts kann einem das Geheimnis des menschlichen Lebens und des menschlichen Geistes näherbringen. Wenn man dieses Erlebnis haben will, so ist das ein guter Grund, ein Kind zu haben. Andere Gründe gibt es nicht mehr. Es fehlt nicht an Menschen auf der Welt, so daß man nicht dazu beitragen muß, sie zu vermehren.

Kinder dürfen, wenn man sich entschlossen hat, sie zu haben, nicht zur Last und nicht zur Pflicht werden, unter der man seufzt und die man möglichst auf andere abschieben möchte. Wenn man Erziehung als geistiges Abenteuer ansieht und die Beziehung zu einem Kind als ein wichtiges Erlebnis, kann es nicht so weit kommen. Es gibt so viel Interessantes im Zusammenhang mit Kindern, das man lernen, über das man sich informieren, das man ausprobieren kann. Aber Kinder sind auch so keine Aufgabe fürs Leben. Die Zeit, da sie uns brauchen, ist kurz. Es ist gefährlich und schädlich, wenn wir uns nur auf sie einstellen, denn dann fallen wir ihnen später zur Last, dann behindern wir ihr Leben. Ein Kind richtig zu erleben, als Mutter und als Vater auf seine Rechnung zu kommen und ihm zu geben, was es braucht, ist deshalb nicht unvereinbar damit, daß eine Frau auch noch andere Interessen oder einen anderen Beruf als den der Hausfrau hat. Wenn Kinder über das Babyalter hinaus sind, muß man sie nicht mehr ständig um sich haben. Sie brauchen dann nicht mehr dauernd Aufmerksamkeit, sondern das, was sie auch bei Müttern oft vermissen müssen, die den ganzen Tag zu Hause sind: Anleitung, Anregung, Austausch, intensive Begegnungen mit den eigenen Eltern, aber auch mit anderen Menschen. Es hat sich gezeigt, daß sich Kinder von Müttern, die sich in einem Beruf als Persönlichkeit entwickeln konnten, auch besser entwickeln. Berufsarbeit der Mutter ist nur ein Problem unter den Arbeits- und Lebensbedingungen, die wir heute haben. Hier lassen sich bessere Lösungen finden. Man muß das Ganze von Grund auf besser organisiren.

Puppen

oder Hübsche Beine lindern männliche Langeweile

Mode Die Frau am Nebentisch im Tea-room wirkte recht erschöpft. »Jetzt bin ich zwei geschlagene Stunden lang von Geschäft zu Geschäft gelaufen und habe einfach nichts gefunden. Es ist zum Verzweifeln.« Was hat sie wohl so verzweifelt gesucht? Ihrer Miene nach zu schließen bestimmt etwas Lebenswichtiges für sich und ihre Familie. Sie war zu bedauern. In der Stadt war es an diesem Nachmittag besonders schwül. Wieviel angenehmer hätte man diese Stunden irgendwo unter Bäumen verbringen können!
Im Laufe des Gesprächs fand ich heraus, was die Frau gesucht hatte: im Farbton passende Schuhe zu ihrer neuen Handtasche!
Mode ist Pflicht, sie ist ein Muß. Die Leute, die sie lancieren, machen kein Hehl daraus, ihre Sprache verrät sie. »Dieses Jahr trägt man das und das ... Jene Farbe und jenes Muster ist verboten ... Erlaubt sind Schuhe in jenem Stil und Röcke in dieser Länge ... Die Modelektion ... das Modediktat ... Paris diktiert ... London schreibt vor ...« Diktieren und befehlen – so geht ein altmodischer Lehrer mit seinen Schülern um. Da gibt es nur strikten Gehorsam, keine Diskussion, kein Selberdenken und Selbermachen. Auch die Mode ist ein solcher Despot. Das zeigt das Beispiel von der Dame mir ihren Schuhen.
Immer schon haben sich Frauen abgerackert, haben Zeit und Geld und Energie geopfert, um »auf der Höhe« zu bleiben, um »in« zu sein. Und das ist mühsam, manchmal sehr mühsam. Ehe man sich's versieht, ist wieder Frühling, und die Handtasche ist aus der Mode, die Rocksäume sind plötzlich alle zu kurz oder zu lang. Das Kleid vom letzten Jahr sieht unmöglich aus – es ist zwar noch ganz und sitzt auch gut, aber man mag es doch nicht mehr. Der eigene Geschmack muß sich mit der Mode geändert haben. Ein neues Kleid muß her. Das aber kostet Geld, es kostet Anstrengung und Zeit. Der Einkauf, die Modehefte, die man vorher konsultieren muß, damit man nicht »falsch liegt« (» ... so liegen Sie richtig«, stellt man neue modische Accessoires in den Frauenzeitschriften vor), die Änderung eines Kleides, die Sorge, was mit den alten, noch brauchbaren, aber »unmöglichen« Stücken geschehen soll ... Frauen rackern sich wirklich ab, um modisch zu bleiben, um sich vor anderen Frauen ins rechte Licht zu setzen (schließlich muß man auch sehen, daß man es sich leisten kann) und um den Männern zu gefallen (»verführerisch«, »für zärtliche Stunden«, so preist man Nachthemden, Abendkleider und Cheminéekleider an).
Für viele ist Mode nicht Spiel und Spaß und Freude am Schönen, sondern eine ernste Angelegenheit, ein Muß. Nur wenige entziehen sich ihm, diesem Muß, die jungen Mädchen zum Beispiel, die wie die Männer einfach in Hosenuniform herumgehen und Energie, Gedanken und Zeit für etwas anderes brauchen.

»Kleider sind dem schönen Geschlecht das, was dem männlichen Gedanken sind. Der Kleiderschrank ist die Bibliothek, das Ankleidezimmer die Studierstube.«

Unbekannt

Das Bedürfnis, sich zu schmücken, ist ein uraltes Bedürfnis des Menschen. Die Bekleidung, vermuten heute die Wissenschaftler, wurde nicht erfunden, weil der Mensch sich vor Kälte oder Hitze schützen mußte, sondern aus dem Bedürfnis, den Körper zu bemalen und ihn mit verschiedenen Dingen zu verzieren und zu behängen, wurde allmählich die Gewohnheit, sich zu bekleiden. Erst nachträglich sollen die Kleider auch zu einem Schutz gegen Kälte und Hitze geworden sein. Ob diese Theorie stimmt oder nicht – das Bedürfnis, sich schön anzuziehen, gut auszusehen, ist jedenfalls ein echt menschliches Bedürfnis. Nicht nur im Liebeswerben und im Liebesspiel ist die äußere Erscheinung wichtig, sondern bei allem, was zwischen den Menschen geschieht. Kleidung ist Sprache, ist Mittel zur Übermittlung von Botschaften an andere Menschen, ist Ausdruck von Lebensgefühl und Geschmack.

Doch – geht es bei der Mode und dem schnellen, atemraubenden Modediktat wirklich nur um das echte Bedürfnis, sich darzustellen und zu schmücken? Die Mode wurde in den letzten Jahrzehnten mit ihrem Tempo, ihrem unbedingten Diktat zu einem richtigen Tyrannen für die Frauen. Sie ließ zeitweilig kaum mehr Raum für eigene Erfindungen, echte eigene Selbstdarstellung. Sie trieb zu einem Wettlauf an, bei dem man gar nicht mehr zu Atem kam. Und bei diesem Wettlauf kamen beide zu kurz: die Frauen, weil sie der Mode gehorchen müssen, und die Männer, weil die Mode und alles, was mit dem spielerischen, schöpferischen Schmücken des Körpers zu tun hat, für sie nicht in Frage kommt. Beide müssen ihre Phantasie und ihren Geschmack unterdrücken. Männer dürfen keine Zeit für Mode haben, weil sie Geld verdienen, Dinge erfinden, Häuser bauen und Karriere machen müssen. Frauen müssen modisch sein, damit das Geld, das die Männer verdienen, in Umlauf gebracht wird und damit die Frauen beschäftigt sind und sich nicht noch in das einmischen, was den Männern vorbehalten sein sollte: all die wichtigen Dinge wie Politik, Wissenschaft und Geschäft.

Jugend Als man die Schülerinnen einer Stuttgarter Gymnasialklasse aufforderte, sich ihr Leben mit fünfzig Jahren vorzustellen und einen Tag aus diesem Leben zu beschreiben, wurden die meisten von ihnen recht verlegen. »Ich kann mir überhaupt nicht vorstellen, wie ich mit fünfzig leben werde; ich kann mir auch nicht vorstellen, daß ich jemals fünfzig Jahre alt sein werde, obwohl ich weiß, daß es wahrscheinlich gar nicht lange dauern wird bis dahin. Wahrscheinlich werde ich mir gar nicht richtig darüber bewußt sein, daß ich irgendwie anders bin oder so; es wird wahrscheinlich ganz von selbst kommen, ich hoffe, daß ich mich immer jung fühlen werde – da kommt es dann sowieso nicht darauf an,

wie alt ich bin«, schrieb die eine, und eine andere verlor den Kopf: »Vielleicht bin ich schon tot, oder ich lebe im Jahr 2000.«
Für junge Mädchen scheint es fast unmöglich zu sein, sich selbst als ältere Frau vorzustellen. Gewiß, die Damen mit fülliger Figur und grauen oder gefärbten Löckchen begegnen ihnen überall. Aber was haben schlanke, schöne, junge Mädchen mit ihnen zu tun?
Auch Jungen und junge Männer denken wahrscheinlich selten daran, daß sie einmal ältere Herren sein werden. Doch bei den Mädchen ist noch etwas anderes im Spiel, wenn sie verlegen werden, als nur die Jugend, die sich selbst als Gesetz nimmt und die nicht geneigt ist, vorauszuplanen. Bei Frauen ist das Alter tabu. Frauen dürfen doch einfach nicht alt werden. Kurzgeschichten und Romane führen die Heldin selten über den Höhepunkt des Lebens hinaus, und der liegt meist im jugendlichen Alter, beim Happy-End in der Ehe, beim ersten Kind, in interessanten Liebesabenteuern. Auf den Titelblättern der Zeitschriften lächeln die Schönen – mit glatter Haut und schlanken Gliedern. Schlanke Mädchen mit kindlichem Busen und wehendem Haar führen schöne Kleider vor. Für die neue glänzende Waschmaschine wirbt eine Hausfrau mit Mannequinfigur – die blutjunge, glückliche Mutter. Für die neue, frische Zahnpasta wirbt ein elfenhaftes Geschöpf, das dank ihrer Wirkung und dem blendenden Lächeln, das sie verleiht, seinen Prinzen gefunden hat. Der Artikel in der fortschrittlichen Frauenzeitschrift über erfolgreiche Frauen beschreibt eine smarte, aber vor allem jugendliche Geschäftsfrau. Wenn sie sich einmal in einer Modebeilage mit der Frau über Vierzig beschäftigt, so nennt die Journalistin, die weiß, was sich gehört, sie »die Frau ohne Alter«, denn was nicht sein darf, das überspielt man mit einer eleganten Lüge.
Täglich demonstrieren all die Bilder, von denen unser Leben bestimmt wird, was sein darf, wie richtige Frauen sein müssen: schlank, schön und jung. Man könnte, wenn man diesen Bildern Glauben schenkt, meinen, es gäbe wirklich nur junge Frauen. Wenn man sich aber im Alltag nur ein bißchen umsieht, dann fallen sie einem auf: die vielen Damen gesetzten Alters, die ihre Falten unter einem Make-up zu verbergen suchen, die Matronen, nach denen sich kein Mann mehr umsieht, die vergrämten alten Gesichter, denen man die Trostlosigkeit ihrer Einsamkeit ansieht.
Wenn man sich in einer Stadt in bestimmte Lokale, Konditoreien vor allem, verirrt – nachmittags um drei Uhr zum Beispiel –, dann sieht man sich ihnen plötzlich in einer fast furchterregenden Ansammlung gegenüber. Wer sind sie, diese Frauen? Was tun sie? Wie leben sie?
Sie haben einen Kopf und ein Herz und einen Körper. Aber daran zu denken ist einem schon fast peinlich. Liebe? Sie sitzen in der Confiserie und essen Torte; und da und dort hat eine ein Schoßhündchen, das ihr Mann und Kind ersetzen muß. Schönheit? Die runzlige Haut mit Puder überdeckt, die unförmigen Handgelenke mit Goldschmuck behängt, Blumenhütchen auf den gefärbten Haaren – so staffieren sich amerikanische Witwen aus, die in Gruppen durch Europa reisen. Sie tun, als wären sie jung, und wirken nur lächerlich.

»Wenn Frauen verblühen, verduften die Männer.«

Unbekannt

Vergnügen? In den geschlossenen Frauenabteilungen der Badeanstalten sonnen die älteren Frauen verschämt ihre eingeschrumpften oder unförmig gewordenen Körper. An langen Nachmittagen vertreiben sie sich die Zeit mit Kartenspiel und Kuchenessen. Interesse, Erfolg, Beschäftigung? Nur ganz vereinzelt, wie besonders seltene Blumen, zeigen sie sich da, wo Männer ihres Alters die Szene bestimmen: in der Politik, im Geschäft, in der Wissenschaft, kurz überall dort, wo »Öffentlichkeit« ist, wo entschieden, gehandelt, die Welt regiert wird. Man ist sich dessen kaum bewußt, man achtet nicht mehr darauf und doch: Wie sieht eine Tischrunde von Fachleuten aus, die im Fernsehen ein Podiumgespräch über Politik, Wissenschaft, irgendein aktuelles Problem abhalten? Wie setzt sich das Publikum an einer Börse zusammen? Die Herren Experten, die Herren Direktoren, die Herren... Graue Schläfen sind nicht zufällig attraktiv. – Bei Männern!

Wenn junge Mädchen verlegen werden und kleine Mädchen gar nur ungläubig gucken und vielleicht ein bißchen kichern, wenn man sie fragt, wie sie mit fünfzig Jahren leben werden, so reagieren kleine Buben ganz anders. Sie wissen: Wenn ihnen gelingt, was sie im Leben in Angriff nehmen, dann haben sie mit fünfzig Erfolg: Sie sind berühmt, haben Geld und eine verantwortungsvolle Stellung. »Dann bin ich Direktor, wie Großpapa«, kann ein Dreikäsehoch sagen, und man weiß, daß er sich durchaus vorstellen kann, wie er dann aussieht: ein wohlbeleibter, noch jugendlicher Herr, der teure Zigarren raucht und vielleicht eine hübsche Sekretärin hat, die nicht nur Briefe für ihn schreibt.

Marilyn Monroe hat sich das Leben genommen, bevor sie alt geworden ist. Die Ratgeber in den Zeitschriften werden überschwemmt mit Anfragen von älteren Frauen, die in der Menopause unter Depressionen leiden oder Angst vor dem zweiten Frühling ihres Mannes haben. Schlaffe Frauengesichter werden für Tausende von Franken chirurgisch korrigiert. Mit Schönheitscremes, die Fältchen verschwinden lassen, macht man große Geschäfte. Ein beleibter Herr wirkt meist noch irgendwie würdig und imposant, eine »starke Dame« ist etwas, das die Modeindustrie mit fast peinlicher Rücksicht behandelt.

Altsein ist für Frauen verboten, tabu. Für weibliche Wesen bedeutet Alter mehr als nur alt werden – es bedeutet Einsamkeit, Liebesverlust, eine vergebliche, sinnlose und mühsame Auflehnung. Es bedeutet Leere, Hoffnungslosigkeit und Scham. Unter den Frauen über Fünfzig, so zeigen die Statistiken, steigen die Selbstmordziffern.

Der Zwang, jung zu sein, um eine »richtige« Frau zu sein, ist mörderisch. Die Illusion der jungen Mädchen, die nicht daran zu denken wagen, was nach der jungen Liebe, nach dem Erfolg bei Männern, nach der Hochzeit und der Babywiege kommt, ist gefährlich. Es kommt nämlich etwas: die längste Zeit eines Frauenlebens.

Die Frauen werden immer älter. Die Lebenserwartung eines Mädchens, das 1960 geboren worden ist, beträgt in England 71,5 Jahre. Eine Schweizerin, die 1966 geboren wurde, kann 74,8 Jahre alt werden. Ein deutsches Schulmädchen von zwölf wird wahrscheinlich 75 Jahre alt. So die Statistik. Fast in allen Ländern haben die Frauen auch ein längeres Leben vor sich als die Männer. Viele von ihnen werden also Witwen, denn die meisten heiraten ja auch Männer, die älter sind als sie. Für sie alle wird es eine sehr lange Zeit geben, in der sie nicht mehr mit den Kindern beschäftigt sind. Auch das zeigen die Statistiken: Die Frauen bekommen die Kinder immer früher als ihre Mütter, und sie bekommen auch weniger als sie. Um 1900 war eine Frau frühestens mit 40 Jahren damit fertig, Kinder aufzuziehen. Ihr blieben dann noch ungefähr 10 Jahre zu leben. Heute liegt vor ihr eine Zeit von ungefähr vierzig Jahren von dem Moment an, da ihr letztes Kind schulpflichtig wird (ungefähr um die Mitte Dreißig), bis zu ihrem Tod mit über Siebzig. Was tut sie in dieser langen Zeit? Wie lebt sie? Kann das so weitergehen? Bleibt wirklich nichts als Leere?

Schönheit Die Gewalt versteckt sich heute immer weniger hinter Moralbegriffen und strengen Sitten. Aber sie ist immer noch da, und sie ist mächtig. An die Stelle von »gut« und »böse«, von »es gehört sich« und »man tut« sind einfach andere Dinge getreten: für die Frauen der Zwang, jung zu sein etwa, die Forderung, den Bildern zu gleichen, die demonstrieren, was Schönheit, was Attraktivität ist. Wie in der Mode, wird es da auch für junge Frauen anstrengend, weil sich dieses Bild der Schönheit ständig wandelt. Vor vierzig Jahren mußte man »flach« sein wie ein Junge, später mußte man Kurven besitzen wie Marilyn Monroe und einen Busen haben wie Brigitte Bardot und dann plötzlich wieder wie ein unreifes Mädchen aussehen, wie Twiggy. Heute ist ein knallroter Mund »in«, morgen sollte man blaß sein wie Greta Garbo in den vierziger Jahren und dann wieder mit dunklen Ringen unter den Augen eine Haremsdame aus dem Orient ähnlich sehen.

Fast immer ist das Traumbild der Schönheit so, daß man ihm kaum gleichen kann, wenn man sich nicht ganz verwandelt. Schönsein heißt für die Frauen – zur Zeit, da Hollywood Trumpf war, war dies besonders auffallend – eine Maske aufsetzen, sein wahres Gesicht verstecken, einem Schema entsprechen. Schönsein ist deshalb eine Aufgabe, eine Kunst, eine recht zeitraubende Arbeit. In Büchern und in Zeitschriften wird man in dieser Kunst unterrichtet, mit teuren Mitteln übt man sie aus. Ist das, was dabei herauskommt, wirklich Schönheit? Warum gibt es in den Zeitungen und Zeitschriften keine Reportagen und Rubriken darüber, wie Männer sich verschönern können? Warum kann man sich das kaum vorstellen: Herr X, von Schönheitsfachleuten der Zeitschrift B beraten, vorher und nachher photographiert. Nachher mit neuem Haarschnitt, künstlich verlängerten Wimpern, einem neuen, schlankmachenden Anzug, einem ausgeklügelten Make-up. Sind Männer denn alle von Natur aus schön? Es gibt doch auch solche mit Bäuchen, mit Glatzen, mit krummen Nasen und krummen Rükken. Warum sind Runzeln bei einer Frau etwas, das man um jeden Preis wegpflegen muß, warum muß eine lange Nase und ein zu kleiner Busen korri-

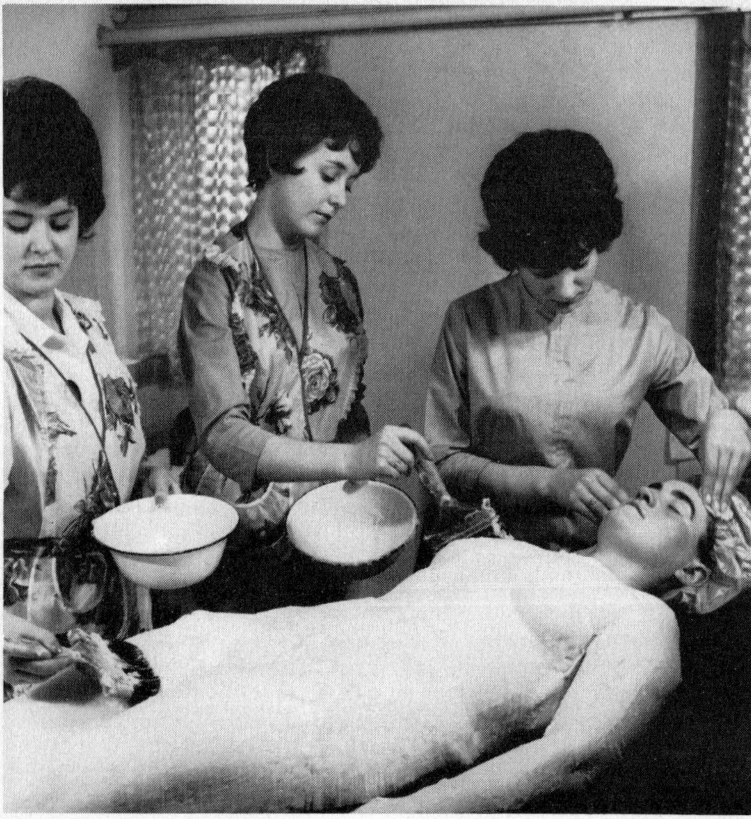

giert werden? Warum verdecken so viele Frauen mit einer dicken Schicht Make-up ihre Haut? Warum ändern sie ihre Haarfarbe und rasieren sich die Beine und die Achselhöhlen? Warum tragen sie Korsetts und hohe Absätze? Sind Frauen (wenn sie nicht mehr ganz jung sind) wirklich so abstoßende Wesen, daß sie ihr Aussehen unbedingt verändern müssen und nicht zeigen dürfen, wie sie wirklich aussehen, wer sie wirklich sind?
Bei Männern, die einen Betriebsausflug nach Paris machen, oder auch bei routinierten Nachtlokalbesuchern sind große, glitzernde Revuen sehr beliebt. Da tanzen dann die Mädchen in langen Reihen vor ihnen – Federbüschchen auf den Köpfchen, Stiefelchen an den Füßen –, jede hebt zur gleichen Zeit das gleiche glatte Bein, jede hat das gleiche steife Lächeln aufgesetzt. In amerikanischen Herrenamüsements gibt es auch den Scherz, daß aus einer aufgetischten Torte

ein nacktes Mädchen herausspringt. Im Playboyclub bei Hugh Hefner schwänzeln die Mädchen als »Bunny«, als Häschen herum. – Die Plüschtierchen der erwachsenen Männer.
Forsche Fahrer hängen sich als Maskottchen eine Puppe mit Busen und langen Beinen ins Auto, und wenn Männer in einem gewissen Ton von Frauen sprechen, so brauchen sie in vielen Sprachen den Ausdruck »Puppe«.

»Die Bestimmung der Frau und ihr einziger Ruhm liegt darin, die Herzen der Männer schlagen zu lassen.«

Balzac

Das Klischee, dem Frauen gleichen müssen, wenn sie schön sein wollen, ist ein Puppenklischee. Puppen haben kein eigenes Leben, Puppen sind künstlich, und sie werden nicht alt, Puppen kann man gegeneinander austauschen, und man merkt keinen Unterschied. Puppen kann man kaufen, verschenken, wegwerfen, wenn sie nicht mehr neu und lustig sind. Bei einer Miß-Wahl beurteilen die Männer, welches Mädchen am ehesten dem Püppchen, das gegenwärtig am meisten begehrt ist, gleicht. Mädchen- und Frauengesichter werben auf jedem bunten Titelblatt und jeder bunten Reklame und sagen: Kauf mich, kauf mich.
Sind wir so weit vom Frauenhandel alter Zeiten entfernt? Nicht nur das Geld, das man den Huren gibt dafür, daß man sie »haben kann«, und den Mannequins, wenn sie nur einfach dastehen und »aussehen«, stimmt nachdenklich. Auch sonst scheint es für viele Frauen lebenswichtig zu sein, daß sie sich möglichst »gut verkaufen«. Frauen sind Puppen, die nicht nur auf dem Heiratsmarkt gehandelt werden.
Über das, womit man sich am meisten beschäftigt, möchte man sich auch gern informieren. Zeitungen und Zeitschriften vermitteln solche Informationen. Für Frauen gibt es spezielle Frauenzeitschriften und innerhalb der gewöhnlichen Zeitungen spezielle Seiten für die Frau. Wenn sich sonst die Interessen eines Menschen nach seinem Beruf, seinem Hobby, seiner gesellschaftlichen Stellung richten, so scheint bei der Frau schon das Geschlecht ein Grund dafür zu sein, daß sie sich mit ganz bestimmten Dingen beschäftigt. Warum das so ist, haben wir ja gesehen. Frau sein an sich kann schon eine Beschäftigung sein, die einen Beruf ersetzt.
Die Frauenzeitschriften versprechen – in der Werbung und in der Art, wie sie aufgemacht sind –, den Frauen dabei zu helfen, ihre Aufgabe als Frau richtig zu erfüllen und ihr Leben befriedigend zu gestalten. Ein großer Teil dieser Hilfe besteht aus der Information über Mode und Kosmetik. Daneben werden aktuelle Gesprächsthemen berührt, man gibt Anleitung, wie die Hausfrauenarbeit möglichst originell und attraktiv gestaltet werden kann, und vermittelt einiges über Kindererziehung...
Wenn man Frauenzeitungen liest, so scheint es fast, als gäbe es keine anderen Frauen als Hausfrauen, als Mütter mit kleinen Kindern, als junge Mädchen, die

einen Traumjob haben und doch intensiv auf der Suche nach einem Ehemann sind, als Ehefrauen, deren ganzes Trachten darauf gerichtet ist, den Ehemann zu behalten. Die Frauen der Frauenzeitschriften leben in einem schicken Haus im Grünen oder in einer romantischen Traumwohnung, und ihre Hauptsorge ist es, ihr Heim und sich selbst möglichst »modern«, passend, attraktiv und originell auszustatten. Wie sagen die Autoren es doch, wenn sie ihre Leserinnen charakterisieren? »Jung«, »natürlich«, »unkompliziert«, »modern«, »aufgeschlossen«. Die Frauenzeitschrift ist wie ein Spiegel. Man sieht sich selbst darin nicht so, wie man ist, sondern so, wie man sich sehen möchte. Man sieht die »moderne Frau«, die man gerne sein möchte. Diese moderne Frau ist der Mittelpunkt der Familie. Sie lebt in materiellem Wohlstand, sie ist jugendlich und eine charmante Gespielin ihres Mannes. Niemals ist sie richtig arm (obwohl in Wirklichkeit Tausende von Frauen arm sind), niemals ist sie hoffnungslos, häßlich, alt oder einsam. Wenn sie sich mit andern Dingen beschäftigt als mit Mode, Haushalt, Mann und Kindern, dann nur, weil das Thema entweder eben gerade auch Mode ist oder weil sie dadurch für ihren Partner attraktiver und zu einer noch besseren Gespielin werden kann.

Alles spielt sich in der Frauenzeitschrift im privaten Rahmen ab. Alle Probleme sind persönliche Probleme, die man lösen kann, indem man sich selbst ändert. Mit Hilfe des Arztes, des Eheberaters, des Psychiaters oder einfach indem man das richtige Kleid kauft, sich eine neue Frisur machen oder sich bei der Kosmetikerin in eine »neue Frau« verwandeln läßt.

Daß die persönlichen Probleme auch das Resultat gesellschaftlicher Verhältnisse sein könnten, wird nicht untersucht. Für die Frauenzeitschrift existieren solche Beziehungen gar nicht. Es ist, als lebe die »moderne Frau« in einem luftleeren Raum. Daß ihr Glück und das ihrer Familie davon abhängen könnte, was für eine Politik in ihrer Heimat getrieben wird, wie sich die Wirtschaft entwickelt, was für Traditionen und rechtliche Bestimmungen gelten, das wird fast ganz ignoriert. Es gibt in den Frauenzeitschriften keine oder nur ganz spärliche politische Informationen, und diese ist dann nicht viel mehr als ein Rezept für staatsbürgerliche Anfänger. Zur echten Diskussion wird nicht angeregt.

Warum ist das so? Steckt eine Absicht dahinter? Frauenzeitschriften, die etwas anderes versuchten, die den Frauen wirklich zeigen wollten, woher ihre Probleme kommen, die ihnen helfen wollten, ihre Umwelt besser zu verstehen und sich als Teil dieser Umwelt zu sehen, mußten bald wieder damit aufhören. Sie verkauften sich nicht mehr. Offenbar wollen die Frauen nur, daß man ihnen hilft, sich in der Welt, wie sie ist, zurechtzufinden, sich ihr soweit anzupassen, daß sie sich wohl fühlen darin.

Wenn ein Freund sich bei dir darüber beklagt, daß er für eine winzige, lärmige und häßliche Wohnung zu viel Miete bezahlen muß und er dich bittet, ihm zu helfen, dann kannst du das auf verschiedene Arten tun. Du kannst ihm zeigen, wie er es anstellen muß, für dasselbe Geld eine bessere Wohnung zu bekommen. Du kannst ihm auch dabei helfen, den Hausbesitzer mit Hilfe eines Amtes für Mieterschutz oder einer entsprechenden Verordnung dazu zu zwingen, einen

angemesseneren Preis zu verlangen. Du kannst ihm zeigen, daß die hohen Bodenpreise und eine fehlende Mietzinskontrolle an seinem Elend schuld sind und daß er nicht allein damit ist, sondern daß Tausende dasselbe Problem haben wie er und daß allen am besten geholfen wäre, wenn man an der Wurzel etwas ändern und neue, bessere Gesetze und eine andere Bodenpolitik durchsetzen könnte. Auf diese Weise würdest du deinem Freund zeigen, wie man das Übel auf verschiedene Art an der Wurzel packen und damit unter Umständen sogar auch noch andern helfen kann.
Du kannst ihm aber auch gar nichts von alledem sagen und ihn glauben lassen, daß diese Wohnung gar nicht so schlecht und daß es sein Fehler sei, wenn er sich nicht wohl fühlt darin. Und dann kannst du ihm dabei helfen, sich origineller einzurichten, zum Beispiel mit hellen Farben oder einem schönen Spiegel an der Wand, damit sie wenigstens ein bißchen größer aussieht. Du kannst ihm raten, die Ohren zu verstopfen, wenn ihn der Lärm stört, und ihm zeigen, wie man ein Blumenfenster einrichtet, damit es nicht mehr so schlimm ist, keinen Garten zu haben. Die Wohnung ist dann allerdings immer noch zu klein und zu lärmig gelegen, aber dein Freund merkt es gar nicht mehr so sehr. Jedenfalls im Augenblick nicht. Ist ihm damit nicht auch geholfen?
Die Frauenzeitschriften bieten diese Art von Hilfe an. Sie zeigen den Frauen, wie man sich in der engen Rolle der Frau, wie sie unsere Gesellschaft sieht, am besten einrichtet und wie man all die Aufgaben erfüllen kann, die damit verbunden sind. Sie helfen ihr, sich dem Bild zu nähern, dem sie gleichen sollen, um von den Männern akzeptiert zu werden. Sie zeigen ihnen, wie man am besten dem Traumbild entspricht, das die Frauen von sich selbst haben. Das Traumbild ist etwas, das einem mit der Erziehung eingepflanzt wird, und es entspricht den Erwartungen, die die Gesellschaft an einen stellt. Diese Gesellschaft erwartet von der Frau noch immer, daß sie sich dort nicht einmischt, wo es um wichtige Dinge geht, dort, wo bestimmt wird, was in der Welt geschieht.

Liebe und Sexualität Immer schon war der Kampf um die Befreiung der Frau mit dem Kampf um eine wirksame Geburtenkontrolle verbunden. Erst wenn man Sexualität und Fortpflanzung voneinander trennen kann, verlieren enge Moralvorschriften ihre Berechtigung. Erst dann auch ist es möglich, die Sexualität von allen Tabus zu befreien. Die Frauen sind weniger hilflos, weniger schutzbedürftig und weniger auf das Wohlwollen der Männer angewiesen, wenn sie nicht eine Schwangerschaft nach der andern durchmachen müssen und mit der Sorge für die Kinder überlastet sind. Die Gewalt, der Haß, der anstelle der Liebe die Beziehungen zwischen Mann und Frau bestimmte, verschwinden, wenn das Sexuelle nicht mehr als etwas Schuldhaftes, Riskantes, als etwas, das man eigentlich unterdrücken muß, gilt. Ohne Angst vor einer unerwünschten Schwangerschaft kann die Frau ihr Schicksal, ihre Tätigkeit, ihre Liebesbeziehungen frei wählen.
Auch da aber muß man aufpassen, daß nicht alter Wein in neue Schläuche gegossen wird. Die »Sexwelle« in unserer Zeit bedeutet nicht unbedingt Befreiung. Sie hat nicht unbedingt die

»freie Liebe« gebracht, sondern einfach aus dem Verbotenen, dem Sex, ein Verbrauchsgut, einen Gegenstand des Konsums gemacht.
Gewalt versteckt sich nicht nur hinter Gesetzen und moralischen Vorschriften, sondern auch hinter Moden und Meinungen.
Weil man früher Sexualität nicht von der Fortpflanzung trennen konnte, mußte man oft die Liebe, das Gefühl, von der Sexualität trennen: daher das Unglück und die Gewalt. Frei in der Liebe ist, wer seinem Gefühl gehorchen kann, wer Sexualität nicht von der Liebe trennt. Erst diese Art der Beziehung zwischen den Geschlechtern ist ohne Gewalt, ohne Haß und keine Quelle des Unglücks.
So wie aber heute viele Leute, die glauben, sie seien frei in der Liebe, und die diese Freiheit beweisen wollen, mit der Sexualität umgehen, hat dies nicht viel mit »Freiheit« zu tun. Sie fügen sich dem Zwang, sich »sexuell aktiv«, »erlebnisfähig« zu zeigen, sich selbst zu beweisen, daß sie »normal« sind. Sie trennen wieder, auf eine andere Weise, das Gefühl von der Sexualität. Unter dem Motto »Freiheit« wird eine andere Art von »Gewalt« geübt, werden die Frauen auf andere Weise ausgebeutet. Früher verschacherte man sie an ungeliebte Ehemänner oder ließ sie mit Kindern sitzen, heute nützt man es aus, daß Sex als etwas gilt, das man unbedingt konsumieren muß, und daß die Frauen Angst haben davor, nicht mithalten zu können, nicht anerkannt zu werden, nicht als modern und normal zu gelten. Frei ist nicht, wer wahllos viele Beziehungen anknüpft und sein Soll an Sex brav erfüllt, sondern »freie Liebe« besteht darin, daß man tut, was einem sein Gefühl sagt, daß man sich so benimmt, daß man glücklich ist. Nicht jedem Menschen sagt das Gefühl dasselbe. Jeder Mensch hat andere Bedürfnisse. Sexuelle Freiheit ist erst dann verwirklicht, wenn es keinen Begriff mehr davon gibt, was »normal« sei, und wenn jeder tun kann, was seiner Eigenart entspricht. Daß Liebe und Zärtlichkeit zwischen Frauen wichtig und möglich ist, das ist eine Entdekkung, die viele Frauen heute machen. Unbelastet von all dem, was die Liebe zwischen Mann und Frau so schwierig machen kann (einseitiges Rollenbild, Leistungszwang, grundsätzliche Verschiedenheit der Bedürfnisse), kann sich hier eine neue Art von Zärtlichkeit entwickeln, die mit der Zeit auch die Beziehungen zwischen Mann und Frau verändern kann. Sich gegenseitig ernst nehmen, sich einander zuwenden, sich entdecken und diese Beziehung auch untereinander wichtig nehmen, das lernen heute viele Frauen, und das kann sie unabhängiger und stärker machen. Dabei braucht es sich gar nicht grundsätzlich darum zu handeln, daß man Beziehungen zu Männern grundsätzlich verschmäht, sondern, daß man als Frau merkt, daß man Liebe und Anerkennung nicht nur dort finden kann.
Freund Für viele junge Mädchen ist es das wichtigste, einen Freund zu haben. Es ist nicht der Wunsch, einem ganz bestimmten jungen Mann, der einen anzieht, näherzukommen, sondern irgendeinen jungen Mann »zur Verfügung« zu haben. Die Hauptsache dabei ist vor allem, daß man jemanden hat, mit dem man ausgehen, den man den Freundinnen vorzeigen kann. Um als normal, als »in« zu gelten, um akzeptiert zu werden, muß man einen Freund haben.
Viele ganz junge Mädchen unterliegen so noch dem uralten Zwang, der Frauen zu Anhängseln von Männern macht. Sie haben so wenig Selbstwertgefühl, daß sie um jeden Preis jemanden haben müssen, der ihnen einen Wert verleiht. Wer einen Freund

hat oder sucht, nur aus dem Grund, weil das eben so üblich ist, der ist so unfrei wie irgendein Mädchen des 19. Jahrhunderts, das verzweifelt war, wenn es nicht früh genug unter die Haube kam.
Richtig freie, gewaltlose Beziehungen zwischen Mann und Frau gibt es aber erst, wenn keines das andere für irgend etwas benützt; der Mann die Frau nicht als Haushälterin, als bequem erreichbares Objekt fürs Bett, als Gehilfin im Geschäft, als Aushängeschild für seine Männlichkeit und seinen Erfolg – die Frau den Mann nicht, um durch ihn als Ernährer, als Verbindung zu anderen Menschen, als die einzige Möglichkeit, in der Gesellschaft akzeptiert zu werden und eine Stellung in ihr zu erhalten.
Wie die Frauen bei der Heirat den Namen des Mannes übernehmen und nach seiner gesellschaftlichen Stellung eingestuft werden, so löschen oft junge Mädchen ihre ganze Persönlichkeit aus, wenn sie einen Freund haben. Sie übernehmen seine Ansichten, sie treten der politischen Organisation bei, der er angehört, sie geben sogar seinetwegen ihre Ausbildung, ihr Studium auf und vernachlässigen die Beziehungen zu anderen Mädchen, zu ihren Freundinnen und Kollegen.
Es ist schwer, mit all dem aufzuhören, weil Mädchen, die das alles nicht tun, einiges auszustehen haben, auch von seiten der Jungen. Aber auch da lohnt sich der Versuch, es einmal anders zu machen. Und wenn man einen Freund hat, nicht nur, weil man einen Freund haben muß, sondern weil man sich besonders gut mit diesem jungen Mann versteht, so könnte man doch genau diese Fragen einmal mit ihm besprechen.
Kleider Mitte der sechziger Jahre gruben junge Leute plötzlich Großmutters Kleider aus. Sie begannen den Kaufläden den Rücken zu kehren und einfach alles anzuziehen. Alte Sachen waren nicht mehr tabu, Geflicktes wurde Mode. Man war nicht mehr gezwungen, immer Nigelnagelneues zu kaufen. Die Phantasie und die eigene Freude am Erfinden wurden wieder entdeckt: Man verkleidete sich, man trieb Allotria mit den Kleidern, man machte aus dem Muß ein Vergnügen, aus dem Ernst eine schöpferische Spielerei. Zur gleichen Zeit begannen die Mädchen sich zu weigern, Puppen nachzumachen und weiterhin das mühsame Spiel mit der Mode als Diktat zu treiben. Sie warfen die feinen Strümpfe weg, die immer zerrissen waren und immer durch neue ersetzt werden mußten, sie begannen statt Röcken Hosen zu tragen, und sie weigerten sich, all die Zeit und Mühe aufzuwenden, sich zu jeder Gelegenheit »passend« anzuziehen. Heute ist der Zwang, den die Mode ausüben kann, kleiner geworden. Man hat die Möglichkeit, ihm zu entrinnen. Man kann wählen, ob man mitmachen will oder nicht. Ein Mädchen, das immer die gleichen Jeans anhat, hat dieselben Chancen wie eines, das jedes raffinierte Modedetail nachmacht. Man ist in einer alten Hemdbluse ebenso attraktiv wie im teuren Mantel. Die Pflicht zu kaufen ist weniger groß, die Freude am Sichschmücken ist in ihrer ursprünglichen Weise wiederentdeckt. Nur muß man da auch aufpassen. Wenn geflickte Hosen und Decken, aus Resten gefertigt, Mode werden, so ist das positiv. Aber schwupps, bald bemächtigt sich die Modeindustrie auch dieser Dinge: Ledermäntel aus Flicken zusammengesetzt, eine modische Eintagsfliege, sind dann teurer zu kaufen als gewöhnliche, ganze... Der Armeleutelook als Luxus für Reiche... das ist nicht der Sinn des Ganzen.
Schönheit Stell dich vor den Spiegel

und denk daran, daß Filmstars auch Pickel haben und Runzeln bekommen, wenn sie älter werden. Und wer sagt denn, daß längere Beine und ein prallerer Busen, als du ihn hast, schöner sind? Auch da hat man heute mehr Chancen, nicht in Minderwertigkeitsgefühlen zu ersticken, als zur Zeit einer platinblonden Marilyn Monroe oder einer Sophia Loren. Die Frauen haben auch im Film keine makellosen Puppengesichter mehr, und gottlob zeigen auf den Titelblättern der Illustrierten die Mädchen alles, was sie haben, ganz offensichtlich. Und wie verschieden das ist, was sie haben! Stell dich vor den Spiegel und denk daran, daß Schönheit nicht ein Schema, nichts Totes, nichts Makelloses ist, sondern das Lebendige, Vielfältige, Unterschiedliche, Natürliche. Wenn einem das nicht so lange ausgeredet worden wäre, könnte man nämlich auch sehen, daß Runzeln nicht häßlich sind und daß ein ganz altes Gesicht schön sein kann.

Liebe statt Gehorsam

oder Was ist »Emanzipation«?

Über den Film von Jean Vigo, »Zéro de conduite«, regten sich vor dreißig Jahren, als er uraufgeführt wurde, die Leute auf. Man fand ihn schädlich und anstößig. Dabei gab es darin keine einzige Liebesszene und auch keine schrecklichen Szenen der Gewalt. Der Ort der Handlung, die Figuren, die darin vorkamen, ließen auch kaum so etwas vermuten: Lehrer und Schüler in einem französischen Internat.

Zu Anfang des Films geschieht nichts Ungewöhnliches. Jean Vigo zeigt einfach den Alltag und beschwört die typische Schulatmosphäre. Es gibt die üblichen Auseinandersetzungen zwischen Lehrern und Schülern, Streiche werden gespielt, Strafen ausgeteilt, Ungerechtigkeiten müssen eingesteckt werden. Es ist alles so wie in den meisten Schulen zu dieser Zeit: ungemütlich und unfreundlich. Die Erziehung ist Dressur, und die Schüler sind den Launen der Lehrer ausgeliefert, denn Gehorsam ist alles. Da aber geschieht das Ungewöhnliche. Plötzlich ducken sich die Schüler nicht mehr wie eh und je. Plötzlich wehren sie sich. Sie schließen sich zusammen und machen eine regelrechte Revolution. Und der Aufstand gelingt. Sie ergreifen die Macht.

Man war entsetzt. Der Film wurde als jugendverderbend angesehen und sogar verboten. Man sah in Jean Vigo einen Mann, der Chaos und Gewalt wollte statt der Ordnung, wie man sie gewohnt war. Man hat ihn, wie so viele, die denken wie er und die Gewalt in der herkömmlichen Ordnung sehen und zeigen, daß man sich dagegen wehren kann, mißverstanden. Was wollte Jean Vigo wirklich? In einem Interview fragte man ihn, was er denn an die Stelle des Gehorsams setzen würde. Er antwortete: »Die Liebe.«

Um das oft gebrauchte und meistens falsch verstandene Wort »Emanzipation« richtig zu verstehen, muß man das, was man dazu im Lexikon findet, und das, was Jean Vigo sagte, miteinander in Verbindung bringen. Die Menschen mündig werden lassen, jedem einzelnen die Verantwortung für sich und seine Taten übergeben und die Beziehungen zwischen den Menschen nicht mehr auf Gehorsam aufbauen, sondern auf Verständnis und Liebe, das ist eigentlich dasselbe. Jedenfalls gelingt eines ohne das andere nicht.

Allzuoft übersetzt man »Emanzipation« nur mit »Befreiung« und sieht nur, daß die alte Ordnung aufgelöst wird, wenn die, die gehorchen mußten, aus der Bevormundung entlassen werden. Dann liegt es eben nahe, daß viele Menschen jedesmal, wenn von Emanzipation, von Befreiung, von Veränderung die Rede ist, gleich Zeter und Mordio schreien, schreckliche Unordnung und Chaos prophezeien und um jeden Preis die Ordnung, wie sie ist, aufrechterhalten wollen. Viele von denen, die am lautesten warnen, wissen zwar genau, daß es letzten En-

des um eine neue Ordnung geht. Sie tun nur so, als sähen sie das nicht, sicher auch deshalb, weil sie durch die neue Ordnung gewisse Vorteile, die ihnen die alte garantiert, verlieren müßten.
Wer hat Angst vor Schüleraufständen? Jene Erwachsenen, die junge Menschen brauchen, welche gehorsam die Arbeiten übernehmen werden, die man ihnen später zuweisen möchte. Wer hat Angst vor der Emanzipation der Neger in Südafrika? Jene Weißen, die froh sind über die billigen Arbeitskräfte in Haushalt und Fabrik und die zugleich Angst haben davor, den Besitz an Land und die Bodenschätze teilen zu müssen.
»Den Gehorsam durch Liebe ersetzen.« Jean Vigo hat auf einfachste Art ausgedrückt, was im Grunde der älteste Traum der Menschheit ist. Diesen Traum hat sie immer wieder auf neue Weise geträumt. Und immer wieder hat man gehofft, er könne doch einmal Wirklichkeit werden. Philosophen haben ihm in ihren Gedankengebäuden gehuldigt, Politiker und Pädagogen haben Rezepte dafür entworfen, wie man ihn auf Erden wahrmachen könnte. Religionsstifter haben an seine Verwirklichung im Diesseits oder im Jenseits geglaubt.
Das »Paradies«, das einmal den Menschen gehörte und in dem das Lamm friedlich neben dem Löwen grast; das »Reich Gottes«, das einmal kommen und diesen Zustand wiederherstellen soll; der »ideale Staat«, den Philosophen wie Platon entworfen haben; und die »klassenlose Gesellschaft«, die die Kommunisten errichten wollen, all das ist dasselbe. Jeder hat nur eine andere Art, diesen Traum zu träumen. Ob er je Wirklichkeit werden kann?
Seit Menschengedenken ist man ihm nie richtig nahegekommen. Immer haben nur wenige Menschen ein »menschenwürdiges« Leben geführt und immer nur auf Kosten anderer Menschen.
Die alten Griechen lebten in einem fast vollkommenen Staat, der echt demokratisch war, in dem jeder mitregieren konnte und die Möglichkeit hatte, seinen Geist und seine Sinne zu entwickeln und zu befriedigen. Aber zu dieser idealen Gesellschaft gehörten nur männliche Griechen, und diese konnten so leben, weil sie andere Menschen einfach gar nicht als Menschen betrachteten: die Sklaven, die Frauen und all die Völker, die sie bekriegten, um sie zu Sklaven zu machen.
Heute sind einige Staaten in der zivilisierten Welt daran, allen ihren Bürgern wenigstens die elementarsten Menschenrechte zu sichern und jedem eine Chance zu geben. Aber diese Länder können das nur, weil sie reich sind. Sie haben nur für sich gesorgt und diesen Reichtum auf Kosten anderer Völker erworben. Damit ihr Wohlstand noch größer wird, müssen in anderen Teilen der Welt ganze Völker hungern und unter Bedingungen leben wie bei ihnen nicht einmal die allerärmsten Bürger. Wir, in den zivilisierten Ländern, sind also nichts weiter als die griechischen Sklavenhalter des Altertums. Nur sind unsere Sklaven so weit weg, daß wir oft vergessen, daß es sie gibt und daß Wohnung, Nahrung, Auto und Pension im Alter, all die Selbstverständlichkeiten für uns, für viele Menschen unerreichbare Reichtümer sind.

»Die Auffassung von der Frau und damit die Stellung der Frau in der Menschheit war von jeher der Gradmesser der Kultur.«
Mina Weber

Etwas ist allerdings bei uns anders als bei den alten Griechen. Seit dem 18. Jahrhundert, seitdem die Idee, daß jeder Rechte hat, einmal geboren war, seitdem es eine Erklärung der Menschenrechte gibt, findet man es wenigstens theoretisch nicht mehr ganz selbstverständlich, daß die einen Menschen auf Kosten der anderen glücklich sind.

Die alten Griechen fanden nichts dabei, Sklaven zu halten. Heute haben viele Menschen wenigstens ein schlechtes Gewissen. Das schlechte Gewissen war zwar bis heute selten so schlecht, daß man versucht hätte, etwas zu ändern. Meistens machte man es wie der Vogel Strauß: Man steckte den Kopf in den Sand, schloß die Augen oder blinzelte über das hinweg, was nicht in das schöne Schema paßte. Die Amerikaner begannen schon auf diese Weise: Als sie ihre Erklärung der Menschenrechte aufsetzten, »vergaßen« sie gleich die Schwarzen, die Indianer und die Frauen.

Die Schweizer ließen die Kinder in der Schule hundert Jahre lang auswendig lernen, daß laut Bundesverfassung »jeder Bürger vor dem Gesetze gleich« sei; und es störte sie nicht, daß das nur in der Theorie galt, weil die Frauen keine politischen Rechte besaßen und trotz verbürgter Religionsfreiheit Juden und Jesuiten nicht als gleichberechtigte Bürger behandelt wurden.

Emanzipation für alle Vielleicht ist es aber doch als ein Fortschritt anzusehen, daß seit der Aufklärung, seit Rousseau und Jefferson, niemand mehr richtig wagt, Sklaverei und Ausbeutung und allzu krasse Ungerechtigkeiten auch im Gesetz zu verankern. Wenn man auch in der Praxis weit davon entfernt ist, theoretisch bekennt man sich da und dort zu einer Gesellschaft, in der nicht mehr die Gewalt die wichtigste Rolle spielt.

Seit der Französischen Revolution reißt die Kette von Bemühungen nicht mehr ab, dem alten Menschheitstraum von Glück und Gerechtigkeit für alle ein bißchen näherzukommen. Man könnte – trotz aller Rückschläge – die letzten 200 Jahre das »Zeitalter der Emanzipation« nennen. Immer wieder erlangten in dieser Zeitspanne Menschengruppen und ganze Völker mehr Selbständigkeit.

In der Französichen Revolution befreite sich das Bürgertum von der Vorherrschaft des Adels. In verschiedenen Anläufen versuchte seit dem 19. Jahrhundert das Proletariat in Ost und West sich von der Vorherrschaft des Bürgers frei zu machen. Die Bauern, in vielen Ländern bis dahin Leibeigene und Fronarbeiter, erlangten nach und nach fast überall persönliche Freiheit und Gleichstellung mit den übrigen Bürgern. Die Juden, die seit dem frühen Mittelalter in ganz Europa und Osteuropa Bürger zweiter Klasse gewesen waren, erhielten – wenigstens auf dem Papier – dieselben Rechte wie die anderen Staatsbürger. In den USA wurden die Schwarzen aus der Sklaverei entlassen, und sie kämpfen seitdem um ihre volle Gleichberechtigung. Die Länder der dritten Welt, seit ihrer »Entdeckung« fast alle unter Vormundschaft irgendeiner Nation der alten Welt, werden nun eines nach dem andern unabhängig. »Emanzipation« bedeutet in all diesen Fällen, daß neue Gesetze und Verordnungen eine neue Ordnung schaffen. Könnte es sein, daß alle diese kleinen Veränderungen Teile einer Entwicklung sind, die zu einer völlig neuen und vielleicht besseren Gestaltung der Welt führen könnte? Wäre es denn so undenkbar, daß wirklich die »Liebe« den Gehorsam ersetzt, daß die Menschen, statt einander mit Gewalt zu begegnen, sich verständigen könnten, daß Regeln und Befehle durch das Gespräch ersetzt würden? Eine Welt, in der nicht einer auf Kosten des andern, sondern einer mit dem andern, der Mensch nicht mehr auf Kosten der Natur, sondern mit ihr lebt, ist nicht ein unrealistischer Wunschtraum. Es wird wahrscheinlich bittere Notwendigkeit sein, eine solche neue Ordnung zu errichten, wenn wir überhaupt weiterleben wollen.

Bis jetzt hat sich der Mensch nicht nur den andern Menschen, sondern auch den Tieren, den Pflanzen, all dem Reichtum gegenüber, den ihm die Erde geboten hat, einfach nach dem Prinzip verhalten: Nimm, was du brauchst, was du an dich reißen kannst, und kümmere dich nicht mehr um das weitere. Jeder (jedermann, jede Familie, jedes Volk, jede Rasse usw.) war »sich selbst der Nächste«. Seit kurzer Zeit zeigen uns auch die Alarmzeichen aus unserer mißbrauchten Umwelt, was uns Religionen, Philosophien und politische Programme schon lange klarzumachen versuchten: So geht es nicht.

Wenn lebenswertes Leben auf die Dauer möglich sein soll, dann geht es nur so: Jeder Mensch ist jedem und allem der Nächste. Man kann nicht einfach benützen und ausnützen, man muß versuchen, jedem seinen Teil zu geben, damit das Gleichgewicht, das Leben erst möglich macht, erhalten bleibt. In der Familie ist es gleich wie im Staat, in einem Volk ist es gleich wie auf der ganzen Erde: Wenn keine Kraft zu stark überwiegt und jeder zu seinem Recht kommt, so ist das Dasein für alle auf die Dauer besser und sicherer.

Emanzipierte Frauen sind richtige Frauen Auch die Bewegung zur Emanzipation der Frauen kann man in diesem Zusammenhang sehen. Zeitlich fällt ihr Beginn, wie wir gesehen haben, mit dem Beginn des Zeitalters der Emanzipation zusammen. Sie ist – und das sollte einen nachdenklich stimmen – in den letzten paar Jahren wieder neu aufgeflammt, in den paar Jahren, in denen die Menschen gemerkt haben, daß es wirklich im alten Stil nicht weitergehen kann, und in denen sie sich zum erstenmal Sorgen um die Erhaltung des Lebens auf der Erde machen.

Jetzt, das spürt man, muß man alles in Zweifel ziehen, was gewesen ist. Alles muß neu überdacht werden, auch das älteste Machtverhältnis, das es gibt, jenes zwischen den Geschlechtern, zwischen Mann und Frau. Es geht nicht mehr um ein paar Gesetze, um die Eroberung von ein paar Rechten und ein bißchen mehr Freiheit. Es geht um eine neue Ordnung – auch dort, wo man bis jetzt glaubte, daß die Natur alles für immer geordnet hätte: in der Beziehung zwischen Mann

und Frau, in der Sexualität, der Fortpflanzung. Auch da ist es so wie überall: Bewußt muß man nun gestalten, was früher »natürlich« war. Weil man die Mittel dazu hat, in das Natürliche einzugreifen (z. B. durch die Geburtenkontrolle), ist man auch verantwortlich dafür, was nun geschieht.
Emanzipation ist ein Wort, das man viel zu oft braucht, ohne sich dabei klar zu sein, was man wirklich damit meint. Was ist zum Beispiel eine »emanzipierte Frau«? Ist es eine Frau mit ganz außergewöhnlichen Fähigkeiten und Talenten, die in einer reinen Männerwelt gegen alle Widerstände ihren Weg macht? Sie lebt als strahlende Ausnahme ein Leben, das andere Frauen nie leben könnten, und leistet mehr als die meisten Männer. Aber eine Jeanne d'Arc, eine Madame Curie, eine Katharina die Große sind nur Ausnahmen, die die Regel bestätigen, Ausnahmen, wie es sie eben von Zeit zu Zeit einfach gibt.

»Rechte Frauen reden am wenigsten von Frauenrechten.«
Unbekannt

Oder ist eine emanzipierte Frau ein Wesen, das nach Geschlecht und Körperbau schon eine Frau ist, sich aber dort, wo es drauf ankommt, wie ein Mann benimmt und deshalb auch wie ein Mann Erfolg hat? Ist es die Frau, die die Sitten und die Art der Männer übernimmt, genauso denkt wie sie, will, was sie wollen, und deshalb von ihnen auch als ihresgleichen angesehen wird?
Eine solche Frau ist nicht emanzipiert, sondern nur aufgestiegen, verkleidet. Man kann sie mit einem Neger vergleichen, der in einem Staat, der die Neger immer noch verachtet, die Weißen so gut nachzuahmen weiß und ihre Art zu handeln und zu sprechen so gut beherrscht, daß man vergißt, daß er ein Neger ist. Alle anderen Neger werden deshalb dennoch weiterhin verachtet und schlecht behandelt, und es kann sogar sein, daß der aufgestiegene, der »weiße Neger« dabei hilft.
Oder ist eine emanzipierte Frau ein geschlechtsloses Wesen, ein »Mann mit Busen«, wie das erschreckte Männer selbst so gern als eine »Warnung« für alle Frauen auszumalen pflegen? Ist sie eine Frau, die hart geworden ist, die wie ein Mann gegen Männer kämpft, die nichts für Liebe und alles, was damit zusammenhängt, übrig hat und zu einem seelischen Krüppel, einem Monstrum geworden ist?
Wenn man an die Bedeutung denkt, die das Wort Emanzipation ursprünglich hatte (nämlich: mündig werden, aus der Gewalt des Hausvaters entlassen werden, erwachsen werden), dann merkt man, daß das alles ganz falsche Vorstellungen sind. Ein emanzipierter Mensch ist nicht einer, der seine »wahre Natur« verrät oder über sie hinauswächst, im Gegenteil, erst wenn ein Mensch emanzipiert, mündig und frei ist, hat er Gelegenheit, seiner wahren Natur zu folgen, er selbst zu werden. Ob nun ein junger Römer von seinem Vater unabhängig und für sich selbst verantwortlich geworden war, ob ein Bauer aus der Leibeigenschaft entlassen wurde oder ob eine Frau sich aus der Abhängigkeit von einem Mann oder von

Männern emporgearbeitet hat – immer bedeutet die Emanzipation, daß ein Mensch nun selbst entscheiden kann, wie er leben möchte, und daß er auch die Verantwortung für sein Handeln übernimmt.

Ein Mensch, der innerlich unabhängig ist, wird in seinem Leben nicht so sehr von äußeren Gesetzen und von Richtlinien bestimmt, von Belohnungen und Sicherheit verlockt oder von Strafen geschreckt. Er kennt seine eigenen Bedürfnisse und handelt so, wie er es für richtig und gut für sich und für die andern hält, für die er sich auch verantwortlich fühlt.

Ein emanzipierter Mensch – ein Mann oder eine Frau – ist recht schwer zu charakterisieren. Es gibt ihn wahrscheinlich noch kaum. Er ist so etwas wie ein Leitbild. Er gehört zu dem noch nicht verwirklichten Traum von einer menschlichen Gesellschaft, den die Sozialisten und die politischen Utopisten entwarfen. Die Lebensumstände, in denen die meisten Menschen heute leben müssen, auch wenn es ihnen materiell gut geht –, die Art, wie sie erzogen wurden, die Arbeit, die sie machen müssen – hindert sie daran, emanzipiert zu sein. Eine emanzipierte Frau ist nicht einfach ein »Mann mit Busen«, denn die Männer sind ja auch fast alle nicht emanzipiert (auch wenn einige Männer eine größere Chance dazu haben). Eine emanzipierte Frau ist eine echtere Frau als eine unemanzipierte, weil sie ein ganzer Mensch ist.

Eine der emanzipiertesten Frauen unserer Zeit, die Engländerin Germaine Greer, sagt es in ihrem Buch ganz drastisch: »Es kotzt mich an, meine Intelligenz Lügen zu strafen, meinen eigenen Willen, mein Geschlecht. Ich weigere mich, Darsteller einer Frauenrolle zu sein. Ich bin eine Frau, kein Kastrat.«

»Die Frauenrolle«, das ist hier das Schlüsselwort. Eine unfreie, unemanzipierte Frau, das, was aber die meisten Männer, weil sie es nicht besser wissen, mit einer sogenannten »richtigen Frau« meinen, ist nämlich gar keine. Sie ist ein deformierter Mensch, die Darstellerin einer Rolle, die künstlich ist und einengt. Bis heute war es wichtig, daß jemand diese Rolle gehorsam spielte, denn sie bildete die unterste Stufe eines gesellschaftlichen Bauwerks, das aus lauter ähnlichen Rollen besteht, deren Träger gegenseitig immer in einem Verhältnis von Macht und Abhängigkeit stehen.

Rückschläge Damit sind wir aber eigentlich schon mitten in dem, was man die zweite Welle der Frauenbewegung nennen könnte. Die erste, die der Suffragetten und die der Sozialistinnen, war nach dem Ersten Weltkrieg allmählich verebbt. Einige wenige der äußeren Ziele waren erreicht.

Doch auch in den Ländern, in denen die gesetzliche Gleichstellung weitgehend verwirklicht war, gab es kaum Anzeichen einer echten neuen Ordnung. Die wichtigsten Bemühungen, sie aufzubauen, die man zu Beginn des 20. Jahrhunderts in Deutschland, Rußland und Italien in der Politik, in der Erziehung und in der Literatur gemacht hatte, wurden durch große politische Veränderungen und durch den Zweiten Weltkrieg erstickt. In Rußland mußte der Aufbau der neuen Gesellschaft gegenüber den Riesenanstrengungen, die man machte, um die wirtschaftliche Entwicklung voranzutreiben, zurückstehen. Die Diktatur des »roten

Zaren« Stalin hatte nicht mehr viel mit Sozialismus zu tun. Nach seinem Tod übernahm eine verknöcherte Bürokratie die Herrschaft.
In Deutschland und Italien begruben der Nationalsozialismus und der Faschismus alle demokratischen Errungenschaften. In diesen politischen Lehren galt ja der Glaubenssatz, daß es »Herrenmenschen« und »Untermenschen« gebe und daß die Herrenmenschen auf Kosten der Untermenschen leben sollten und mit Gewalt ihre Herrschaft erhalten müßten. Hier wurde natürlich alles erstickt, was mit echter Emanzipation zusammenhing. Hitler sperrte die Frauen wieder in die Küche und machte Gebärmaschinen aus ihnen. Rührselige Floskeln von »Weiblichkeit« und »deutschem Frauentum« umrankten die Maßnahmen, die sie wieder aus dem öffentlichen Leben verbannten. Natürlich behauptete man auch hier wieder, daß geistige Betätigung für Frauen »unnatürlich« sei. In einem politischen System, in dem Vernunft und Geist sowieso nicht viel zu suchen hatten, war das nicht verwunderlich.
In Ländern wie Amerika, die nach dem Ersten Weltkrieg den wirtschaftlichen Boom erlebt hatten, brachte die Wirtschaftskrise den Rückschlag.
Die Frauen, die sich immer mehr Plätze und Möglichkeiten im Arbeitsprozeß erobert hatten, nachdem man sie ja im Ersten Weltkrieg überall dringend gebraucht hatte, wurden wieder hinausgedrängt. Das Heer von Arbeitslosen wurde von den Frauen angeführt. Man konnte sie leichter entlassen, weil Frauenarbeit trotz allem noch nichts Selbstverständliches war und die Frauen, die wie eh und je schlechter organisiert waren als die Männer, sich nicht wehrten. Flugs wurde der Slogan von der »Frau im Haus« wieder Mode.
Die erste Hälfte des zwanzigsten Jahrhunderts zeigt sehr gut, wie man die Frauen immer nach Belieben dort einsetzte, wo es am bequemsten und nützlichsten war. Im Ersten Weltkrieg, als die Männer ihre Arbeitsplätze in Industrie und Landwirtschaft verließen und auch die Armee um jede zusätzliche Arbeitskraft froh war, vergaß man plötzlich den viktorianischen Spruch von der Zartheit und Schonungsbedürftigkeit der Frau. Sie durfte überall, auch im härtesten Einsatz, beweisen, daß sie so viel konnte wie ein Mann. Nach dem Krieg und erst recht in der Wirtschaftskrise schloß man sie dann einfach wieder aus. Die wenigen Arbeitsplätze, die es gab, blieben für die Männer reserviert. Flugs war man wieder mit »Küche und Kindern« zur Hand, vergaß dies in den harten Zeiten des Zweiten Weltkriegs aber auch ebenso schnell wieder, da man ja wieder Frauen brauchte, die die Äcker pflügten und Munition produzierten, während sich die Männer an der Front gegenseitig totschossen.
Dann, kaum war Frieden geschlossen, war es aber wieder so weit, daß man sie ganz gerne im »trauten Heim« hübsch versorgt sah. Das war viel angenehmer für den Mann, der sich nun in den immer größer werdenden Konkurrenzkampf im Berufsleben stürzen mußte. Er brauchte jemand, der ihm ein geordnetes Heim und eine Möglichkeit zum Ausruhen gab. Die wachsende Industrie brauchte immer mehr Käufer für all die nötigen, nur bedingt nötigen oder gar unnötigen Waren, die sie produzierte. Wer eignete sich da besser als die Frauen. Sie hatten überflüssige Kraft, die sie hier einsetzen konnten, überflüssige Zeit

und Familien, die sie auf diese Weise umsorgen und beschenken konnten. Um 1950 herum schien fast alles vergessen zu sein, wofür Frauen und Männer fast ein Jahrhundert lang gekämpft hatten. Gewiß, man erntete noch die Früchte – in einem Land nach dem andern fiel den Frauen das Wahlrecht in den Schoß. Aber immer weniger Frauen machten auch richtigen Gebrauch davon. Das neuentdeckte uralte Bild von der Rolle der Frau hinderte sie daran.

Der Weiblichkeitswahn Dieses Bild sah zwar ganz anders aus als das, mit dem man zu Viktorias Zeiten die Frauen am Handeln und Denken gehindert hatte. Es war neu geschminkt und modern aufgemacht. Das Riechfläschchen für Ohnmachten, die unbedingt Keuschheit und Sittsamkeit und die große Naivität gehörten nicht mehr dazu. Dafür gab es die Mode, die Bildung ohne Zweck, nur zur Konversation, den Sex-Appeal und den Ehrgeiz, vom erfolgreicheren Mann mit dem größeren Auto geheiratet zu werden als die Freundin. In Amerika gehörten das idyllische Eigenheim im Grünen und die vielen glücklichen, verwöhnten und gutgenährten Kinder unbedingt dazu.
Viele Frauen und Mädchen glauben noch heute, diesem Bild gleichen zu müssen. Betty Friedan hat ihm in ihrem Buch »The Feminine Mystique«, »Der Weiblichkeitswahn« (1963), einen Namen gegeben und hat es zu analysieren versucht. Als erste hatte sie erkannt, wie ein solcher »Wahn« entstehen kann und wieviel Unglück verursacht wird, wenn Millionen Menschen mit den verschiedensten Talenten und Anlagen versuchen, nach demselben Muster glücklich zu werden, nur weil sie alle zufällig weiblichen Geschlechts sind. Sie hat auch gezeigt, wie sehr ein solcher Wahn der ganzen Gesellschaft schaden kann: Nicht nur die Frauen selbst, auch ihre Söhne und Töchter, ihre Ehemänner leiden unter dem Zwang, dem sie sich unterziehen. Betty Friedan zeigte zum Beispiel, wie der Weiblichkeitswahn die Söhne ruinierte. Tausende von jungen Amerikanern versagten im Leben, weil ihre Mütter sie mangels anderer Interessen zu Muttersöhnen gemacht hatten. Die Töchter aber gaben sich Mühe, dem Vorbild der Mütter zu folgen, um jeden Preis früh zu heiraten, viele Kinder zu haben, lange jung auszusehen, eine gute Hausfrau zu sein und auch auf sexuellem Gebiet das Soll zu erfüllen. Sie rackerten sich ab, um so auszusehen wie die Frauen auf den Titelblättern der Frauenzeitschriften und ein Leben zu führen, wie es im Innern der Zeitschrift abgebildet und beschrieben war. Viele von ihnen landeten beim Seelenarzt, weil sie es doch nicht ganz fertiggebracht hatten, sich zu täuschen.
Betty Friedan eröffnete mit ihrem Buch eine neue Welle der Emanzipationsbewegung. Sie zeigte am Beispiel der amerikanischen Frau, daß Idealbilder so gut wie Gesetze Unterdrückung bedeuten und Unglück verursachen können. Sie wies nach, daß es sich immer irgendwie rächt, wenn man Menschen nach einem Klischee formen will und sie dazu bringt, ihre ganz persönlichen Neigungen und Bedürfnisse zu vernachlässigen. Betty Friedan sprach auch zum erstenmal aus, was damals in Amerika fast an Ketzerei grenzte: daß der Wahn vom »weiblichen Wesen« einem ganz materialistischen Zweck diente, dem nämlich, hauptberufliche Käuferinnen heranzuziehen, die in den Kindern, die sie auf die Welt stellten,

wieder neue Käufer und Käuferinnen produzierten. Betty Friedan zeigte, daß es beim Kampf um die Emanzipation nicht nur darum ging, den Frauen Gleichheit vor dem Gesetz und das Recht auf Arbeit zu verschaffen, sondern daß man die Menschen verändern, sie von den inneren Fesseln befreien, sie richtig denken und fühlen lehren mußte.

Die neue Welle
oder Nicht nur den Frauen zuliebe

Auch nach Betty Friedan blieb die Frauenbewegung immer noch eine Sache von wenigen. Zwar hatte schon 1958 die französiche Schriftstellerin Simone de Beauvoir in ihrem großen Werk »Das andere Geschlecht. Sitten und Sexus der Frau« eine umfassende Darstellung des Phänomens »Frau« in unserer Kultur gegeben und die großen persönlichen und gesellschaftlichen Probleme dargestellt, die damit zusammenhängen. Aber all diese Gedanken brachten kaum jemanden zum Handeln.

In den westlichen Ländern war die Zeit nach dem Krieg eine Zeit des wirtschaftlichen Aufschwungs. Das Streben der meisten Leute war vor allem auf ein äußerlich besseres Leben gerichtet. Glück bedeutete, mehr zu besitzen und mehr zu verbrauchen. In vielen Ländern wurde die scheinbare »Ruhe« des trauten Heims nach den Wirren des Krieges wieder zum Ideal. Die Männer warfen sich in den harten Kampf um Erfolg, den man mit klingender Münze messen konnte, und die Frauen gaben das Geld, das ihre Männer verdient hatten, möglichst stilvoll wieder aus. Die Frauen der ärmeren Schichten arbeiteten in immer größerer Zahl und unter oft noch sehr schlechten Bedingungen in den Fabriken, damit das Geld der Familie auch dazu reichte, die wunderbaren Dinge, die die Industrie produzierte – Auto und Fernseher und Kühlschrank –, zu kaufen. Die Arbeiterfrauen hatten es zwischen Kindern und Arbeitsplatz nicht viel leichter als ihre Großmütter vor hundert Jahren. In den meisten Ländern besaßen die Frauen nun das Wahlrecht, und auch vor dem Gesetz waren sie weniger benachteiligt. Aber ihr Leben und Denken war nicht viel freier als zu Viktorias Zeiten.

Teil einer ganzen Entwicklung Mitte der sechziger Jahre begann fast auf der ganzen Welt das, was die ältere Generation nicht ohne ein bißchen zu schaudern »die Unruhe der Jugend« nennt. Noch bevor die Wissenschaftler mit Zahlen und in dicken Büchern belegten, daß es im alten Trott und mit der alten Ordnung nicht weitergehen könne, hatten die Jungen das gesehen und gefühlt. Sie machten sich auf die Suche nach neuen Möglichkeiten. Sie weigerten sich, zu übernehmen, was die Alten ihnen weitergeben wollten, und griffen statt dessen auf Gedanken zurück, die in der Zeit des Wirtschaftswunders tabu gewesen waren.

Es war nicht zu vermeiden, daß man da auch wieder auf Engels und Bebel stieß, auf die utopischen Sozialisten, auf die ersten Kämpfer für die Befreiung der Frau. Man war ja gerade dabei, die Ursachen für all das ausfindig zu machen, was in der heutigen Gesellschaft das Leben oft unerträglich, öde und grau macht. Die Jungen wollten nicht mehr hinnehmen, daß in den Beziehungen zwischen den Men-

schen Macht und Gehorsam, Gewalt und Zwang, Besitz und Abhängigkeit vom Besitz die wichtigste Rolle spielen. Man sah ein, daß man so schreckliche Dinge wie den Krieg nicht vermeiden kann, wenn schon zwischen einzelnen Menschen Gewalt angewendet wird. Man protestierte gegen den Vietnamkrieg, weil dort eine starke Nation eine andere mit Waffengewalt zu ihrer Art von »Freiheit und Demokratie« zwingen wollte. In Amerika wurde der Protest gegen die Unterdrückung der Schwarzen wieder lauter. An den Universitäten wehrten sich die Studenten dagegen, daß man sie nur in genau vorgezeichneten Bahnen denken lehrte, und versuchten, die wahre Demokratie des Lernens zu verwirklichen.
Im Mai 1968 ging in Paris plötzlich alles auf die Straße. Es war wie ein entfesselter Strom: Arbeiter, Studenten, Künstler, Frauen sprachen sich für etwas aus, was man am besten mit einem ihrer Slogans charakterisieren kann: »La fantaisie au pouvoir«, die Phantasie an die Macht. 1968 organisierten sich in Frankreich die Frauen, sie sprachen auf öffentlichen Versammlungen und gründeten die »MLF«, die Bewegung für die Befreiung der Frau. Ähnliche Bewegungen entstanden in vielen andern Ländern.
In Deutschland hatten die politisch engagierten Mädchen, die in linksgerichteten Organisationen mitarbeiteten, gemerkt, daß ihre Männer, Freunde und Kollegen es machten wie seinerzeit die Sklavenbefreier in Amerika: Sie vergaßen bei ihrem schönen Programm für Demokratie und Selbstverwaltung die Frauen einfach. Die Männer sprachen und handelten, und die Mädchen machten die notwendige, aber niedrige Fronarbeit. Sie waren die Gehilfinnen und Sekretärinnen, tippten gehorsam die großen Reden der Männer, kochten ihnen das Essen, putzten, versorgten die Kinder und kamen im übrigen recht selten dazu, sich eine eigene Meinung zu bilden oder gar den Ton anzugeben. Ihre Lage war noch schwieriger, weil die Parole von der »sexuellen Freiheit« die Mädchen nicht nur als Köchinnen, sondern auch als Bettgenossinnen für alle verfügbar machte. Die Tomaten, die im Herbst 1968 an dem Kongreß des Sozialistischen Deutschen Studentenbundes geworfen wurden, waren ein Alarmzeichen. Die jungen Frauen begannen sich nun selbst zu helfen. Sie suchten fast als erstes eine Lösung für das wichtige Problem: Wie kann man Kinder haben und doch die eigene Entwicklung nicht vernachlässigen? Wie kann man aus der Isolierung in der kleinen Familie herauskommen?
Die ersten Kinderläden wurden eröffnet. Mit ihnen suchte man zwei Ziele auf einmal zu erreichen. Die Mütter sollten für eine bestimmte Zeit wieder frei werden für Studium, Arbeit und politische Betätigung, und zugleich wollte man sich ernsthaft und gemeinsam mit Erziehungsproblemen befassen. Die Männer mußten dabei auch helfen, die Verantwortung sollte geteilt werden. Man versuchte, eine freiere Erziehung zu verwirklichen, die Menschen für eine neue, bessere Gesellschaft hervorbringen sollte.
Die Idee der Ganztagskindergärten als Gemeinschaftswerk hat in vielen Ländern gezündet. Man hat überall das Bedürfnis in der Erziehung, dort wo sich die Menschen ebenso nahekommen wie in der Liebe zwischen Mann und Frau und wo so viel davon abhängt, wie man miteinander umgeht, etwas zu verändern.

Seit 1968 schießen die Frauenbefreiungsklubs fast überall nur so aus dem Boden. In einigen Ländern erregen sie Aufsehen, wie in Holland die »dollen Minnas«, die mit Witz und Frechheit vorgehen, oder in den USA die ganz Radikalen, die übers Ziel hinausschießen und einen reinen Frauenstaat propagieren.
In England stürmten die Frauenbefreierinnen Herrenklubs, in der Schweiz zeigten sie mit frechen Straßentheatern den schon leicht mutlos gewordenen alten Damen, die den endlosen Kampf fürs Frauenstimmrecht führten, daß man in anderem Stil weitermachen muß. Überall geschieht etwas Ähnliches: Junge, hübsche Mädchen in Hosen, viele mit ihren Kindern, verdrängen die alten Damen mit den Hüten vom Mikrofon. Emanzipation ist nicht mehr eine Sache, die junge Frauen belächeln und im Grunde fürchten, weil sie es mit den Männern nicht verderben möchten. Emanzipation ist keine Aufgabe mehr für Damen, die unermüdlich in Vorzimmern stehen, vielleicht noch von den Taten einer Silvia Pankhurst selig träumen, im Grunde aber niemals wagen würden, etwas zu tun, was aus dem Rahmen fällt.
Emanzipation, Frauenbefreiung ist ein Teil der großen und wichtigen Bewegung geworden, die die Gesellschaft erneuern möchte. Heute gelingt es kaum mehr, die feministische Bewegung lächerlich zu machen, denn zum erstenmal begreifen viele Frauen und Männer, daß es nicht um ein Sonderanliegen der Frauen geht, sondern um mehr. Nicht nur die Frauen wollen die Rollen in der Gesellschaft neu und besser verteilt sehen.

Analysen Damit man beginnen kann, muß man die bisherige Rollenverteilung genau kennen. Man muß all das, was einem als »natürlich« überliefert wurde, in Frage stellen. Man muß Meinungen und Glaubenssätze abbauen und sehen, was dann noch bleibt. Für die Männer und Frauen, die ihre Beziehungen nicht mehr auf Macht und Unterordnung gründen möchten, ist es wichtig, daß sie genau sehen, wie die Gesellschaft, in der sie erzogen wurden, funktioniert. Die neue Welle der Frauenbewegung hat vor allem in Amerika mit wissenschaftlichen Mitteln versucht, hier Klarheit zu schaffen. Seit Betty Friedan den »Weiblichkeitswahn« analysierte und Simone de Beauvoir versuchte, das Phänomen des »Frauseins« von den verschiedensten Seiten her zu durchleuchten, sind so viele Bücher zu dem Thema erschienen, daß man es kaum mehr überblikken kann. Aber das offenbar des Guten noch nicht zuviel, denn je mehr man davon liest, desto klarer wird es einem, wie unklar alles noch ist. Es lassen sich allerdings ein paar wichtige Thesen schon herausschälen.

Wissenschaft Der berühmte biologische Unterschied zwischen Mann und Frau hatte so lange dazu herhalten müssen, als Grund für die ungleiche Behandlung in jeder Beziehung zu dienen, daß sich natürlich die Frauenrechtlerinnen auch damit wieder befassen mußten. Sie kamen – und das mit wissenschaftlichen Tatsachen und Daten als Begründung – zu ganz anderen Resultaten als die »Herren der Schöpfung«, die vor hundert Jahren noch daran gezweifelt hatten, ob die Frau nun wirklich menschlicher Natur sei oder nicht. Heute lautet die These im

Gegenteil so: Jeder Mensch ist ursprünglich, wenigstens in den ersten Wochen im Mutterleib, ein weibliches Wesen. Männer sind somit nichts anderes als im letzten Moment umprogrammierte Frauen. Daß bei den Knaben die Totgeburten zahlreicher sind und die Säuglingssterblichkeit größer, daß Knaben sich langsamer entwickeln und daß Männer früher sterben als Frauen und noch ein paar andere ausgeklügelte Thesen und raffinierte Tatsachen führen dazu, daß nun die Frauen als das »starke Geschlecht« bezeichnet werden.

Man könnte mit Recht lächeln über solche Umwege und das alles als Rechthaberei abtun, zumal es doch wirklich – wie schon gesagt – keinen Sinn hat, die Rollen einfach umzukehren. Aber heute ist der Glaube der Menschen an die Wissenschaft so groß wie früher der an das Wort Gottes. Wenn man früher die Unterlegenheit und Schlechtigkeit der Frau mit der Geschichte von Eva »beweisen« konnte, so kann man heute ihre Überlegenheit und Gleichwertigkeit mit wissenschaftlichen Resultaten am besten bekräftigen.

Den Frauen geht es zudem wie den Negern. Sie müssen einmal Gelegenheit bekommen, durch ein bißchen Überlegenheitsgefühl ihre uralten, tiefverwurzelten Minderwertigkeitskomplexe loszuwerden. Die schwarzen Führer in Amerika brauchen für ihre Schäfchen, denen so lange eingeimpft worden ist, daß »weiß« gut und wertvoll und »schwarz« schlecht und minderwertig sei, dieselbe Taktik. Sie sprechen von der Überlegenheit der Schwarzen, von ihren noch unverbrauchten Kräften und lancieren so den Slogan »Schwarz ist schön«. Bei den Frauen ist es um so wichtiger, mit der Wissenschaft zu argumentieren, als auch in unserem Jahrhundert männliche Wissenschaftler mit ihrer Arbeit die Minderwertigkeitsgefühle der Frau wirksam vergrößert haben. Jeder Wissenschaftler ist durch seine Erziehung und seine Stellung im Leben geformt. Seine Persönlichkeit färbt auf die Arbeit, die er tut, ab. Schon die Tatsache, daß immer nur Männer etwas über die Frauen aussagten, daß Männer ihre Natur erforschten, hat die Resultate verfälscht. Ein Beispiel dafür ist der Begründer der Psychoanalyse, Sigmund Freud. Der erste große Seelenarzt der Geschichte, der durch seine Forschungen und seine Methoden so viel dazu beigetragen hat, daß der Mensch nun heute endlich eine Chance bekommt, auch innerlich ein freier Mensch zu werden, hat den Frauen einen schlechten Dienst getan.

Sigmund Freud lebte als Jude im Wien der Jahrhundertwende, und es ist ihm deshalb zu verzeihen, daß er glaubte, so wie die Frauen um ihn herum seien alle Frauen, und die Leiden, die seine Patientinnen hätten, zeigten die »wahre Natur« der Frau. Wenn seine Patientinnen mit dem Leben, das sie führten, nicht zurechtkamen und krank wurden davon, kam es ihm nicht in den Sinn, daß der Grund dazu der sein könnte, daß man von ihnen verlangte, eine Rolle zu spielen, die ihnen nicht lag. Für ihn war die Überlegenheit des Mannes klar, und er dachte, Frauen würden aus Neid auf die »natürliche Überlegenheit« des Mannes krank.

Kleine Mädchen, so glaubte er, müßten alle in ihrem Leben einmal einen Schock erleiden, dann nämlich, wenn sie herausfinden, daß sie keinen Penis haben. Freud stellte sich vor, die Mädchen glaubten, er sei ihnen abgeschnitten worden.

Ein kleines Mädchen, das eine gesunde Frau werden wollte, mußte seiner Meinung nach lernen, sich damit abzufinden, daß ihm etwas Wichtiges fehlte, und sich darein fügen, daß es deshalb auch im Leben auf allerhand verzichten müsse. Seelisch krank waren jene Frauen, die den Schreck noch nicht überwunden und sich nicht abgefunden hatten. Wenn man sie heilen wollte, mußte man ihnen einfach helfen dabei. – So konnte wirklich nur ein Mann denken, der von vorneherein das »Männliche« als das Maß aller Dinge ansah.
Freuds Lehren hatten einen großen Einfluß. Millionen von Frauen wurden in seinem Sinne behandelt, und damit trug man viel dazu bei, den verhängnisvollen Weiblichkeitswahn und den Wahn von der Vorherrschaft des Mannes zu festigen.
Nur weibliche Wissenschaftler und weibliche Psychologen konnten diesen Wahn wieder abbauen. Nur sie konnten die Frage neu stellen: Stimmt es wirklich, daß kleine Mädchen kleine Jungen um ihren Penis beneiden? Es könnte doch ganz gut auch umgekehrt sein? Wie, wenn die Mädchen die Knaben nur beneiden, weil man ihnen schon von klein auf zu verstehen gibt, daß ein Penis etwas Besseres als eine Vagina, ein Knabe etwas Wertvolleres als ein Mädchen sei? Woher sollen die Mädchen – und die Knaben – das von dem abgeschnittenen Glied haben, wenn nicht von den Erwachsenen und ihrem Glauben, daß allen Mädchen etwas fehlt. Ebensogut kann man doch befürchten, daß Knaben und Mädchen neidisch werden, wenn sie entdecken, daß Mädchen eine Gebärmutter haben und daß sie Kinder bekommen können und Knaben nicht. Man braucht dazu den Jungen nur weiszumachen, daß Kinderkriegen viel wertvoller und wichtiger ist als alles, was man mit einem Penis anstellen kann. Man ist ja nur neidisch auf etwas, das man nicht hat, wenn man glaubt, es sei das Bessere. Die Psychologen sind heute überzeugt davon, daß Freuds Lehre vom Penisneid sich zwar auf sehr genaue Beobachtungen stützt, daß aber dieser Neid wahrscheinlich nichts Ursprüngliches, sondern etwas Anerzogenes ist.
Auch der alte Glaube von der sexuellen Unterlegenheit der Frau wurde nun entkräftet. Die Frau, so hatte man immer gemeint und gesagt, hätte viel weniger sexuelle Bedürfnisse als der Mann. Ob sie an der Sexualität überhaupt Freude haben könnte, das hänge überdies, so glaubte man, nur vom Mann und seiner Potenz ab. Solche und ähnliche Thesen wiesen der Frau auch im Spiel der Geschlechter eine ganz passive Rolle zu. Sie war diejenige, die wartete, die »empfing«, die »erduldete«, die sich auswählen ließ. Der Mann dagegen eroberte, wählte, konnte je nach seinem Gutdünken der Frau Genuß verschaffen oder nicht. Eine aufsehenerregende Untersuchung in den USA wies nach, daß das alles nicht stimmte. Diese Untersuchung an fast 500 Frauen zeigte, daß man eigentlich auch im Sexualleben die Frauen als das starke Geschlecht bezeichnen müßte.
Damit, daß man die Ergebnisse einer »männlichen« Wissenschaft widerlegte und zu beweisen suchte, daß vieles, was man über die Frauen gesagt und herausgefunden hatte, nicht stimmte, war ein großer Schritt nach vorne getan. Man wollte ja nicht einfach die Frauen rechtfertigen, sondern allen Menschen sollten

neue Möglichkeiten gezeigt werden.
Eine neue Wissenschaft vom Menschen registriert nicht einfach, wie Freud das noch tat, wie er sich verhält, und glaubt dann erwas über seine »Natur« zu wissen. Sie sucht viel eher herauszufinden, warum er sich so verhält und ob die Gründe dafür nicht eher in seinen Lebensumständen als in seiner Veranlagung zu finden sind.
So wie die Umgebung erwartet, daß ein Mensch sei, so ist er auch, wenigstens zu einem großen Teil. Schon auf Ratten, die man auf ihre Intelligenz testet, wirkt es sich aus, ob der Versuchsleiter, der mit ihnen arbeitet, sie für gelehrig hält oder nicht. Bei Schülern ist dies genauso. Wir wissen es ja alle aus eigener Erfahrung. Bei einem Lehrer, der erwartet, daß man etwas leistet, kann man auch besser arbeiten. Mit den Frauen um Freud herum war es dasselbe: Man erwartete von ihnen, daß sie sich als unvollkommene Wesen fühlten und entsprechende Minderwertigkeitskomplexe hatten. Aber das gilt natürlich nicht nur für die Frauen um die Jahrhundertwende.
Eigentlich ist es ganz einfach: Das Wichtigste in dem großen, langen Streit um den natürlichen Unterschied der Geschlechter und ihre Rolle im Leben ist entschieden, wenn man einmal begriffen hat, daß eben auch Frauen so sind, wie sie sind, weil die Menschen um sie her von ihnen erwarten, daß sie so sind. Nur jene Frauen haben Angst vor Mäusen, die denken, »richtige Frauen« hätten einfach Angst vor Mäusen und weil sie eine Frau seien, so müßten sie deshalb Angst vor Mäusen haben. Unsere Großmütter fielen noch haufenweise bei der kleinsten Gemütsbewegung in Ohnmacht. Bestimmt waren sie nicht alle viel schwächlicher als wir. Aber da man allgemein glaubte, Frauen seien so zart, daß sie bei jedem Windhauch in Ohnmacht fallen, so fielen sie eben.
Alles, was als sogenannt »natürlich« gilt, muß daraufhin untersucht werden, wie weit es wirklich natürlich ist – von dem Talent und der Bestimmung jeder Frau, Mutter zu sein, bis zu der verschiedenen Art der Geschlechter, zu denken und zu fühlen. Man muß herausfinden, auf welche Weise ein Mensch für eine bestimmte Rolle vorprogrammiert wird und was dabei am meisten Einfluß hat: die Erziehung, die Arbeitsbedingungen oder die Familienstruktur. Theoretische Arbeit ist sehr wichtig in der zweiten Welle der Frauenbewegung. Echte Emanzipation soll ja nicht dazu führen, daß die Frauen die Rolle der Männer übernehmen. Diese Rolle ist nämlich – wie das zum Beispiel Illis Plenge in ihrem Buch »Emanzipation des Mannes« darstellt – ebenfalls so eng, daß auch die Männer als Menschen oft zu kurz kommen.

Forderungen Auch die praktische Arbeit, die in der neuen Welle der Frauenbewegung geleistet wird, ist vielfältig. Zuerst einmal ist man natürlich darauf bedacht, all die Überbleibsel einer patriarchalischen Zeit, die es auch im fortschrittlichsten Staat noch gibt, zu beseitigen.
Schon die etablierten Frauenvereine und Frauenrechtsbewegungen hatten immer wieder Änderungen im Familienrecht gefordert. Nur langsam werden die Reformen durchgeführt, die zum Beispiel alle Diskriminierungen im Eherecht

und im ehelichen Güterrecht beseitigen. Die Schweiz ist ein gutes Beispiel dafür, wie hartnäckig patriarchalische Grundsätze gerade in den Gesetzbüchern überleben. Daß Frauen bei der Ehe den Namen und das Heimatrecht des Mannes übernehmen, ist nur die symbolische Besiegelung dafür, daß sie in seinen Besitz und vor allem in seine Befehlsgewalt übergehen. In der Schweiz kann der Mann der Frau zum Beispiel verbieten, einen Beruf auszuüben, er hat in der Erziehung der Kinder das letzte Wort und kann über das Vermögen der Frau nach eigenem Gutdünken verfügen.
Viele radikale Kämpferinnen der neuen Welle haben sich aber gar nicht bei den Details des Eherechts aufgehalten, sondern sie finden, man sollte die Ehe überhaupt abschaffen und sich als Frau weigern, eine Ehe einzugehen. Sie finden es absurd, daß man ein Liebesverhältnis mit einem Vertrag regelt. Sie sind auch gegen die Ehe, weil sie glauben, nur so könnten die Frauen dazu gebracht werden, endlich selbst die Verantwortung für ihr Leben zu übernehmen. Unabhängigkeit will gelernt sein, der »sichere Hafen« aber, die lebenslange Pension ist allzu verführerisch für sie. Die Ehe verweigern, das ist bis jetzt noch Sache des einzelnen. Daraus läßt sich noch kein Programm machen.
Zu einem ganz heißen Diskussionsthema ist dagegen eine andere Forderung geworden, die in einigen Ländern immer noch nicht durchgedrungen ist: die Forderung auf Legalisierung des Schwangerschaftsabbruchs. In vielen Städten Europas und Amerikas gingen die Frauen auf die Straße dafür, sie sammelten Unterschriften, und viele Prominente gaben Bekenntnisse ab, das Gesetz, das einen Abbruch der Schwangerschaft unter Strafe stellt oder sie von der Erlaubnis der Behörden und der Beurteilung von Ärzten abhängig macht, übertreten zu haben. Die Zeugnisse von Tausenden von Frauen zeigten, wie ernst die Sache ist.
Die Diskussion, die um dieses Problem geführt wird, ist irreführend. Es geht nicht um eine Propagierung des Schwangerschaftsabbruchs, wie das die Gegner gerne darstellen, sondern darum, daß nicht der Staat, der Mann, der Männerstaat dort Entscheidungen trifft, wo es im Grunde um nichts anderes geht als um die persönliche Verantwortung eines Menschen einem andern Menschen gegenüber. Eine Frau, die ein Kind zur Welt bringt, muß die Verantwortung für dieses Kind übernehmen. Warum soll sie nicht auch die Verantwortung dafür übernehmen können, es nicht zur Welt zu bringen? Ledige Mütter bestraft man dafür, daß sie ein Kind haben, Frauen, die nicht Mütter werden wollen, unter welchen Umständen auch, bestraft man ebenfalls. Wenn man die ganze Sache genau analysiert, so findet man bald heraus, daß die Gegner der Legalisierung des Schwangerschaftsabbruchs vor allem dagegen sind, daß Frauen frei entscheiden und Verantwortung übernehmen. Daß Frauen Schwangerschaftsabbrüche machen lassen, so hat sich längst gezeigt, läßt sich nicht verhindern. Man kann, indem man sie gesetzlich erlaubt, aber verhindern, daß sie dabei Lebensgefahr, demütigende Begleitumstände und viel Gewissensnot in Kauf nehmen müssen. Es geht gar nicht um das Leben der ungeborenen Kinder, sondern um den alten Anspruch des Mannes und des Staates, Verfügungsgewalt über die Kinder zu besitzen. Wie wir ja schon gesehen haben, konnte er sich diese Verfügungsgewalt

immer nur durch Gesetze und die versteckte Gewalt einer einschränkenden Moral sichern. Frauen sollen Kinder nur als Leihgabe betrachten, Kinder sollen der Besitz der Männer, des Staates sein, so lautet die Quintessenz aller Moral. Frauen braucht man nur, um Kinder zu produzieren und aufzuziehen. Wenn die Frauen sich anmaßen, selbst zu entscheiden, wann sie Kinder haben wollen, oder wenn sie sie außerhalb der Ehe haben, so muß man sie bestrafen.
Beim Kampf um die Beseitigung dieser Paragraphen im Strafgesetzbuch verschiedener Länder geht es um die wichtigsten Punkte einer echten Emanzipation. Die Frauenrechtlerinnen sind nicht kinderfeindlich, aber sie wollen das Recht auf die Selbstbestimmung über das eigene Leben. Sie wollen den Zwang, eine bestimmte Rolle zu spielen, aufheben und sich der Befehlsgewalt der Männer und des Staates in privaten Dingen nicht mehr fügen.
Die neue Frauenbewegung bemüht sich auch, die Diskriminierung der Frau in der Arbeitswelt aufzuheben. Die gesetzliche Verankerung des Prinzips »Gleicher Lohn für gleiche Arbeit« ist nur eine Vorbedingung. Die Aufklärung ist hier ein wichtiger Teil der Arbeit. Die Frauen müssen selbst sehen, welche Rolle sie im Arbeitsprozeß spielen und versuchen, sie zu verändern.
Wenn jetzt so viele Bücher über Bildungsprobleme und Arbeitsprobleme der Frauen geschrieben werden, wenn das noch ungelöste Problem der Doppelrolle Hausfrau, Mutter und Berufstätigkeit in Büchern und Zeitschriften so viel Drukkerschwärze verbraucht, so deshalb, weil man auch da eben ganz unten beginnen und den Betroffenen ihr Problem erst einmal klarmachen muß. Dann erst können sie handeln, dann erst können sie gemeinsam für bessere Arbeitsbedingungen kämpfen.
Gleiche Chancen für die Frauen in jeder Beziehung, das ist es, was man erreichen will. Aber nicht, weil man aus jeder Frau eine Karrierefrau machen möchte, sondern weil jede Frau die Möglichkeit haben soll, aus sich zu machen, was sie will.
Frauen sollen selbstbewußter werden. Weibliches Können soll nicht mehr unterbewertet und schlecht bezahlt werden. Und Gefühle wie Liebe und Verehrung, Dankbarkeit und Vertrauen sollen nicht mehr dazu mißbraucht werden, Frauen dazu zu bewegen, gratis oder ohne rechtes Entgelt zu arbeiten und Dienerinnen zu sein.

Aktionen Bei einer Miß-Wahl, veranstaltet von einer Frauenzeitschrift, griff das schöne Mädchen, das die Jury zur Preisträgerin erhoben hatte, wie vorgesehen zum Mikrophon. Aber sie hauchte nicht, wie man es von ihr erwartete, ihren Dank hinein, sondern verglich die Miß-Wahl mit der Prämierung der schönsten Kühe auf dem ländlichen Markt. Den Preis, den sie trotz ärgerlichem Kopfschütteln der Jury dennoch erhielt, versteigerte sie mit Freundinnen zusammen auf einem öffentlichen Platz. Da gab es dann ein Schauschminken, bei dem sich die Mädchen innerhalb Minuten aus unterscheidbaren Individuen in Puppen verwandelten.
In einer von Songs begleiteten Pantomime stellten junge Frauen und Männer auf

der Straße den Weg eines weiblichen Wesens von der Wiege bis zum Grab dar. Mädchen bildeten Banden und bedrängten in einsamen nächtlichen Straßen großer Städte die Männer, wie Frauen sonst in solcher Umgebung von Männern bedrängt werden.

Frauen boykottierten in Amerika Supermärkte, um gegen Preiserhöhungen zu protestieren, und blockierten mit ihren Autos den Eingang zu den großen Einkaufszentren.

Hausfrauen zwangen in Italien durch einen Sitzstreik eine Fabrik zum Einbau von Filteranlagen in die Fabrikkamine, die Gift über die Gegend spien.

In den Straßentheatern machte man versteckte Gewalt sichtbar. Wenn man die Rolle der Männer übernahm, konnte man ihnen zeigen, wie brutal viele von ihnen sich gegen Frauen benehmen. Mit Boykotten und Sitzstreiks wehrte man sich gegen Wirtschaft und Technik, die auf Kosten der Menschen aufgebläht werden, und bewies sich selbst auch, wieviel man erreichen konnte, wenn man gemeinsam arbeitete, wenn man sich gemeinsam für etwas einsetzte und wenn man nur ein bißchen Mut hatte.

Für viele war dies wirklich die große Entdeckung: Es konnte Brauchbares entstehen, man konnte etwas bewirken, auch wenn man nicht im Schlepptau der Männer arbeitete. Während man Aktionen plante, lernte man zudem die Probleme, die einen bedrückten, klar zu sehen, und entdeckte die eigenen brachliegenden Fähigkeiten.

Aber so ist es eigentlich mit jeder echten menschlichen Aktivität. Sie schafft Beziehungen zu andern Menschen, und sie befreit. Diese echte menschliche Aktivität ist es wohl, die Millionen von Frauen vorenthalten bleibt. Sie zu entdecken und zu ermöglichen ist eines der wichtigen Ziele der Frauenbefreiungsbewegung.

Polemik und Ironie Die wissenschaftlichen Arbeiten und die Bücher, die sich der Analyse der Geschichte und der Situation der Frau annehmen, spielen nicht die wichtigste Rolle in der Emanzipationsliteratur. Viel Staub haben immer wieder Manifeste und Aufrufe, die den Widerspruch herausforderten, aufgewirbelt. Über den kleinen Kreis hinaus, der sich sowieso mit der Frauenbewegung befaßt, haben ein paar zündende und freche Bücher der Sache fast am meisten genützt.

Da ist zum Beispiel Germaine Greers mit viel Wissen und gleichzeitig viel humorvoller Selbstkritik gewürztes Werk »Der weibliche Eunuch«. Dieses Buch zeigte zum erstenmal richtig, wie nah uns allen die Frage nach der Stellung der Frau gehen muß, wie sehr das alles mit Glück, Gefühl und der Möglichkeit, frei und lebendig zu sein, zu tun hat. Dem Einfluß von Germaine Greer hat auch dieses Buch viel zu verdanken, und deshalb möchte ich nicht mehr viel mehr über sie sagen als: Man sollte ihr Buch, wenn man eine Frau ist oder auch wenn man keine ist, aber mit Frauen zu tun hat (also auch alle Männer), einfach einmal lesen.

Von dem Pamphlet der Valerie Solanas haben wir schon gesprochen. Eigentlich

sollte man es im Zusammenhang mit dem, was wir unter Emanzipation verstehen, gar nicht erwähnen. Es scheint genau das Gegenteil dessen anzustreben, was man erreichen möchte: die Vernichtung der Männer statt die menschlichere Gestaltung der Beziehungen zwischen Mann und Frau. Das kleine Buch ist voll von Beschimpfungen und häßlichen Wörtern, voller Begriffsverwirrungen und verzweifelten Versuchen, die Gedanken in eine klare Ordnung zu bringen. Was soll so etwas im Rahmen der Bemühungen um eine Welt mit freieren, von Angst und Zwang zur Gewalttätigkeit weniger geplagten Menschen? Nun, ich finde, Valerie Solanas ist ein gutes Beispiel dafür, was mit Menschen geschehen kann, die keine Gelegenheit haben, frei zu fühlen und frei zu handeln. Valerie Solanas ist eine außergewöhnliche Persönlichkeit. Sie hat außergewöhnliche Talente und Neigungen. Jemand wie sie erträgt die Art nicht, wie in unserer Gesellschaft Menschen in eine Rolle, in ein Verhaltensschema gepreßt werden. Schwierigkeiten, die Feindseligkeit der Umwelt, die Einschränkungen, denen sie ausgesetzt ist, haben sie krank gemacht. Sie schlägt wie ein verwundetes Tier wild um sich. Sie ist eine Frau, und deshalb werden die Männer, deren Macht sie spürt, zum Ziel ihrer ohnmächtigen Wut. Sie ist eine Frau, und ihre Verirrung und Verzweiflung zeigt, daß man nicht alles so lassen darf, wie es ist.
Valerie Solanas leidet für viele, die ihr Leiden nicht bewußt spüren wie sie. Obwohl es scheinen könnte, daß sich die meisten Menschen in der Welt, wie sie ist, einigermaßen zurechtfinden, ist jedes Leiden doch größer, als man glaubt. Die überbeschäftigten Psychiater, die Selbstmordstatistiken bekräftigen es.
Verzerrung bringt oft mehr Wahrheit zutage als genaue »objektive« Information. Davon zeugt auch der Wirbel, der um ein anderes kleines Buch entstanden ist. Die Autorin des Bestsellers »Der dressierte Mann«, Esther Vilar, hat wohl nicht geahnt, wie sehr sie mißverstanden werden könnte. Sie hat in ihrem kleinen Buch eine gewisse Sorte von Frauen aufs Korn genommen und mit viel Frechheit und viel Übertreibung gezeigt, wie ein menschliches Wesen aussieht, das als Schmarotzer lebt, weil es nicht erwachsen geworden ist und nicht auf eigenen Füßen stehen kann. Unerwartet viele Frauen fühlten sich im tiefsten verletzt, Esther Vilar mußte sich vor tätlichen Angriffen schützen, und massive Drohungen gab es in Fülle. Dabei galt ihr Angriff ja nur scheinbar den Frauen selbst. Er galt ganz klar dem Gesellschaftsgefüge, das aus gewissen Frauen solch nutzlose Geschöpfe zu machen vermag. Esther Vilar schilderte nur einen besonders peinlichen, aber wichtigen Aspekt des ganzen Problems. Sie zeigte, daß Menschen durch die Unfreiheit, in der sie leben, zu menschlichen Karikaturen werden können. Frauen, die in einem goldenen Käfig leben, sind oft solche Karikaturen. Ihre Beziehungen zu den Männern sind verzerrte Beziehungen, die beiden, Mann und Frau, schaden. Esther Vilars Stich ins Wespennest ist so wichtig wie die ernsthaften wissenschaftlichen und historischen Arbeiten.

Eine weiblichere Gesellschaft Mit Kritik, mit Analysen, mit Witz und Ironie ist es nicht getan. Was soll's? Germaine Greer hat es vielleicht als erste angedeutet, und Elisabeth Dessai hat es im Titel eines ihrer Bücher als Forderung

formuliert: »... für eine weiblichere Gesellschaft«.
Die Frauen sind daran, ihren uralten Minderwertigkeitskomplex endlich doch zu überwinden. Mit diesem Minderwertigkeitskomplex war für sie der Mann das Maß aller Dinge. Auch wenn sie sich »emanzipieren« wollten, übernahmen sie seine Art zu denken und zu handeln. Viele versuchten nur, sich in seine Welt hineinzudrängen und einen angemessenen Brocken davon zu erwischen.

»Die meisten Frauen haben wenig Grundsätze, sie lassen sich von ihrem Herzen leiten und übernehmen die Sitten von denen, die sie lieben.«

La Bruyère

Ohne diesen Minderwertigkeitskomplex ist Emanzipation etwas anderes. Statt die männliche Welt zu erobern, kann man nun versuchen, sie zu verändern. Man kann nun daran zweifeln, daß all das richtig und vernünftig ist, was die Männer für »richtig und vernünftig« halten. Man könnte zeigen, daß Eigenschaften, die als minderwertig oder eben typisch weiblich galten, an allen Menschen zu schätzen sind und daß sogenannte »männliche Eigenschaften« nicht unbedingt Anlaß geben müssen, auf sie stolz zu sein.
In der Männerwelt war durch Jahrtausende das gegenseitige planmäßige Töten, genannt »Krieg«, ein »vernünftiges«, ja »notwendiges« Mittel der Politik. »Mut«, »Opferbereitschaft«, »Kaltblütigkeit«, körperliche Stärke, waren »männliche« Eigenschaften, die einem bei diesem »vernünftigen« Tun nützen konnten. Sie wurden deshalb hochgeschätzt. Wer sich aber weigerte, bei diesem gegenseitigen Morden mitzumachen, und nicht für eine Idee, für ein Land oder einfach für die Interessen eines Mächtigen sterben wollte, wurde (vielerorts noch heute) als Verbrecher oder als Irrer behandelt. Inzwischen beginnt man langsam einzusehen, daß der Krieg selbst der Irrsinn und das Verbrechen ist.
In der patriarchalischen Welt, in der der Besitz so viel gilt, bleibt aber der mörderische Kampf nicht auf den Krieg beschränkt. Der Kampf um den Erfolg und den Profit um jeden Preis, der Glaube an die Notwendigkeit harter Arbeit und an den Fortschritt, den man vor allem in klingender Münze, in Rekorden jeder Art messen kann, bestimmen die Kultur unserer Zeit.
In der männlichen Welt hat man den christlichen Grundsatz, daß der Mensch sich die »Erde untertan« machen soll, dahin ausgelegt, daß er sie aussaugen und ausbeuten kann, ohne Rücksicht darauf, was er dabei zerstört. Erst seit kurzer Zeit – angesichts des Schlamassels, das die abendländische Zivilisation angerichtet hat – beginnt man sich Rechenschaft darüber zu geben, daß diese Auslegung wohl falsch war.
Man braucht sich nur in seiner allernächsten Umgebung ein wenig mit wachen Sinnen umzusehen, um zu spüren, wie mörderisch es sich auswirkt, wenn der Erfolg, der Profit, der Besitz und die »männliche Härte«, die man braucht, um all das zu erlangen, das Verhalten der Menschen bestimmen:

Das Auto, dieser Götze des Fortschritts, fordert überall seinen Tribut. Das moderne Mordinstrument – ein Erfolgs- und Männlichkeitssymbol – tötet jährlich Millionen Menschen. Die Betonbahnen, die man ihm überall ergeben erbaut, zerstören die Landschaft, verdrängen den Menschen und machen die Städte unbewohnbar.

Das Auto und all die anderen raffinierten Dinge, die die Technik hervorgebracht hat und die sie ständig neu hervorbringt, den Reichtum, den sie den Menschen in einigen Ländern schenkt, müssen wir mit allem bezahlen, was das Leben eigentlich lebenswert macht: mit unserer Gesundheit, mit der Gesundheit und Schönheit der Natur, deren Teil wir sind.

Die rücksichtslosen Maßstäbe, die man an den Menschen anlegt, sind der Grund dafür, daß Einsamkeit, Verzweiflung, Vernachlässigung all der Menschen, die nicht »erfolgreich« sind, immer mehr überhandnehmen.

Wir müssen umdenken – allmählich beginnt man das klarer zu sehen. Die »männliche« Denkweise, die »männliche« Kultur hat Bankrott gemacht. Sie ist am Ende. All das, was als richtig, zweckmäßig, vernünftig galt, hat sich als verderblich und gefährlich erwiesen. Vieles, früher als unrealistisch, als versponnener Idealismus belächelt, ist heute das »Vernünftige«: das beginnt beim Pazifismus und endet beim Naturschutz. Wir und die Erde, die uns trägt, haben wahrscheinlich nur eine Überlebenschance, wenn es uns gelingt, eine Gesellschaft zu errichten, die neue, andere Maßstäbe setzt.

Es könnte sein, daß diese Welt eine »weiblichere Welt« wäre, eine Welt, in der nicht das Recht des Stärkeren gilt, in der nicht Mitleid als Schwäche ausgelegt wird und Friedfertigkeit nicht als Feigheit oder Dummheit, in der nicht Gefühle der kalten »Vernunft« geopfert werden. In dieser Welt wären Leistung, Erfolg und Profit nicht wichtiger als das persönliche Glück und die Harmonie der Beziehungen unter den Menschen und all das, was man an ihnen heute höchstens als Dekoration geduldet hat; ihre Schöpferkraft, ihre Freude am Spiel, ihr Talent zum Genießen wären wichtiger als alles andere.

Die starren Rollen, die Mann und Frau bis heute spielen mußten, passen nicht in eine solche Welt. Für beide aber wird es schwer sein, diese Rollen von einem Tag auf den andern aufzugeben. Die Frauen haben es aber – weil sie nicht die Handelnden waren und nicht so sehr im Wertsystem der patriarchalischen Gesellschaft verstrickt waren – vielleicht ein bißchen leichter, die Dinge mit neuen Augen zu sehen. Und sie haben die Chance, jene Eigenschaften, die morgen wichtig sind – und von denen viele als »weiblich« galten –, schneller in sich zu entdecken, weil sie sie weniger unterdrücken mußten als der Mann.

Die neue Welle der Frauenbewegung ist nicht ein neuentflammter Kampf gegen den Mann, sondern der Anfang der Bemühungen um die Emanzipation aller Menschen. Sie kündigt vielleicht etwas an, was das Leben aller, auch der Männer, lebenswerter machen könnte.

Gewalt Jeder, der ein politisches Programm durchsetzen, den Staat, die Gesellschaft verändern möchte oder auch nur für Rechte einsteht, die ihm zustehen, aber nicht gewährt werden, sieht sich irgendwann vor die schwierigste und heikelste aller Fragen gestellt: Wie, mit welchen Mitteln, erreiche ich mein Ziel? Kann man eine bessere, eine freiere Gesellschaft schaffen, wenn man, um dies zu erreichen, Bomben wirft und Menschen ihrer Freiheit beraubt?

»Der Zweck heiligt die Mittel« – nach diesem Grundsatz haben viele eifrige Nachfolger Christi gehandelt. So kam es, daß sie ihm zu Ehren schreckliche Kriege geführt und, um das Reich des Friedens aufzurichten, Millionen von Menschen zu einem schrecklichen Tod verurteilten.

An demselben Grundsatz scheiterten Revolutionen, immer gerade dann, wenn sie äußerlich am erfolgreichsten waren. Meistens begannen sie damit, daß einige Menschen versuchten, gegen die Gewalt und die Ungerechtigkeiten der Herrschenden zu kämpfen. Wenn sie – oft weil ihnen nichts anderes übrigzubleiben schien – auch dazu übergingen, Gewalt zu brauchen, errangen sie zwar die Macht, aber das, was sie verändern wollten, veränderte sich nicht. Ungerechtigkeit und Schrecken waren nicht beseitigt, nur der Name der Herrschenden, die Organisation eines Staates, einer Gesellschaft hatte sich (scheinbar) geändert.

Der Aufstand des Volkes in der Französischen Revolution, der im Namen von »Freiheit, Gleichheit und Brüderlichkeit« begonnen hatte, endete in Massenhinrichtungen. Die Kommunisten, die den Staat abschaffen und das Volk von Herrschaft befreien wollten, errangen die Macht, weil sie Gewalt anwendeten, aber ihre Revolution brachte nur neue Diktaturen von (roten) Zaren und einen noch mächtigeren, noch anonymeren Staatsapparat hervor.

Und doch, wenn man für sein Recht, für ein Ideal, für eine bessere Gesellschaft kämpft und die Widersacher Gewalt anwenden und vollkommen rücksichtslos sind, was bleibt einem da noch übrig, als auch Gewalt zu brauchen? – Offene Gewalt gegen offene Gewalt, offene Gewalt, um die versteckte Gewalt sichtbar zu machen. Die Suffragetten hatten fast keine andere Wahl, als zu radikalen Mitteln zu greifen, weil man ja ihnen gegenüber auch Gewalt anwendete. Die Kommunisten mußten den bewaffneten Kampf aufnehmen, da die Herrschenden ihre Herrschaft auf offene Gewalt stützten und mit Waffen gegen jeden vorgingen, der etwas verändern wollte.

Aber die Geschichte zeigt immer wieder: der Zweck heiligt nicht die Mittel, im Gegenteil, die Mittel können es unmöglich machen, daß man den Zweck erreicht.

Es ist verständlich, daß auch in der neuen Welle der Frauenbewegung der Ruf nach Gewalt ertönt. Simone de Beauvoirs Meinung (die sie in langen Jahren der politischen Arbeit gebildet hat) ist ein Zeichen dafür, wie schwierig und langwierig die Arbeit ist und wie man darob verzweifeln könnte.

Aber die Frauenbewegung ist – wie wir gesehen haben – nur Teil einer großen allgemeinen Entwicklung, die jedem Menschen die Emanzipation bringen und die die Beziehungen unter den Menschen verbessern soll. »Emanzipation« kann man nicht verschenken, zum Erwachsenwerden kann man niemanden mit vorgehaltenem Revolver zwingen. Eine bessere, menschlichere Gesellschaft, die Beziehungen zwischen den Menschen ohne Gewalt möglich macht, kann nur funktionieren, wenn alle ihre Mitglieder wollen, daß sie funktioniert. Man kann sie nicht dadurch verwirklichen, daß man die Macht an sich reißt, man kann nur versuchen, jeden einzelnen Menschen

dahin zu bringen, daß er eine solche Gesellschaft will.
Emanzipation ist eine Sache der Erziehung – vielleicht auch der Überzeugung. Wenn Frauen solidarisch sind, wenn sie zusammenhalten und sich nicht mehr den alten Spielregeln der Männergesellschaft unterwerfen, so haben sie die Möglichkeit, zu erziehen und zu überzeugen. Sie können streiken und erpressen. Sie können sich weigern, die Beziehung zu den Männern nach den alten Spielregeln weiterzuführen. Sie können sich selbst verändern und dann durch ihr Verhalten auch ihre Umwelt verwandeln. Die weibliche Revolution hat eine große Chance, die alle andern Revolutionen nicht hatten: Frauen sind überall, und darauf, daß sie sich so benehmen, wie man das seit Jahrhunderten von ihnen erwartet, beruht ein großer Teil des ganzen Gebäudes der männlichen Gesellschaft. Wenn sie nicht mehr mitmachen, stürzt es ein. Frauen kann man auch nicht »ausrotten«, wie man politisch Andersdenkende ausrotten kann. Sie sind die Hälfte der Menschheit, und die Menschheit ist in ihrem Fortbestehen von ihnen abhängig.
Kate Millet, die Autorin von »Herrschaft und Sexus« und eine der prominentesten Gestalten der amerikanischen Frauenbewegung, fand, die Frauen könnten jedes Mittel anwenden, außer physischer Gewalt.
Frauen sind mächtig, auch ohne Waffen, vorausgesetzt, daß sie eines lernen: zusammen und nicht gegeneinander zu arbeiten und auf sich selbst und nicht auf die Gunst und die Gnade der Männer zu vertrauen.

Bücher zu diesem Thema

Simone de Beauvoir
Das andere Geschlecht
Sitte und Sexus der Frau
rororo sachbuch 6621

Betty Friedan
Der Weiblichkeitswahn
oder die Selbstbefreiung der Frau
Ein Emanzipationskonzept
rororo sachbuch 6721

August Bebel
Die Frau und der Sozialismus
Dietz Verlag

Margaret Mead
Mann und Weib
Das Verhältnis der Geschlechter
in einer sich wandelnden Welt
Rowohlts Deutsche Enzyklopädie

Kate Millet
Sexus und Herrschaft
Die Tyrannei des Mannes
in unserer Gesellschaft
Desch Verlag

Germaine Greer
Der weibliche Eunuch
Aufruf zur Befreiung der Frau
Fischer Taschenbuch (Bd. 1450)

Esther Vilar
Der dressierte Mann
Bertelsmann Verlag

Hoffmann R. Hays
Mythos Frau
Das gefährliche Geschlecht
Fischer Taschenbuch (Bd. 3003)

Rolf Lamprecht
Evas Töchter werden mündig
Die Rolle der Frau in unserer
Gesellschaft
Deutsche Verlags Anstalt

Jutta Menschik
Gleichberechtigung oder Emanzipation?
Die Frau im Erwerbsleben
in der Bundesrepublik
Fischer Taschenbuch Nr. 6507

Alva Myrdal und Viola Klein
Die Doppelrolle der Frau
in Familie und Beruf
Kiepenheuer und Witsch Verlag

Illis Plenge
Die Emanzipation des Mannes
Wandel in der Rolle der Geschlechter
Adolf Bonz Verlag

Lesebuch 3
Texte zur Emanzipation zur Mündigkeit
Redaktion Helga M. Novak
und Horst Karasek
Bertelsmann Verlag

Elisabeth Dessai
Hat der Mann versagt?
Streitschrift für eine weibliche(re)
Gesellschaft
rororo sachbuch

Helge Pross
Bildungschancen von Mädchen
in der Bundesrepublik Deutschland
edition suhrkamp

Erika Runge
Frauen
Versuche zur Emanzipation
edition suhrkamp

Shulamith Firestone
Frauenbefreiung und sexuelle Revolution
Fischer Taschenbuch 1488

Alice Schwarzer
Der »kleine Unterschied« und seine großen Folgen
Frauen über sich.
Beginn einer Befreiung
Fischer Taschenbuch (Bd. 1805)

Fotonachweis

Robert Buchmüller: 122

Thomas Höpker: 71, 120, 125, 126–127, 131–132, 147

Keystone: 8, 11, 109, 142, 144

Staatsbibliothek Berlin: 17, 50, 53, 95

Ullstein: 89, 90, 93